船舶碰撞危险度及避碰决策模型

毕修颖　马文耀　贾传荧◎著

Ship Collision Risk Index *and* Collision Avoidance Decision-making Models

上海交通大学出版社
SHANGHAI JIAO TONG UNIVERSITY PRESS

内容提要

本书主要内容是建立船舶碰撞危险度模型和船舶避碰决策模型。包括建立船舶最佳避让时机与避让行动模型，得到船舶避碰行动曲线图；建立船舶紧迫局面距离和船舶碰撞距离模型；建立近距离船舶避碰行动模型。给出的船舶碰撞危险度模型与船舶避碰行动模型密切相关，直接反映来船对本船的威胁程度。船舶碰撞危险度随船舶之间的距离变化，其他影响因素都反映在船舶碰撞危险度曲线之中。提出的船舶避碰决策模型包括船舶避碰行动图、动态船舶避碰行动领域模型、船舶避碰路径规划，以及运用分布式处理方法解决多船之间的协调避碰决策问题。最后提出对避碰规则相关条款的理解和船舶海上弹性避碰机制。书中内容可以作为船舶避碰研究的理论基础，也可以用来指导船舶驾驶员进行海上避碰实践。

本书可作为航海技术专业本科生、交通信息工程及控制专业研究生、船舶驾驶员、船舶引航员和船舶公司海务技术人员等航海技术专业人员的参考用书。

图书在版编目（CIP）数据

船舶碰撞危险度及避碰决策模型 / 毕修颖，马文耀，贾传荧著 . — 上海：上海交通大学出版社，2024.4
ISBN 978-7-313-29484-5

Ⅰ.① 船… Ⅱ.① 毕… ② 马… ③ 贾… Ⅲ.① 船舶操纵 ② 船舶航行—避碰规则 Ⅳ.① U675.9 ② U692.1

中国国家版本馆 CIP 数据核字（2023）第 177537 号

船舶碰撞危险度及避碰决策模型

CHUANBO PENGZHUANG WEIXIANDU JI BIPENG JUECE MOXING

著　　者：毕修颖　马文耀　贾传荧	
出版发行：上海交通大学出版社	地　　址：上海市番禺路 951 号
邮政编码：200030	电　　话：021-64071208
印　　制：苏州市古得堡数码印刷有限公司	经　　销：全国新华书店
开　　本：710 mm × 1000 mm　1/16	印　　张：18.25
字　　数：346 千字	
版　　次：2024 年 4 月第 1 版	印　　次：2024 年 4 月第 1 次印刷
书　　号：ISBN 978-7-313-29484-5	
定　　价：98.00 元	

主 要 符 号

CRI	碰撞危险度
CRI_γ	碰撞危险度的阈值
AIS	船舶自动识别系统
D_{cpa}	最近会遇距离
T_{cpa}	到达最近会遇处的时间
D_s	最小安全会遇距离
$D_{cpa-attend}$	注意会遇距离
D	到目标船的距离
D_{collid}	碰撞距离
$D_{collidD0}$	改变目标船的方位当最近会遇距离 $D_{cpa}=0$ 时的碰撞距离
D_{close}	紧迫局面距离
D_{act}	避让行动距离
D_{actD0}	改变目标船的方位当最近会遇距离 $D_{cpa}=0$ 时的避让行动距离
D_{attend}	注意距离
A_c	转向的角度
A_s	改变的速度
C_R	转向避让角度变化率
C_{CR}	转向避让角度变化率临界值
S_R	变速避让速度变化率
C_{SR}	变速避让速度变化率临界值
Domain	船舶领域
D_{pass}	实际通过距离
λ	语气因子,船舶驾驶员对相同危险的承受能力
α_0	系数,对"右对右通过"或"过他船首"的认同程度
α	权系数,D_{cpa} 对 CRI 的影响
k	待定系数,除 D_{cpa} 以外的其他因素对 CRI 的影响
k_1	船舶旋回纵距系数
k_2	船舶旋回 90°所需要的时间
k_V	船速比 V_1/V_0
L	船舶长度
R_e	船舶滞距
R	船舶初始旋回半径

前　言

自从有了船舶运输以来,人类对船舶避碰技术的研究从未停止过,可是,船舶碰撞事故仍然频发不断。在未来智能航海的背景下,海上交通环境将发生变化,将会出现智能船舶或无人驾驶船舶,这些船舶以及绝大多数的商船仍然会使用传统的避碰技术进行避碰决策,船舶会遇几何位置及其避碰原理仍然是最基本的避碰理论基础,而且也是开发智能船舶必备的理论依据。

书中内容来源于作者的博士论文、多年的研究成果和船上避碰实践经验总结,有些观点还没有发表过,如船舶紧迫局面距离和碰撞距离模型、船舶避碰操纵相对运动轨迹方程、避碰规则的弹性机制、船舶旋回圈的理解及其在船舶避碰中的应用等。为了使本书内容自成体系,全书共分6章:

第1章在船舶自动识别系统能够提供准确目标船数据的基础上,论述船舶避碰数学模型、船舶转向避碰行动与时机模型和船舶变速避碰行动与时机模型。

第2章用3种方法论述船舶紧迫局面距离和碰撞距离模型,给出它们的数值表示和模拟实验结果。

第3章结合船舶避碰行动与时机曲线图,建立船舶碰撞危险度模型,考虑最基本的影响因素,为海上船舶避碰决策提供依据。

第4章论述船舶避碰决策系统模型,给出模拟实验和仿真结果,以及近距离的船舶避碰行动模型。

第5章第5.1至第5.3节从船舶碰撞危险度的角度建立船舶避碰行动领域模型。船舶在海上航行与其他多艘船舶会遇的情况是一个不可回避的事实,在避碰决策问题的处理上也确实十分棘手。成功的避碰经历是那些经验丰富的船舶驾驶员在操船避碰方面的资本和值得炫耀的地方。分布式处理方法非常适合解决多船会遇避碰决策问题,本书将在这方面研究多船会遇避碰决策方案,把这一部分作为第5章第5.4节的内容。第5.5节采用人工鱼群混合优化算法,模仿鱼群的觅食、聚群及追尾行为,搜寻最优解。将该算法与电子海图平台结合,建立了船舶自动避碰决策支持系统。

第 6 章论述船舶海上双让理念的弹性避碰机制。事实上,船舶避碰除了遵守一定的行动规则外,还需要考虑自身情况和给予对方船舶必要的尊重。绝大多数情况下,在"通常应……"采取某一行动之前,都有一系列"如当时环境许可""只要安全可行""必要时""如有怀疑"等假设条件和限定用语,要求船舶之间考虑当时环境和条件协调行动,使规则本身具有弹性保障机制。

吴兆麟教授对本书内容做了具体修正,刘正江教授、史国友教授、王凤武教授、唐强荣教授、张铎教授、李德鑫正高级船长、唐寒秋副教授、刘杰华副教授、李家骈高级工程师、龚翔船长、叶镇藩船长、沈海青博士等对本书的内容和编排提出了具体的修改意见,在此对各位专家学者表示衷心的感谢!

由于作者水平有限,书中观点和论述难免存在不当之处,敬请广大读者批评指正!

毕修颖

2023 年 5 月 1 日

目　录

引　言

　　船舶碰撞危险度和避碰决策模型一直是航海人员最关心的问题[1]，随着全球海上遇险和安全系统（global maritime distress and safety system，GMDSS）、全球卫星定位系统（global positioning system，GPS），以及电子海图显示信息系统（electronic chart display and information system，ECDIS）等现代高新技术在航海中的应用，有关船舶航行安全与决策的问题越来越受到人们的重视[2]。其中，船舶碰撞损失巨大，涉及面广，也会给海上周围环境和生态带来灾难[3,4]。

　　在未来智能航运的业态下，智能船舶和传统船舶共存的混合交通环境将成为海上交通的"新常态"，使得船舶之间构成了复杂的运动场景，各种船舶之间的交互和协同会是一个具有挑战性的难题[5−12]，因此已有的船舶避碰理论需要进一步开发和利用。

　　目前，在船舶避碰领域的实践中，还是离不开船舶驾驶员的主观决策，凭船舶驾驶员的经验手动完成避碰任务[13]。在航运业发展初期，船舶尺度小、速度低、通航密度小，这种凭船舶驾驶员主观判断和手动操作进行避碰决策的方法还是可行的。但是随着船舶的大型化、高速化以及船舶密度的增加，已经很难使用手动方式完成避碰决策任务了，现有的雷达自动标绘系统（automatic radar plotting aid，ARPA）所提供的信息同样满足不了现代航海的要求[14,15]。在船舶避碰领域还有很多问题亟待解决，如何避免船舶碰撞，包括船舶碰撞危险度、避碰的时机和行动大小的确定，以及如何完成避碰系统的自动化和智能化，减轻船舶驾驶员的劳动强度和心理负担，这些问题迄今为止，还没有令航海人员普遍满意的方法，同样也是目前国内外航海界研究的热门课题之一。因此，对这些问题做进一步的研究具有重要的理论价值和现实意义。

1. 研究现状

　　船舶避碰决策的智能化是船舶避碰自动化发展的必然趋势。查阅国内外有关船舶避碰的最新研究成果和资料发现[16−28]，早在20世纪，人们就开始从事避碰决策方面的研究。首先,研究《1972 年国际海上避碰规则》(International Regulation for Preventing Collision at Sea,1972,以下简称《避碰规则》)的定量化。然后定义碰撞危险的各种表现,以及对于《避碰规则》条款的"正式解释"和"学理解释",如根据目标船相对方位和距离的变化,确定是否存在碰撞危险;根据到目标船的距离或时间,决定采取相应的避让行动。进一步,根据最近会遇距离(distance of the closest point of approach,D_{cpa})和到达最近会遇距离处的时间(time to the closest point of approach,T_{cpa})确定是否存在碰撞危险,以及如何确定合适的避让时机和行动大小。最后,研究预测危险区域(predicted area of danger,PAD)模型,船舶领域(ship domain)模型和船舶动界(ship arena)模型。

围绕船舶碰撞和避碰决策,人们不断拓展思路,运用新知识和新思想解决实际问题。进入 20 世纪 80 年代,随着人工智能技术的发展和应用,船舶避碰专家系统备受关注,日本东京商船大学和英国利物浦大学率先应用专家系统解决自动避碰问题[29-30]。随后,德国、美国和英国西南理工大学先后推出各自研制的专家系统。我国在这方面也有研究实例,如李丽娜等人提出了宽水域船舶避碰智能化方法[32]。日本的石冈安史(Yasushi Ishioka)建立了一套组合导航系统(an integrated navigation system,INS),也是避碰决策专家系统的研究实例[31]。这些研究成果使避碰自动化的研究有了新的突破。此外,模糊数学和神经网络在航海上的应用,使得研究船舶驾驶员对碰撞危险等诸多模糊概念的认知和智能避碰行为成为可能,特别是在船舶碰撞危险度的研究上不断有新的成果出现。

研究船舶智能避碰是研究船舶避碰决策系统的更高一级的目标,其前提条件是首先能够确定船舶碰撞危险度的大小。我们是在船舶首先存在碰撞危险的前提条件下研究其避碰行为的,包括和目标船发生碰撞的危险程度没有达到规定的阈值而对其进行监测的过程。

日本东京商船大学今津隼马于 1983 年所著的《避让与碰撞预防系统》(《避航と衝突予防装置》)一书中提到了船舶碰撞危险度(collision risk index,CRI)的概念,并对如何评价船舶碰撞危险的问题做了全面的分析和论述。首先,根据最近会遇距离(D_{cpa})和到达最近会遇距离处的时间(T_{cpa})确定碰撞危险度,碰撞危险度的大小从 1~5 随着这两个变量离散变化,并且规定其数值越小碰撞的危险程度越高。其次,根据预测危险区(PAD)确定碰撞危险度。再次,根据碰撞航向范围和碰撞速度范围确定碰撞危险度。最后,根据碰撞行动范围确定碰撞危险度。

这些方法无论是在应用上还是在确定碰撞危险度大小上均不方便。比如数值不连续、物理意义不够明确、多目标时确定综合碰撞危险度困难,因而,对船舶安全行动的检测也较难做到,与其相对应的避碰行动也就不易确定。特别是后面几种评估碰撞危险度方法,虽然其概念很容易被理解和接受,但是,在操作和运用上主观性和模糊性都很强。

船舶碰撞危险度的确定是一个难点,它是一个模糊的概念,同时又受多种相互关联因素的综合影响。今津和小山健夫曾用加权平均的方法处理这个问题[80]。我国和韩国学者运用模糊数学方法对此问题也做过深入的研究[20−23],虽然也是根据两船的最近会遇距离(D_{cpa})和到达最近会遇距离处的时间(T_{cpa})确定船舶碰撞危险度,但是,表现在数值上从 0 到 1 连续变化,这样物理意义会比较清楚。只是考虑的影响碰撞危险度的因素和模型的含义尚需细化,以及如何把它应用到船舶避碰实践上,还需要形成一套完整的概念和理论体系。

研究船舶碰撞危险度的目的是为避碰决策提供依据。以前,只是通过观测到的目标船的原始数据,如距离和方位以及它们的变化情况,判断船舶是否存在碰撞危险,即是否有与目标船发生碰撞的可能。事实上,深入研究并处理这些观测数据,会得到意想不到的、有价值的结果。

船舶自主避碰问题属于决策优化问题,自主避碰方法主要包括三类[5−8]:一是基于解析模型的避碰方法,该类算法对船舶运动及其周围环境用精确的数学模型描述,并根据一系列数量关系来解决碰撞问题,如模型预测控制(model predictive control,MPC)、速度障碍法(velocity obstacle,VO)、人工势场法(artificial potential field,APF)等方法;二是智能算法,主要包括遗传算法、模糊逻辑法、多目标优化法等;三是机器学习方法,如深度学习、强化学习等方法。

2. 主要创新点

本书是在船舶自动识别系统(automatic identification system,AIS)能够提供准确的目标船信息的基础上,研究本船相对于目标船的运动,定义最近会遇距离(D_{cpa})的大小和符号,推导出船舶避碰数学模型,以及紧迫局面距离和碰撞距离数学模型,给出船舶最佳避让行动与时机,得出船舶避让行动曲线图,并且明确最佳避碰行动时机不是某个时间点,而是一个时间段。本书的创新点体现在以下五个方面。

(1) 智能船舶紧迫局面距离模型和碰撞距离模型在研究船舶避碰理论和进行船舶避碰实践中十分重要,但却是至今还没有完全解决的问题。本书研究了船舶碰撞会遇过程及其转向避让过程;结合船舶操纵性能和船舶会遇态势,给出了船舶初始旋回半圆的要素及旋回角度的时间特性;通过相对运动图的分解和逆向逼近算法,得到船舶转向避让时紧迫局面距离的数学模型,以及模型应用的范围;同时给出了船舶转向避让的最大转向角度,解决了船舶转向避让过程中转向角度极值不确定或模糊的问题;模型应用的结果通过算例和模拟实验得到验证,为指导海上船舶避碰行动、研究船舶碰撞危险度和建立船舶自动避碰决策系统提供了理论依据。

（2）考虑除了 D_{cpa} 和 T_{cpa} 之外的多种影响因素，运用模糊决策和模糊神经网络方法确定模糊系数，在此基础上提出一个符合实际情况的船舶碰撞危险度（CRI）模型为

$$CRI = \begin{cases} 1, & D \leqslant D_{collid} \\ \alpha \cdot e^{k \cdot (D - D_{collid})^2}, & D_{collid} < D < D_{attend} \\ 0, & D \geqslant D_{attend} \end{cases}$$

式中：α——权系数，反映 D_{cpa} 对船舶碰撞危险度 CRI 的影响，决定曲线沿纵轴方向变化的程度；k——待定系数，其含义是最小安全会遇距离（D_s）、转向避让角度变化率临界值（C_{CR}）等因素对 CRI 的影响，是一个决定曲线沿横轴方向变化的量；D——本船到目标船的距离，$D = V_{01} \cdot T_{cpa} \cdot \csc(C_{01} - B)$，反映 T_{cpa}、V_{01}、C_{01}、B 对船舶碰撞危险度 CRI 的影响；D_{collid}——船舶碰撞距离，反映船长、船舶旋回要素、船舶速度、航行环境等要素对 CRI 的影响；D_{attend}——船舶注意距离，表示距离目标船太远，普遍认为没有碰撞危险的到目标船距离的下界，这时的 $CRI = 0$。

（3）考察本船相对于目标船的运动，定义 D_{cpa} 的大小和符号，对于有碰撞危险度（CRI）的目标船，给出其避碰决策图，据此确定最佳避让行动时机与行动大小，并且明确最佳避让行动时机不是在某一时间点上，而是在某一个时间段上。

（4）定义"船舶动态避碰行动领域"的概念，建立含船舶碰撞危险度（CRI）在内的动态避碰行动领域模型，领域的大小随 CRI 阈值的选取而变化，$CRI = 0$ 的目标船不存在该领域。

（5）探讨船舶双让理念的弹性避碰机制，解决直航船的行动方式和行动时机的问题，提出双让理念及具体做法。

1 船舶避碰最佳时机与行动数学模型

本船和目标船的运动合成后可以得到本船相对于目标船的运动,也可以得到目标船相对于本船的运动,后者目前应用较多。本书除第 2.3 节外,均研究本船相对于目标船的运动,可以根据速度矢量三角形求取其相对运动要素,定义最近会遇距离 D_{cpa} 的大小和符号。在船舶自动识别系统(AIS)能够提供准确的目标船数据的基础上,推导出转向避让数学模型和变速避让数学模型,给出最佳避让时机与行动大小。

1.1 一般概念

船舶自动识别系统(AIS)是一种助航设备,能够自动发送和接收船舶的名称、位置、航向及速度等信息,用于船舶拥挤海域的船舶交通管制、避免触礁碰撞等多种场合[33]。由于这种信息传递的快速性和准确性,可以有效地防止船舶碰撞、触礁和搁浅事故。国际海事组织(International Maritime Organization,IMO)第 73 届海安会于 2000 年 12 月 5 日以 MSC. 99(73)号决议通过了《1974 年国际海上人命安全公约》修正案,明确船舶配备 AIS 的重要性,并且于 2002 年 7 月 1 日开始全面实行,到 2007 年 7 月 1 日止,所有 300 总吨以上从事国际航行的船舶都必须配备 AIS,对于不从事国际航行的船舶,到 2008 年 7 月 1 日止都必须配备 AIS。目前,我国渔船上必须安装北斗定位系统,该系统提供了大部分的 AIS 功能,因此渔船上也都相当于安装了 AIS。

AIS 使船舶双方在很远的距离上便能"相互看得见"对方,所发送和接收到的信息包括船名、位置、航向、航速和计划航线,其精度远远高于从雷达或 ARPA 中获得信息的精度。因此,将十分有助于船舶驾驶员进行避碰决策。本书的避碰模型主要是基于船舶配有 AIS 提出的,对于没有配备 AIS 的船舶,可参考文献[1]或用传统的解矢量三角形的方法求出避碰参数。

如图 1-1 所示,O 和 T 分别表示本船和目标船的位置,以本船为原点,建立平面直角坐标系 XOY,OY 轴指向北(N),OX 轴指向东。设本船的速度和航向分别

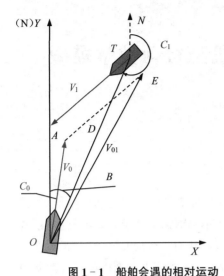

图 1-1　船舶会遇的相对运动

为 V_0 和 C_0，目标船的速度和航向分别为 V_1 和 C_1，目标船的方位为 B，距离为 D。图中，$EA=V_1$，于是，解算速度三角形 OAE，可以得到本船相对于目标船的速度(V_{01})和相对航向(C_{01})为

$$V_x = V_0 \cdot \sin(C_0) + V_1 \cdot \sin(C_1 + \pi)$$
$$(1-1)$$

$$V_y = V_0 \cdot \cos(C_0) + V_1 \cdot \cos(C_1 + \pi)$$
$$(1-2)$$

$$V_{01} = (V_x^2 + V_y^2)^{\frac{1}{2}} \qquad (1-3)$$

$$C_{01} = \begin{cases} \arctan(V_x/V_y), & V_x \geqslant 0, V_y > 0 \\ \dfrac{\pi}{2}, & V_x > 0, V_y = 0 \\ \arctan(V_x/V_y) + \pi, & V_y < 0 \\ \dfrac{3\pi}{2}, & V_x < 0, V_y = 0 \\ \arctan(V_x/V_y) + 2\pi, & V_x < 0, V_y > 0 \\ 0, & V_x = 0, V_y = 0 \end{cases}$$
$$(1-4)$$

最近会遇距离(D_{cpa})和到最近会遇距离处的时间(T_{cpa})分别为

$$D_{cpa} = D \cdot \sin(C_{01} - B) \qquad (1-5)$$

$$T_{cpa} = \frac{D \cdot \cos(C_{01} - B)}{V_{01}} \qquad (1-6)$$

本书研究的是本船相对于目标船的运动，并且规定 D_{cpa} 有正、负之分，与之前研究避碰问题的角度不同，把目标船视为不动的物标，将有利于理解船舶的会遇过程和态势，符合式(1-5)的表述和计算结果。当目标船位于相对航迹线的左面时，向右转向将有利于达成避碰效果，定义 D_{cpa} 为"正"；当目标船位于相对航迹线的右面时，向右转向将不利于达成避碰效果，定义 D_{cpa} 为"负"，如图1-2所示。

研究本船相对于目标船运动的优点如下：

(1) 比较直观，把目标船看作不动的目标将有利于避碰决策，特别是当本船为让路船时，更容易理解这种相对运动的关系。

(2) 容易定义最近会遇距离 D_{cpa} 的符号，作为让路船应该避免过目标船的船首，D_{cpa} 的大小和符号对于船舶碰撞危险度和避碰决策都有直接的影响，因此，有必要找到一种简单的方法定义 D_{cpa} 的符号。

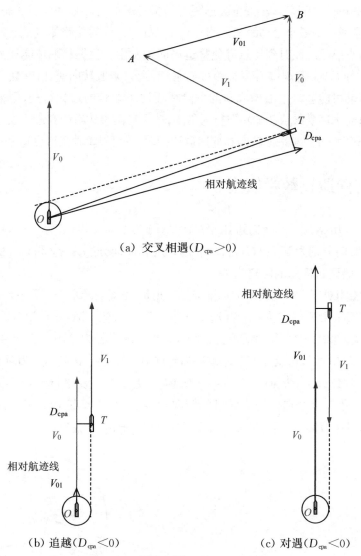

（a）交叉相遇（$D_{cpa}>0$）

（b）追越（$D_{cpa}<0$）　　　　　　　　（c）对遇（$D_{cpa}<0$）

图 1 - 2　最近会遇距离 D_{cpa} 的概念

（3）绝不是一种简单的相对运动的转换，本章研究的中心内容是本船的避碰决策问题，不管本船是让路船还是直航船，都应该"以我为主"，在避碰决策过程中始终处于主动地位，实现双让理念的弹性避碰机制。

（4）容易确定碰撞距离，关于这部分内容计算起来比较麻烦，涉及船舶尺度和船舶操纵运动过程。本书给出了一个简单的估算公式，也给出了准确的船舶紧迫局面距离和碰撞距离的计算方法。

根据当时的航行环境和条件，设置最小安全会遇距离（distance of the safe point

of approach-dspa，D_s)。最小安全会遇距离是指考虑航行环境和船舶状态，认为使两船能够安全通过的最小会遇距离。当$|D_{cpa}|<D_s$时，作为让路船应该及时采取避让行动，作为直航船应该时刻注意避免紧迫局面的发生。根据船舶性能和海上操船习惯，在大洋航行时，若周围有宽阔的可航水域，则只采取转向避让；在狭窄水道航行时，转向行动可能会对本船构成新的危险或无法采取转向避让行动，则采取变速避让；船舶可航水域受限或船舶转向行为受限，单凭转向避让不能在最小安全会遇距离（D_s）上通过时，可同时采取转向和变速避让行动，也可以单独采取变速避让行动。

1.2 转向避让数学模型

图 1-3 所示为船舶转向避让相对运动，O 为本船位置，T 为目标船位置，本船的速度和航向分别为 V_0 和 C_0，目标船的速度和航向分别为 V_1 和 C_1，目标船的方位为 B，本船到目标船的距离为 D。

作本船相对于目标船运动的速度矢量三角形 ACQ，得到本船相对于目标船的速度为 $V_{01}=QA$，相对航向为 $C_{01}=OQA$ 方向。TA 垂直于 OA，垂足为 A，则 TA 为最近会遇距离。圆 O 的半径为最近会遇距离，圆 T 的半径为最小安全会遇距离，从 O 点起作圆 T 的切线，切点为 H。本船向右转向 A_C 角度后，得到本船相对于目标船的速度为 $V_{02}=QE$，相对航向为 $C_{02}=QE$ 方向，并且满足 QE 平行于 OH，则 A_C 就是使两船在最小安全会遇距离上通过的转向角度。TL 平行于 OA，$TA=OL=D_{cpa}$，$TH=D_s$，设 $\angle TOA=\alpha_1$，$\angle TOH=\alpha_2$，$\angle AQE=\alpha_2-\alpha_1$，于是有

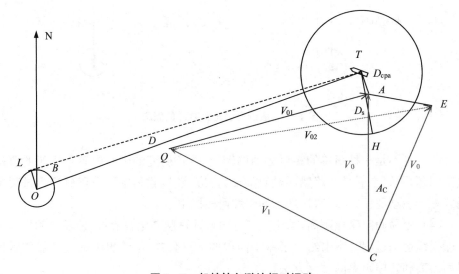

图 1-3 船舶转向避让相对运动

$$\alpha_1 = \arcsin\left(\frac{D_{cpa}}{D}\right) \tag{1-7}$$

$$\alpha_1 = \arcsin\left(\frac{D_s}{D}\right) \tag{1-8}$$

规定本船向右转向避让的角度为"正",向左转向避让的角度为"负",本船转向 (alter course, A_C) 避让 A_C 角度后,相对于目标船的速度 ($V_{02} = QE$) 和相对航向 ($C_{02} = QE$ 方向) 分别为

$$V_{02} = [V_0{}^2 + V_1{}^2 - 2 \cdot V_0 \cdot V_1 \cdot \cos(C_0 + A_C - C_1)]^{\frac{1}{2}} \tag{1-9}$$

$$C_{02} = C_0 + A_c + \arccos\left[\frac{V_0 - V_1\cos(C_0 + A_C - C_1)}{V_{02}}\right] \tag{1-10}$$

于是,可以得到本船转向避让时所改变的航向为

$$AE = [V_{01}{}^2 + V_{02}{}^2 - 2 \cdot V_{01} \cdot V_{02} \cdot \cos(\alpha_2 - \alpha_1)]^{\frac{1}{2}} \tag{1-11}$$

$$A_c = 2\arcsin(AE/2/V_0) \tag{1-12}$$

1.3　变速避让数学模型

图 1-4 所示为船舶减速 (alter speed, A_s) 避让相对运动,O 为本船位置,T 为目标船位置,本船的速度和航向分别为 V_0 和 C_0,目标船的速度和航向分别为 V_1 和 C_1,目标船的方位为 B,本船到目标船的距离为 D。

作本船相对于目标船运动的速度矢量三角形 ACQ,得到本船相对于目标船的

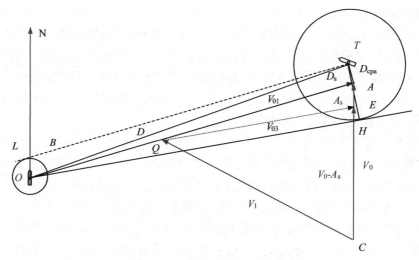

图 1-4　船舶减速避让相对运动

($V_0 = 16$ kn, $C_0 = 0°$, $V_1 = 23$ kn, $C_1 = 290°$, $D = 5$ n mile, $B = 66°$)

速度为 $V_{01}=QA$,相对航向为 $C_{01}=OQA$ 方向。TA 垂直于 OA,垂足为 A,则 TA 为最近会遇距离。圆 O 的半径为最近会遇距离,圆 T 的半径为最小安全会遇距离,从 O 点起作圆 T 的切线,切点为 H。本船减速 A_s 后,得到本船相对于目标船的速度为 $V_{03}=QE$,相对航向为 $C_{03}=QE$ 方向,并且满足 QE 平行于 OH,则 A_s 就是使两船在最小安全会遇距离上通过的减小速度。TL 平行于 OA,$TA=OL=D_{cpa}$,$TH=D_s$,设 $\angle TOA=\alpha_1$,$\angle TOH=\alpha_2$,$\angle AQE=\alpha_2-\alpha_1$,于是有

$$\alpha_1=\arcsin\left(\frac{D_{cpa}}{D}\right) \tag{1-13}$$

$$\alpha_2=\arcsin\left(\frac{D_s}{D}\right) \tag{1-14}$$

本船减速 A_s 节后,速度变为 V_0-A_s,本船相对于目标船的速度($V_{03}=QE$)和相对航向($C_{03}=QE$ 方向)分别为

$$V_{03}=\left[(V_0-A_s)^2+V_1{}^2-2\cdot(V_0-A_s)\cdot V_1\cdot\cos(C_0-C_1)\right]^{\frac{1}{2}} \tag{1-15}$$

$$C_{03}=C_0+\arccos\left[\frac{V_0-A_s-V_1\cos(C_0-C_1)}{V_{03}}\right] \tag{1-16}$$

于是,可以得到本船减速避让时所减小的速度为

$$A_s=AE=\left[V_{01}{}^2+V_{03}{}^2-2\cdot V_{01}\cdot V_{03}\cdot\cos(\alpha_2-\alpha_1)\right]^{\frac{1}{2}} \tag{1-17}$$

1.4　船舶最佳避让时机与行动研究的现状

船舶避碰涉及避让时机与行动大小的问题,过早行动没有必要,过晚行动会产生船舶之间的不协调行动和碰撞结果。如何避免船舶碰撞,以及在采取避让行动时如何确定最佳避让时机和最佳避让行动是航海人员一直关心和探讨的问题。《避碰规则》要求"及早、大幅度转向"和必要时"及时把船停住",对于避让时机和行动只是做了原则上的描述。船舶驾驶员在遵守《避碰规则》的同时,也不断地体会和量化《避碰规则》,得出经验的避碰标准。

A. N. 科克罗夫特(A. N. Cockcraft)把"碰撞局面"划分为 4 个阶段,文献[1]对"让路船"和"直航船"采取的"适时"避让行动做了解释(见表 1 - 1 和表 1 - 2)。国内外航海学者对这一问题也都做过深入的研究,如文献[1]根据方位和距离资料来判断船舶有无碰撞危险;赵劲松、王逢辰、今津準马利用雷达避让操纵图及基于模糊决策表确定避让时机[13]。这些研究成果较《避碰规则》具体一些,基本上有了"量"的概念,但也只是给出大致的行动范围,因为没有针对具体的会遇态势和船舶运动状态。

表 1−1　让路船的行动(除追越船之外)

项目	阶段			
	自由行动阶段	及早行动阶段	应采取行动阶段	应采取最有助于避碰的行动阶段
适用距离	$6'(5\sim8')$以前	$6\sim3'$	$3\sim2'$	$2'$以下
行动要求	运用良好船艺	积极地、及早地采取行动并应用良好的船艺;交叉局面中的让路船应避免穿越他船前方	应立即采取避让行动,交叉局面中的让路船应避免穿越他船前方	应采取最有助于避碰的行动,必要时也可背离规则规定采取行动
行动目的	消除碰撞危险	避免紧迫局面	避免紧迫局面	避免紧迫危险或避免碰撞

表 1−2　直航船的行动

项目	阶段			
	自由行动阶段	保向、保速阶段	可独自采取行动阶段	应采取最有助于避碰的行动阶段
适用距离	$6'(5\sim8')$以前	$6\sim3'$	$3\sim2'$或$2'$左右	$2\sim1'$或$1'$左右
行动要求	运用良好船艺	保向、保速	保向、保速,发现让路船显然未遵守规则,采取行动应鸣放"五短声",独自采取操纵行动;交叉局面中的直航船不应对左舷来船向左转向	应采取最有助于避碰的行动,可背离规则采取行动
行动目的	消除碰撞危险	配合让路船行动,为让路船提供避让之依据	避免紧迫局面,若让路船同时也采取行动,则有可能避免紧迫局面的形成	避免紧迫危险或避免碰撞

　　以上这些关于避碰时机和避碰行动的结论是对所有的船舶而言的,没有仔细考虑具体的航行环境、相对速度、会遇态势及船速比等影响要素,不太适用于特殊的会遇局面,而且避碰行动时机和行动大小又分别叙述。在某种会遇条件下,船舶驾驶员容易错过良好的避让时机,比如第 4 章中的算例可以证明,对于普通的两艘船舶,最小安全会遇距离取 2.0 n mile 时,紧迫局面距离为 2.6 n mile,应采取避让行动的阶段还要充分考虑最小安全会遇距离的取值。船舶驾驶员要求的是有一个时时的、恰到好处的量化标准,因此,这种一概而论,给出一个大致行动范围的做法已经满足不了现代航海人员的要求了。

　　接下来,我们从让路船的角度出发,就避让行动和避让时机的问题做进一步的论述。

1.5 转向避让行动与时机

1. 数学模型

如图 1-5 所示，O 和 T 分别表示本船和目标船，N 表示真北方向，$TA = D_{cpa}$，$TH = D_s$，$\angle ACE = A_C$。设本船的速度和航向分别为 $V_0 = 16.0$ kn 和 $C_0 = 0°$，目标船的速度和航向分别为 $V_1 = 23.0$ kn 和 $C_1 = 290°$，本船到目标船的距离为 $D = 5.0$ n mile，目标船的真方位为 $B = 66°$。于是，本船相对于目标船的速度 $V_{01} = 23.1$ kn，相对航向 $C_{01} = 69.4°$，最近会遇距离 $D_{cpa} = +0.3$ n mile，到达最近会遇处的时间 $T_{cpa} = 13.0$ min。[34-37]

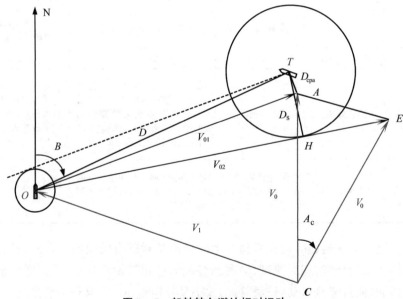

图 1-5 船舶转向避让相对运动

($V_0 = 16$ kn, $C_0 = 0°$, $V_1 = 23$ kn, $C_1 = 290°$, $D = 5$ n mile, $B = 66°$)

$$\alpha_1 = \angle TOA = \arcsin(D_{cpa}/D) \tag{1-18}$$

$$\alpha_2 = \angle TOH = \arcsin(D_s/D) \tag{1-19}$$

本船向右转向 A_C 角度后，相对于目标船的速度为

$$V_{02} = [V_0^2 + V_1^2 - 2 \cdot V_0 \cdot V_1 \cdot \cos(C_0 + A_C - C_1)]^{\frac{1}{2}} \tag{1-20}$$

于是，有

$$AE = [V_{01}^2 + V_{02}^2 - 2 \cdot V_{01} \cdot V_{02} \cdot \cos(\alpha_2 - \alpha_1)]^{\frac{1}{2}} \tag{1-21}$$

$$A_C = 2 \cdot \arcsin\left(\frac{AE}{2V_0}\right) \qquad\qquad (1-22)$$

本船为让路船,本船改变航向后,相对于目标船的速度和相对航向的变化如图 1-6 所示。从图 1-6 中看到,向右转向的相对速度增大,可以在短时间内驶过让清,将有利于船舶避让。

根据航行环境,选取最小安全会遇距离,如 $D_s = 0.5$ n mile、1.0 n mile 和 2.0 n mile,为了保证本船在该最小安全会遇距离上通过目标船,在本船接近目标船的过程中,目标船位于不同的距离处时本船需要转向避让的角度不同。根据式 $(1-18)$~式$(1-22)$,作本船需要转向避让的角度随距离变化的曲线,如图 1-6 所示。

图 1-6 中横轴表示本船转向避让的方向和转向角度的大小,向右转向为正,向左转向为负;第一个纵轴表示本船相对于目标船的速度;第二个纵轴表示本船到目标船的距离;第三个纵轴表示本船相对于目标船的航向。随着目标船的接近,本船转向避让的角度会不断增大,表明目标船对本船的威胁程度不断加大。为了表示出这种本船转向避让的角度随距离的变化情况,定义转向避让角度变化率(alter course rate, C_R)。

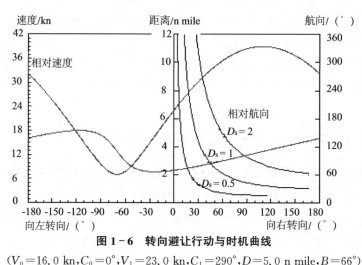

图 1-6　转向避让行动与时机曲线

$(V_0 = 16.0$ kn, $C_0 = 0°$, $V_1 = 23.0$ kn, $C_1 = 290°$, $D = 5.0$ n mile, $B = 66°)$

2. 转向避让角度变化率

定义 1　转向避让角度变化率。本船接近目标船的过程中,为了能够在最小安全会遇距离上通过目标船,本船所在的每一个位置都有一个对应的转向角度,这种单位距离内转向角度的变化称为转向避让角度变化率,单位为“°/0.1 n mile”。如图 1-6 所示,在某条最小安全会遇距离曲线上,转向避让角度变化率就是本船在

两个位置的两个航向的改变量对于两船距离改变量的变化率,即

$$C_R = \lim_{(D_2-D_1)\to 0} \frac{A_{C2}-A_{C1}}{D_2-D_1} \qquad (1-23)$$

采取转向避让的有利时机在曲线的"弯曲处"。过早行动没有必要,距离减少 0.1 n mile(1 链)时航向改变量的增加值很小,**也就是说转向避让角度变化率很小**,这时候采取避碰行动,不符合船舶驾驶员的避让心理,既浪费了航程又可能遭遇新的危险,也会给他船以模糊的行动概念。过晚行动则显得被动,距离减少 0.1 n mile 时航向改变量的增加值很大,换句话说,避让行动的代价很大,容易造成紧迫局面,导致船舶碰撞。这个最佳的转向避让时机就是在**转向避让角度变化率**明显增加的地方,也就是曲线的"弯曲处",可以用本让路船与目标船的距离表示出来,转向角度的大小也可以同时给出。这样,就可以简单、准确地确定本让路船转向避让的时机与转向角度的大小了,无须像 ARPA 那样进行多次试操作。

具体应该在曲线"弯曲处"的哪一点采取避让行动,完全可以根据实际的航行环境和会遇态势,以及船舶驾驶员的操船水平和船舶性能,用**转向避让角度变化率**的大小表示出来。因此,最佳转向避让点的确定就是使**转向避让角度变化率**为某一个值或某一段值的点。例如,曲线上的圆点是**转向避让角度变化率**为 8.0(°/0.1 n mile) 的点,取最小安全会遇距离 $D_s = 1.0$ n mile 通过,则距离目标船 $D = 4.0$ n mile 时,向右转向 $A_C = 32.8°$ 就可以满足要求。

这条曲线也能随时给出转向避让行动的大小。例如,取最小安全会遇距离 $D_s = 0.5$ n mile 处通过,则距离目标船 $D = 5.0$ n mile 时,向右转向 $A_C = 9.0°$ 就能满足要求。

3. 估计误差对转向避碰时机与行动的影响

如图 1-7 所示为船舶转向避让相对运动,设本船(O)的速度和航向分别为 $V_0 = 16$ kn 和 $C_0 = 0°$,目标船(T)的速度和航向分别为 $V_1 = 20$ kn 和 $C_1 = 270°$,船速比 $k_V = 1.25$,目标船的方位 $B = 50°$,距离 $D = 8$ n mile,可以计算出本船相对目标船的速度 $V_{01} = 25.6$ kn,相对航向 $C_{01} = 51.3°$,最近会遇距离 $D_{cpa} = +0.2$ n mile,到达最近会遇距离处的时间 $T_{cpa} = 18.7$ min。

本船为让路船,本船改变航向后相对目标船的速度(V_{01})和航向(C_{01})的变化如图 1-8 所示。从图 1-8 中可以看出,向右转向的相对速度增大,可以在短时间内驶过让清,有利于船舶避让,也符合《避碰规则》的要求。分别取一定的最小安全会遇距离(图 1-7 中 TH),$D_s = 0.3$ n mile,$D_s = 1.0$ n mile,$D_s = 2.0$ n mile,$D_s = 3.0$ n mile,得到一组本船转向避让时航向改变量 A_c 随着两船相对距离 D 变化的曲线,如图 1-8 所示的 4 条曲线。

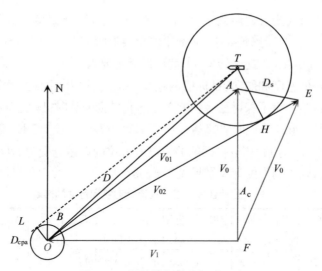

图 1 - 7　船舶转向避让相对运动

图 1 - 8 中纵坐标轴从左向右依次表示相对航速、到目标船的距离和相对航向,横坐标轴表示转向避让角度的大小,向右转向为正,向左转向为负。随着目标船的接近,本船转向避让的角度不断增大。

图 1 - 8 中可以看出,采取转向避让行动的有利时机就是在转向避让角度变化率明显增加的地方,也就是曲线的"弯曲处",可用本船到目标船的距离表示。转向角度的大小也能用图示和数字的形式直接给出。这样,利用此图就可以方便地确定本让路船转向避让时机与转向角度的大小了。

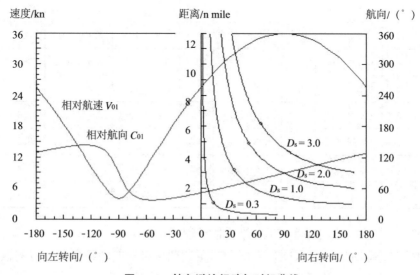

图 1 - 8　转向避让行动与时机曲线

例如,取最小安全会遇距离 $D_s=1.0$ n mile 通过,则距离目标船 3.2 n mile 时,向右转向 36°就可以满足要求;取最小安全会遇距离 $D_s=0.3$ n mile 通过,则距离目标船 1.1 n mile 时,向右转向 14°就可以满足要求。

但是,本船的速度和航向、目标船的速度和航向,以及用雷达测定目标船的距离和方位都有误差,为了探讨这些误差对于最佳转向避让时机和避让行动的影响有多大,我们做了一组计算。取船速估计误差 $DV_0=DV_1=\pm0.5$ kn,航向估计误差 $DC_0=DC_1=\pm0.5°$,雷达测量目标船的距离和方位的误差分别为 $DD=0.2$ n mile 和 $DB=0.2°$,则本例中的计算结果见表 1-3。

表 1-3 估计误差对于转向避让时机和行动的影响

DV_0/ kn	DC_0/ (°)	DV_1/ kn	DC_1/ (°)	DD/ n mile	DB/ (°)	V_{01}/ kn	C_{01}/ (°)	D_{cpa}/ n mile	T_{cpa}/ min	D/ n mile	ΔD/ n mile	A_c/ (°)	ΔA_c/ (°)
0.5	0.5	0.5	0.5	0.2	0.2	26.3	51.7	0.2	18.7	3.2	0	35.2	−0.2
−0.5	0.5	0.5	0.5	0.2	0.2	25.7	53.4	0.5	19.1	2.5	−0.7	31	−4.4
−0.5	−0.5	0.5	0.5	0.2	0.2	25.5	53	0.4	19.3	2.9	−0.3	31.6	−3.8
−0.5	−0.5	−0.5	0.5	0.2	0.2	24.7	51.6	0.2	19.9	3.3	0.1	34.6	−0.8
−0.5	−0.5	−0.5	−0.5	0.2	0.2	24.9	51	0.1	19.7	3.5	0.3	36.4	1
0.5	−0.5	−0.5	−0.5	0.2	0.2	25.3	49.3	−0.1	19.3	3.6	0.4	40.6	5.2
0.5	0.5	−0.5	−0.5	0.2	0.2	25.8	49.7	−0.1	19.1	3.8	0.6	38.4	3
0.5	0.5	0.5	−0.5	0.2	0.2	26.5	51.1	0.1	18.5	3.4	0.2	37	1.6
−0.5	0.5	0.5	−0.5	0.2	0.2	25.9	52.8	0.4	19	2.9	−0.3	31.4	−4
−0.5	−0.5	0.5	−0.5	0.2	0.2	25.7	52.4	0.3	19.1	3.1	−0.1	34	−1.4
0.5	−0.5	0.5	−0.5	0.2	0.2	26.3	50.7	0.1	18.7	3.5	0.3	36	0.6
0.5	−0.5	0.5	0.5	0.2	0.2	26.1	51.3	0.2	18.9	3.3	0.1	34.2	−1.2
0.5	−0.5	−0.5	0.5	0.2	0.2	25.3	49.8	−0.1	19.4	3.7	0.5	39.6	4.2
0.5	0.5	−0.5	0.5	0.2	0.2	25.5	50.3	0	19.3	3.5	0.3	38.2	2.8
−0.5	0.5	−0.5	0.5	0.2	0.2	24.9	52	0.3	19.7	3.1	−0.1	32.4	−3
−0.5	0.5	−0.5	−0.5	0.2	0.2	25.1	51.4	0.2	19.6	3.3	0	34.4	−1

选取一个对本船不利的情况,船速估计误差 $DV_0=0.5$ kn,$DV_1=-0.5$ kn,航向估计误差 $DC_0=0.5°$,$DC_1=-0.5°$,雷达测量目标船的距离和方位的误差分别为 $DD=0.2$ n mile 和 $DB=0.2°$,取最小安全会遇距离 $D_s=1.0$ n mile 通过,

这时的最佳避让时机为 $D=3.8$ n mile,最佳转向角度为 $A_C=38.4°$,这个结果与没有误差影响时计算值的差值分别为 $\Delta D=3.8$ n mile-3.2 n mile$=0.6$ n mile 和 $\Delta A_C=38.4°-35.4°=3.0°$,表明需要提前 0.6 n mile 采取避碰行动和增加 3°的航向改变行动措施。

如图 1-9 所示,虚线表示存在该不利误差的计算结果,向右转向后相对速度和相对航向变化不大,转向角度随距离的变化曲线与原曲线相比,变化明显。向右转向图中上面两条曲线是最小安全会遇距离 $D_s=1.0$ n mile 的情况,下面两条曲线是最小安全会遇距离 $D_s=0.3$ n mile 的情况,图中可以看出,最小安全会遇距离越小,需要的保留量越大。

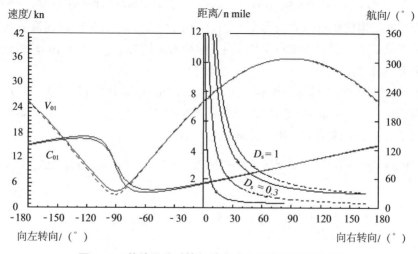

图 1-9　估计误差对转向避让时机和避让行动的影响

由此可见,在采取转向避让行动时,要有一定量的保留。不论是避让时机的保留还是转向角度的保留都是必要的。它们的大小与估计误差和选取的最小安全会遇距离 D_s 有关,估计误差越大,最小安全会遇距离越小,需要保留的量就越大。对于本例的会遇船舶来说,若最小安全会遇距离 $D_s=1.0$ n mile,避让时机的保留量取 0.6 n mile,避让行动的保留量取 5°,则能够满足要求。

4. 结束语

以上是从让路船的角度出发,就船舶转向避让的最佳行动与最佳时机的问题做了进一步讨论,给出了船舶避让行动与时机的曲线图,也给出了估计误差对船舶转向避让行动与时机的影响。其中,避让时机用最简单的到目标船的距离来表示。利用此图船舶驾驶员再也不用为所采取的避让行动是否有效及采取行动的时机是否恰当担忧了,这无疑增加了船舶的航行安全指标。

另外,避让时机选择得恰当,也对《避碰规则》中的"早、大、宽"给出了明确的度量,避免了无谓的精神紧张和航程浪费,使船舶驾驶员能够根据《避碰规则》定量避碰行动,在采取避让行动前就能预计避让结果。

1.6 变速避让行动与时机

1. 数学模型

如图 1-10 所示,O 和 T 分别表示本船和目标船的位置,N 表示真北方向,$TA = D_{cpa}$,$TH = D_s$,本船变速的大小 A_s 用图中 AE 线段表示,即 $AE = A_s$。[38]

设本船的速度和航向分别为 $V_0 = 16.0$ kn 和 $C_0 = 0°$,目标船的速度和航向分别为 $V_1 = 23.0$ kn 和 $C_1 = 290°$,本船到目标船的距离为 $D = 5.0$ n mile,目标船的方位为 $B = 66°$。

于是,本船相对于目标船的速度 $V_{01} = 23.1$ kn,相对航向 $C_{01} = 69.4°$,最近会遇距离 $D_{cpa} = 0.3$ n mile,到达最近会遇距离处的时间 $T_{cpa} = 13.0$ min。本船减速后相对于目标船的速度 V_{03} 和本船减速的大小 A_s 和分别为

$$V_{03} = QE = \left[(V_0 - A_s)^2 + V_1^2 - 2 \cdot (V_0 - A_s) \cdot V_1 \cdot \cos(C_0 - C_1)\right]^{\frac{1}{2}}$$

$$(1-24)$$

$$A_s = AE = \left[V_{01}^2 + V_{03}^2 - 2 \cdot V_{01} \cdot V_{03} \cdot \cos(\alpha_2 - \alpha_1)\right]^{\frac{1}{2}} \quad (1-25)$$

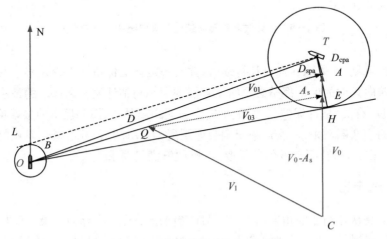

图 1-10 船舶减速避让相对运动

($V_0 = 16.0$ kn,$C_0 = 0°$,$V_1 = 23.0$ kn,$C_1 = 290°$,$D = 5.0$ n mile,$B = 66°$)

本船为让路船,本船改变速度后,相对于目标船的速度和相对航向的变化如图 1-11 所示。由图 1-11 中可以看到,减速避让后相对速度减小的幅度并不大。根据航行环境,选取几个最小安全会遇距离,如 $D_s=0.5$ n mile,$D_s=1.0$ n mile 和 $D_s=2.0$ n mile,根据式(1-24)和式(1-25),作本船速度改变随距离变化的曲线(见图 1-11)。

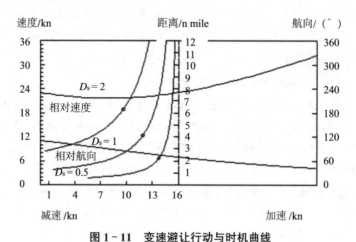

图 1-11　变速避让行动与时机曲线

$(V_0=16$ kn,$C_0=0°$,$V_1=23$ kn,$C_1=290°$,$D=5$ n mile,$B=66°)$

图 1-11 中,横坐标轴表示本船变速避让的方式和改变速度的大小;第一个纵坐标轴表示本船相对于目标船的速度;第二个纵坐标轴表示本船到目标船的距离;第三个纵坐标轴表示本船相对于目标船的航向。随着目标船的接近,本船减速避让的幅度不断增大。为了表示出这种减速幅度的变化情况,定义变速避让速度变化率(speed rate,S_R)。

2. 变速避让速度变化率

定义 2　变速避让速度变化率。本船接近目标船的过程中,为了能够在最小安全会遇距离上通过目标船,本船所在的每一个位置都有一个对应的变速结果,这种单位距离内变速结果的变化叫作变速避让速度变化率,单位为"kn/0.1 n mile"。如图 1-11 所示,在某条最小安全会遇距离曲线上,变速避让速度变化率就是本船在两个位置需要的两个航速变化的改变量对于两船距离改变量的变化率,即

$$S_R=\lim_{(D_2-D_1)\to 0}\frac{A_{s2}-A_{s1}}{D_2-D_1} \tag{1-26}$$

采取变速避让行动的有利时机在曲线的"弯曲处",过早行动没有必要,当距离减少 0.1 n mile(1 链)时航速改变量的变化值很小,不符合船舶驾驶员的避让心

理。过晚行动则显得被动,当距离减少 0.1 n mile 时航速改变量的变化值很大,即避让行动的代价大,容易造成紧迫局面,导致船舶碰撞。这个"变速时机"可以用本船到目标船的距离表示出来,并且也能同时给出改变速度的大小。

具体应该在曲线"弯曲处"的哪一点采取避让行动,完全可以根据实际的航行环境、会遇态势、船舶驾驶员的操船水平和船舶性能用**变速避让速度变化率**表示出来。于是,最佳变速避让点的确定就是使**变速避让速度变化率**为某一个值或某一段值的点。例如,曲线上的圆点是**变速避让速度变化率**为 1.0(kn/0.1 n mile)的点,取最小安全会遇距离 $D_s = 1.0$ n mile 通过,则距离目标船 $D = 4.1$ n mile 时,减少的速度 $A_s = 4.1$ kn 就可以满足要求。

实际上,绝大多数船舶都不可能连续改变速度,例如,不同的船舶从"前进 3"到"前进 1",降低的速度是不同的。这时可以根据船舶操纵性能表,从可以改变航速的大小出发,在曲线"弯曲处"找到最佳变速时机对应的本船到目标船的距离。

用本船到目标船的距离表示避让时机对于航海人员来说较为方便。只是这里说的距离不像船舶领域那样死板,没有笼统地定义出应该在 3.0 n mile 或 5.0 n mile 处采取避让行动。应该说,对于不同类型的目标船,以及和本船形成的不同会遇态势,这个避让时机是变化的,也符合海上操船避碰的实际情况。本节给出的结果正是这个避让时机和行动大小。

船舶可航水域受到限制,需要同时进行转向与变速行为时,避让的效果是变速与转向效果的叠加,当然,转向效果的初始条件应该是本船改变速度后的条件。为此,取一定的最小安全会遇距离 $D_s = 1.0$ n mile 或 $D_s = 2.0$ n mile,也可以作一组相对距离与本船变速、变向关系的曲线图。

实际上,这种既改变航向又改变航速的做法很少,通常是船舶处在紧迫局面中才会使用。船舶驾驶员应时刻保持正规的瞭望,对当时环境和条件做出正确的判断,把握住最佳避让时机,避免紧迫局面的发生。

3. 小结

本章给出的船舶避碰行动与时机曲线图是确定船舶碰撞危险度的基础。对于船舶会遇过程中的避碰行动与时机有了图形上的感性认识后,船舶驾驶员会对整个避碰过程有一个更清楚的感知,即前面一段时间的"松弛感"和后面一段时间的"紧迫感",只有中间一小段时间是最有利的避碰行动时机。因此,最佳的船舶避碰时机不是确定在具体某一个点上,而是在某个时间段上。在整个会遇过程中的不同阶段,目标船对本船的威胁程度是不一样的,这就要求在构造船舶碰撞危险度曲线或选择碰撞危险度隶属函数时,应该考虑这种不同阶段的不同威胁程度,使船舶碰撞危险度具有指导船舶避碰行动的实际意义。

1.7　船舶避让行动与时机曲线图

设本船的速度和航向分别为 $V_0 = 10.0$ kn 和 $C_0 = 0°$，本船到目标船的距离为 $D = 8.0$ n mile，取不同的目标船的速度 V_1、航向 C_1 和方位 B，给出几个典型的船舶避让行动与时机曲线图例子。同时给出本船相对于目标船的速度 V_{01}，相对航向 C_{01}，最近会遇距离 D_{cpa}，到达最近会遇距离处的时间 T_{cpa}。

1. 转向避让行动与时机曲线图

1）船速比 $k_V = 2.0$ 的曲线图

图 1-12 为本船转向避让行动与时机曲线图，目标船的速度 $V_1 = 20$ kn，航向 $C_1 = 225°$，方位 $B = 30°$。三条曲线分别代表最小安全会遇距离取 $D_s = 0.5$ n mile、$D_s = 1.0$ n mile 和 $D_s = 2.0$ n mile 时转向角度或航向改变率随两船距离变化的关系，曲线上的 3 个圆点表示转向避让行动的时机，转向避让角度变化率分别为 5.0、9.0 和 13.0，单位是"°/0.1 n mile"。本船相对于目标船的速度 $V_{01} = 28$ kn，相对航向 $C_{01} = 30.4°$，最近会遇距离 $D_{cpa} = 0.1$ n mile，到达最近会遇距离处的时间 $T_{cpa} = 17.2$ min。

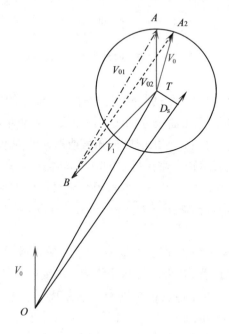

$V_0 = 10$ kn $V_1 = 20$ kn $V_{01} = 28$ kn $D = 8$ n mile $D_{cpa} = 0.1$ n mile
$C_0 = 0°$ $C_1 = 225°$ $C_{01} = 30.4°$ $B = 30°$ $T_{cpa} = 17.2$ min

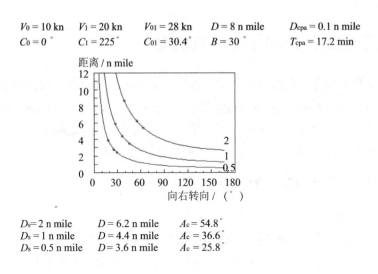

$D_s = 2$ n mile $D = 6.2$ n mile $A_c = 54.8°$
$D_s = 1$ n mile $D = 4.4$ n mile $A_c = 36.6°$
$D_s = 0.5$ n mile $D = 3.6$ n mile $A_c = 25.8°$

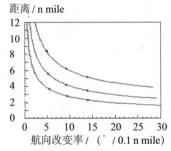

图 1-12　转向避让行动与时机曲线图　$k_v = 2.0, B = 30°$

图 1-13 为本船转向避让行动与时机曲线图，目标船的速度 $V_1 = 20$ kn，航向 $C_1 = 325°$，方位 $B = 120°$。三条曲线分别代表最小安全会遇距离取 $D_s = 0.5$ n mile、$D_s = 1.0$ n mile 和 $D_s = 2.0$ n mile 时转向角度或航向改变率随两船距离变化的关系，曲线上的 3 个圆点表示转向避让行动的时机，转向避让角度变化率分别为 5.0、9.0 和 13.0，单位是"°/0.1 n mile"。本船相对于目标船的速度 $V_{01} = 13.1$ kn，相对航向 $C_{01} = 119.1°$，最近会遇距离 $D_{cpa} = -0.1$ n mile，到达最近会遇距离处的时间 $T_{cpa} = 36.6$ min。

图 1-13 表示本船为慢速船时，目标船位于右舷正横后方位角为 $120°$ 可能出现的情况，O 表示本船位置，T 表示目标船位置。本船向右转向至 TA_2 方向时，相对目标船的航向为 C_{02}，本船将以最小安全会遇距离 D_s 过目标船首；向右转向至 TA_3 方向时，相对目标船的航向为 C_{03}，以同样的最小安全会遇距离 D_s 过目标船尾。因此，目标船位于 T 位置处时，本船向右转向有两个解。

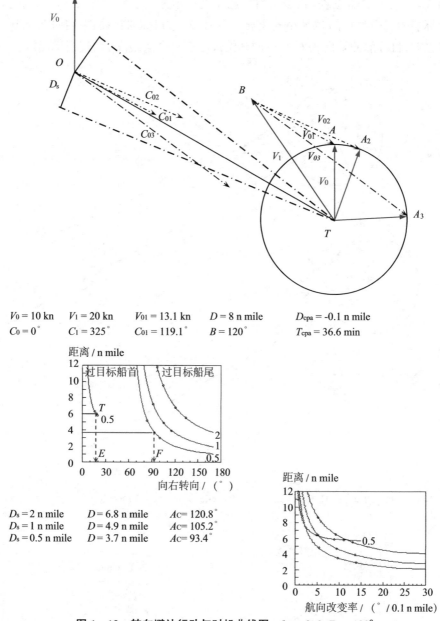

$V_0 = 10$ kn	$V_1 = 20$ kn	$V_{01} = 13.1$ kn	$D = 8$ n mile	$D_{cpa} = -0.1$ n mile
$C_0 = 0°$	$C_1 = 325°$	$C_{01} = 119.1°$	$B = 120°$	$T_{cpa} = 36.6$ min

$D_s = 2$ n mile	$D = 6.8$ n mile	$Ac = 120.8°$
$D_s = 1$ n mile	$D = 4.9$ n mile	$Ac = 105.2°$
$D_s = 0.5$ n mile	$D = 3.7$ n mile	$Ac = 93.4°$

图 1 - 13　转向避让行动与时机曲线图　$k_V = 2.0, B = 120°$

图 1 - 14 为本船转向避让行动与时机曲线图,本船的速度 $V_0 = 10$ kn,航向 $C_0 = 0°$,目标船的速度 $V_1 = 20$ kn,航向 $C_1 = 95°$,距离 $D = 8$ n mile,方位 $B = 300°$。本船相对于目标船的速度 $V_{01} = 23.1$ kn,相对航向 $C_{01} = 300.5°$,最近会遇距离 $D_{cpa} = 0.1$ n mile,到达最近会遇距离处的时间 $T_{cpa} = 20.8$ min。目标船位于左舷

正横前，O 表示本船位置，T 表示目标船位置。本船向右转向至 TA_{31} 方向时，相对目标船的航向为 C_{03}，以最小安全会遇距离 D_s 过目标船首；向右转向至 TA_{22} 方向时，相对目标船的航向为 C_{02}，以同样的最小安全会遇距离 D_s 过目标船尾。

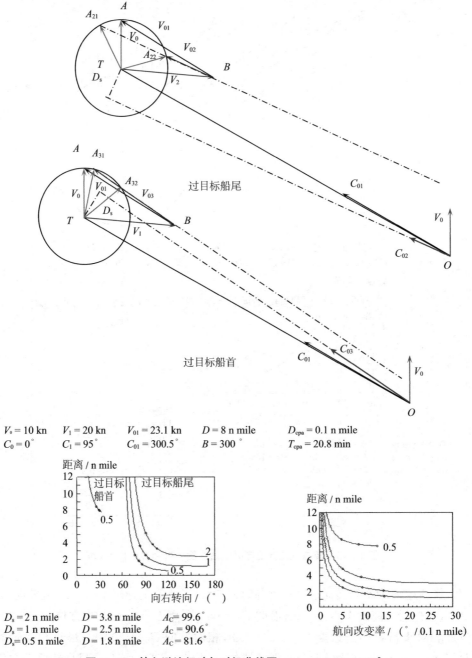

$V_0 = 10$ kn	$V_1 = 20$ kn	$V_{01} = 23.1$ kn	$D = 8$ n mile	$D_{cpa} = 0.1$ n mile
$C_0 = 0°$	$C_1 = 95°$	$C_{01} = 300.5°$	$B = 300°$	$T_{cpa} = 20.8$ min

$D_s = 2$ n mile	$D = 3.8$ n mile	$A_C = 99.6°$
$D_s = 1$ n mile	$D = 2.5$ n mile	$A_C = 90.6°$
$D_s = 0.5$ n mile	$D = 1.8$ n mile	$A_C = 81.6°$

图 1-14　转向避让行动与时机曲线图　$k_v = 2.0, B = 300°$

2）船速比 $k_V = 1.5$ 的曲线图

图 1 – 15 为本船转向避让行动与时机曲线图，目标船的速度 $V_1 = 15$ kn，航向 $C_1 = 230°$，方位 $B = 30°$。三条曲线分别代表最小安全会遇距离取 $D_s = 0.5$ n mile、$D_s = 1.0$ n mile 和 $D_s = 2.0$ n mile 时转向角度或航向改变率随两船距离变化的关系，曲线上的 3 个圆点表示转向避让行动的时机，转向避让角度变化率分别为 5.0、9.0 和 13.0，单位是"°/0.1 n mile"。

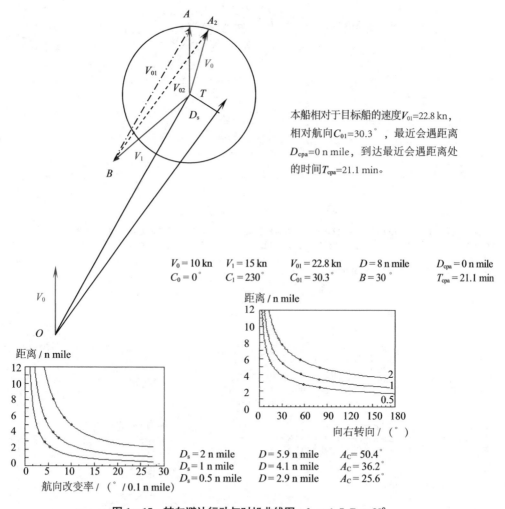

本船相对于目标船的速度 V_{01}＝22.8 kn，相对航向 C_{01}＝30.3°，最近会遇距离 D_{cpa}＝0 n mile，到达最近会遇距离处的时间 T_{cpa}＝21.1 min。

$V_0 = 10$ kn	$V_1 = 15$ kn	$V_{01} = 22.8$ kn	$D = 8$ n mile	$D_{cpa} = 0$ n mile
$C_0 = 0°$	$C_1 = 230°$	$C_{01} = 30.3°$	$B = 30°$	$T_{cpa} = 21.1$ min

$D_s = 2$ n mile	$D = 5.9$ n mile	$A_C = 50.4°$
$D_s = 1$ n mile	$D = 4.1$ n mile	$A_C = 36.2°$
$D_s = 0.5$ n mile	$D = 2.9$ n mile	$A_C = 25.6°$

图 1 – 15　转向避让行动与时机曲线图　$k_V = 1.5, B = 30°$

图 1 – 16 为本船转向避让行动与时机曲线图，目标船的速度 $V_1 = 15$ kn，航向 $C_1 = 128°$，方位 $B = 330°$。三条曲线分别代表最小安全会遇距离取 $D_s = 0.5$ n mile、$D_s = 1.0$ n mile 和 $D_s = 2.0$ n mile 时转向角度或航向改变率随两船距离变化的关系，

曲线上的 3 个圆点表示转向避让行动的时机，转向避让角度变化率分别为 5.0、9.0 和 13.0，单位是"°/0.1 n mile"。本船相对于目标船的速度 $V_{01} = 22.6$ kn，相对航向 $C_{01} = 328.4°$，最近会遇距离 $D_{cpa} = -0.2$ n mile，到达最近会遇距离处的时间 $T_{cpa} = 21.3$ min。

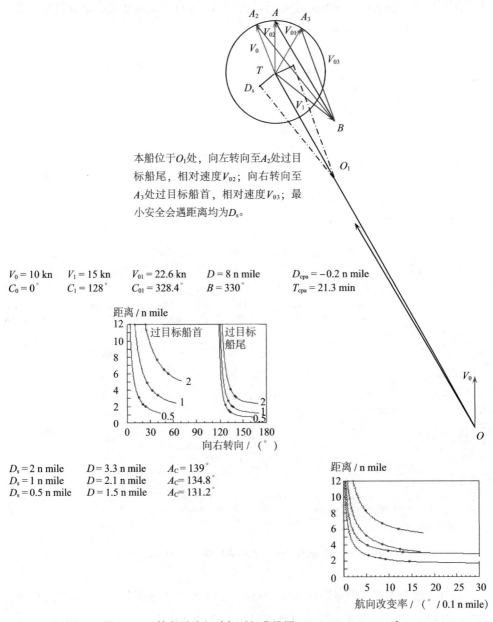

本船位于 O_1 处，向左转向至 A_2 处过目标船尾，相对速度 V_{02}；向右转向至 A_3 处过目标船首，相对速度 V_{03}；最小安全会遇距离均为 D_s。

$V_0 = 10$ kn	$V_1 = 15$ kn	$V_{01} = 22.6$ kn	$D = 8$ n mile	$D_{cpa} = -0.2$ n mile
$C_0 = 0°$	$C_1 = 128°$	$C_{01} = 328.4°$	$B = 330°$	$T_{cpa} = 21.3$ min

$D_s = 2$ n mile	$D = 3.3$ n mile	$A_c = 139°$
$D_s = 1$ n mile	$D = 2.1$ n mile	$A_c = 134.8°$
$D_s = 0.5$ n mile	$D = 1.5$ n mile	$A_c = 131.2°$

图 1-16　转向避让行动与时机曲线图　$k_V = 1.5, B = 330°$

3) 船速比 $k_V = 1.0$ 的曲线图

图 1-17 为本船转向避让行动与时机曲线图,目标船的速度 $V_1 = 10$ kn,航向 $C_1 = 240°$,方位 $B = 30°$。三条曲线分别代表最小安全会遇距离取 $D_s = 0.5$ n mile、 $D_s = 1.0$ n mile 和 $D_s = 2.0$ n mile 时转向角度或航向改变率随两船距离变化的关系,曲线上的 3 个圆点表示转向避让行动的时机,转向避让角度变化率分别为 5.0、 9.0 和 13.0,单位是"°/0.1 n mile"。本船相对于目标船的速度 $V_{01} = 17.3$ kn,相对航向 $C_{01} = 30°$,最近会遇距离 $D_{cpa} = 0$ n mile,到达最近会遇距离处的时间 $T_{cpa} = 27.7$ min。

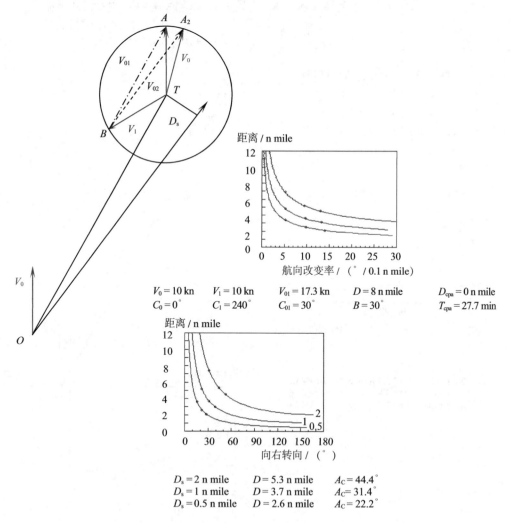

$V_0 = 10$ kn	$V_1 = 10$ kn	$V_{01} = 17.3$ kn	$D = 8$ n mile	$D_{cpa} = 0$ n mile
$C_0 = 0°$	$C_1 = 240°$	$C_{01} = 30°$	$B = 30°$	$T_{cpa} = 27.7$ min

$D_s = 2$ n mile	$D = 5.3$ n mile	$A_C = 44.4°$
$D_s = 1$ n mile	$D = 3.7$ n mile	$A_C = 31.4°$
$D_s = 0.5$ n mile	$D = 2.6$ n mile	$A_C = 22.2°$

图 1-17 转向避让行动与时机曲线图 $k_V = 1.0, B = 30°$

图 1-18 为本船转向避让行动与时机曲线图,目标船的速度 $V_1=10$ kn,航向 $C_1=118°$,方位 $B=330°$。三条曲线分别代表最小安全会遇距离取 $D_s=0.5$ n mile、$D_s=1.0$ n mile 和 $D_s=2.0$ n mile 时转向角度或航向改变率随两船距离变化的关

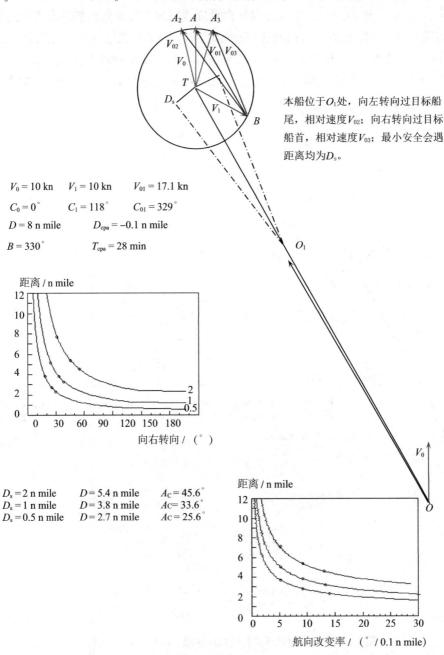

本船位于 O_1 处,向左转向过目标船尾,相对速度 V_{02};向右转向过目标船首,相对速度 V_{03};最小安全会遇距离均为 D_s。

$V_0=10$ kn $V_1=10$ kn $V_{01}=17.1$ kn

$C_0=0°$ $C_1=118°$ $C_{01}=329°$

$D=8$ n mile $D_{cpa}=-0.1$ n mile

$B=330°$ $T_{cpa}=28$ min

$D_s=2$ n mile $D=5.4$ n mile $A_c=45.6°$
$D_s=1$ n mile $D=3.8$ n mile $A_c=33.6°$
$D_s=0.5$ n mile $D=2.7$ n mile $A_c=25.6°$

图 1-18　转向避让行动与时机曲线图　$k_V=1.0, B=330°$

系,曲线上的 3 个圆点表示转向避让行动的时机,转向避让角度变化率分别为 5.0、9.0 和 13.0,单位是"°/0.1 n mile"。本船相对于目标船的速度 $V_{01}=17.1$ kn,相对航向 $C_{01}=329°$,最近会遇距离 $D_{cpa}=-0.1$ n mile,到达最近会遇距离处的时间 $T_{cpa}=28$ min。

4) 船速比 $k_V=0.5$ 的曲线图

图 1-19 为本船转向避让行动与时机曲线图,目标船的速度 $V_1=5$ kn,航向

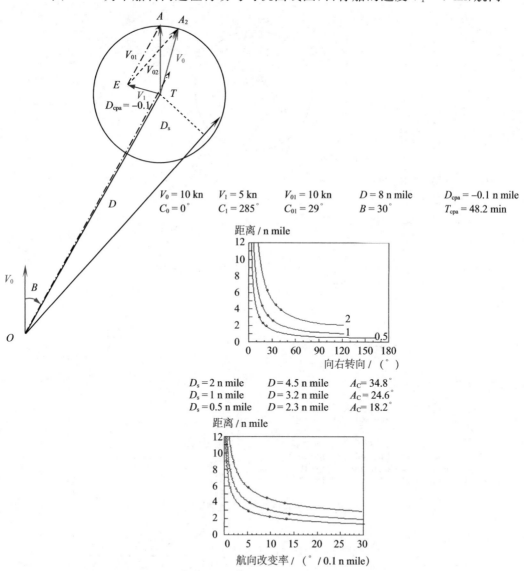

图 1-19　转向避让行动与时机曲线图　$k_V=0.5, B=30°$

$C_1=285°$,方位 $B=30°$。三条曲线分别代表最小安全会遇距离取 $D_s=0.5$ n mile、$D_s=1.0$ n mile 和 $D_s=2.0$ n mile 时转向角度或航向改变率随两船距离变化的关系,曲线上的 3 个圆点表示转向避让行动的时机,转向避让角度变化率分别为 5.0、9.0 和 13.0,单位是"°/0.1 n mile"。本船相对于目标船的速度 $V_{01}=10$ kn,相对航向 $C_{01}=29°$,最近会遇距离 $D_{cpa}=-0.1$ n mile,到达最近会遇距离处的时间 $T_{cpa}=48.2$ min。

图 1-20 为本船转向避让行动与时机曲线图,目标船的速度 $V_1=5$ kn,航向

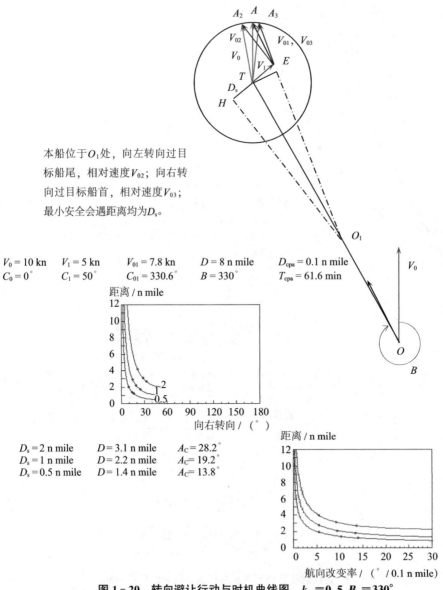

本船位于 O_1 处,向左转向过目标船尾,相对速度 V_{02};向右转向过目标船首,相对速度 V_{03};最小安全会遇距离均为 D_s。

$V_0=10$ kn	$V_1=5$ kn	$V_{01}=7.8$ kn	$D=8$ n mile	$D_{cpa}=0.1$ n mile	
$C_0=0°$	$C_1=50°$	$C_{01}=330.6°$	$B=330°$	$T_{cpa}=61.6$ min	

$D_s=2$ n mile	$D=3.1$ n mile	$A_C=28.2°$
$D_s=1$ n mile	$D=2.2$ n mile	$A_C=19.2°$
$D_s=0.5$ n mile	$D=1.4$ n mile	$A_C=13.8°$

图 1-20 转向避让行动与时机曲线图 $k_V=0.5,B=330°$

$C_1=50°$,方位 $B=330°$。三条曲线分别代表最小安全会遇距离取 $D_s=0.5$ n mile、$D_s=1.0$ n mile 和 $D_s=2.0$ n mile 时转向角度或航向改变率随两船距离变化的关系,曲线上的 3 个圆点表示转向避让行动的时机,转向避让角度变化率分别为 5.0、9.0 和 13.0,单位是"°/0.1 n mile"。本船相对于目标船的速度 $V_{01}=7.8$ kn,相对航向 $C_{01}=330.6°$,最近会遇距离 $D_{cpa}=0.1$ n mile,到达最近会遇距离处的时间 $T_{cpa}=61.6$ min。

图 1-20 中,$C_1=50°$,$C_0=0°$,本船向右转向 $50°$ 后与目标船的航向平行,再向右转向,两船分开。因此,曲线在 $50°$ 后断开。

2. 减速避让行动与时机曲线图

1)船速比 $k_V=2.0$ 的曲线图

图 1-21 为本船减速避让行动与时机曲线图,目标船的速度 $V_1=20$ kn,航向 $C_1=300°$,方位 $B=90°$。三条曲线分别代表最小安全会遇距离取 $D_s=0.5$ n mile、

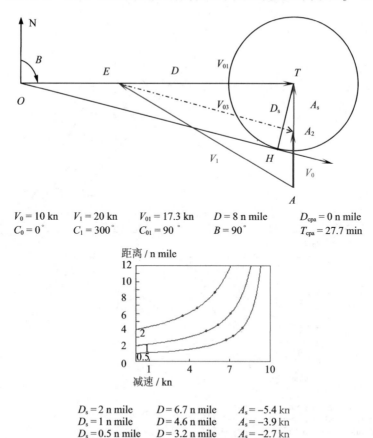

| $V_0=10$ kn | $V_1=20$ kn | $V_{01}=17.3$ kn | $D=8$ n mile | $D_{cpa}=0$ n mile |
| $C_0=0°$ | $C_1=300°$ | $C_{01}=90°$ | $B=90°$ | $T_{cpa}=27.7$ min |

$D_s=2$ n mile	$D=6.7$ n mile	$A_s=-5.4$ kn
$D_s=1$ n mile	$D=4.6$ n mile	$A_s=-3.9$ kn
$D_s=0.5$ n mile	$D=3.2$ n mile	$A_s=-2.7$ kn

图 1-21　减速避让行动与时机曲线图　$k_V=2.0$, $B=90°$

$D_s = 1.0$ n mile 和 $D_s = 2.0$ n mile 时减少速度或航速改变率随两船距离变化的关系，曲线上的 3 个小圆点表示减速避让行动的时机，减速避让速度变化率分别为 0.5、0.9 和 1.3(kn/0.1 n mile)。本船相对于目标船的速度 $V_{01} = 17.3$ kn，相对航向 $C_{01} = 90°$，最近会遇距离 $D_{cpa} = 0$ n mile，到达最近会遇距离处的时间 $T_{cpa} = 27.7$ min。

图 1-22 为本船减速避让行动与时机曲线图，目标船的速度 $V_1 = 20$ kn，航向 $C_1 = 135°$，方位 $B = 330°$。三条曲线分别代表最小安全会遇距离取 $D_s = 0.5$ n mile、$D_s = 1.0$ n mile 和 $D_s = 2.0$ n mile 时减少速度或航速改变率随两船距离变化的关系，曲线上的 3 个小圆点表示减速避让行动的时机，减速避让速度变化率分别为 0.5、0.9 和 1.3(kn/0.1 n mile)。本船相对于目标船的速度 $V_{01} = 28$ kn，相对航向 $C_{01} = 329.6°$，最近会遇距离 $D_{cpa} = -0.1$ n mile，到达最近会遇距离处的时间 $T_{cpa} = 17.2$ min。

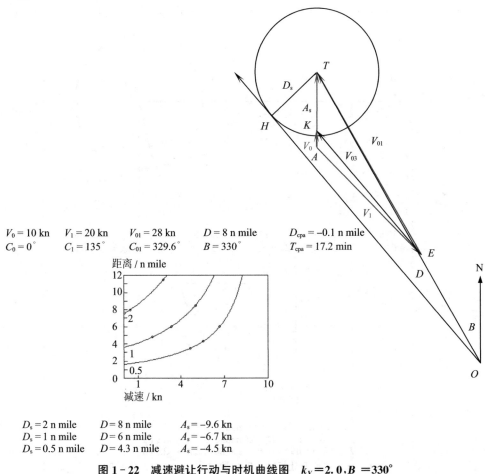

$V_0 = 10$ kn	$V_1 = 20$ kn	$V_{01} = 28$ kn	$D = 8$ n mile	$D_{cpa} = -0.1$ n mile	
$C_0 = 0°$	$C_1 = 135°$	$C_{01} = 329.6°$	$B = 330°$	$T_{cpa} = 17.2$ min	

$D_s = 2$ n mile	$D = 8$ n mile	$A_s = -9.6$ kn
$D_s = 1$ n mile	$D = 6$ n mile	$A_s = -6.7$ kn
$D_s = 0.5$ n mile	$D = 4.3$ n mile	$A_s = -4.5$ kn

图 1-22 减速避让行动与时机曲线图 $k_V = 2.0, B = 330°$

2）船速比 $k_V=1.5$ 的曲线图

图 1-23 为本船减速避让行动与时机曲线图，目标船的速度 $V_1=15$ kn，航向 $C_1=230°$，方位 $B=30°$。三条曲线分别代表最小安全会遇距离取 $D_s=0.5$ n mile、$D_s=1.0$ n mile 和 $D_s=2.0$ n mile 时减少速度或航速改变率随两船距离变化的关系，曲线上的 3 个小圆点表示减速避让行动的时机，减速避让速度变化率分别为 0.5、0.9 和 1.3(kn/0.1 n mile)。本船相对于目标船的速度 $V_{01}=22.8$ kn，相对航向 $C_{01}=30.3°$，最近会遇距离 $D_{cpa}=0$ n mile，到达最近会遇距离处的时间 $T_{cpa}=21.1$ min。

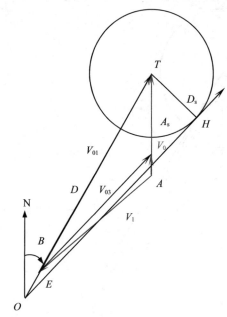

$V_0=10$ kn	$V_1=15$ kn	$V_{01}=22.8$ kn	$D=8$ n mile	$D_{cpa}=0$ n mile
$C_0=0°$	$C_1=230°$	$C_{01}=30.3°$	$B=30°$	$T_{cpa}=21.1$ min

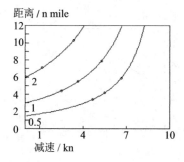

$D_s=2$ n mile	$D=7.1$ n mile	$A_s=-8.8$ kn
$D_s=1$ n mile	$D=5.5$ n mile	$A_s=-6.3$ kn
$D_s=0.5$ n mile	$D=4.2$ n mile	$A_s=-4.5$ kn

图 1-23 减速避让行动与时机曲线图 $k_V=1.5, B=30°$

图 1-24 为本船减速避让行动与时机曲线图,目标船的速度 $V_1 = 15$ kn,航向 $C_1 = 128°$,方位 $B = 330°$。三条曲线分别代表最小安全会遇距离取 $D_s = 0.5$ n mile、$D_s = 1.0$ n mile 和 $D_s = 2.0$ n mile 时减少速度或航速改变率随两船距离变化的关系,曲线上的 3 个小圆点表示减速避让行动的时机,减速避让速度变化率分别为 0.5、0.9 和 1.3(kn/0.1 n mile)。本船相对于目标船的速度 $V_{01} = 22.6$ kn,相对航向 $C_{01} = 328.4°$,最近会遇距离 $D_{cpa} = -0.2$ n mile,到达最近会遇距离处的时间 $T_{cpa} = 21.3$ min。

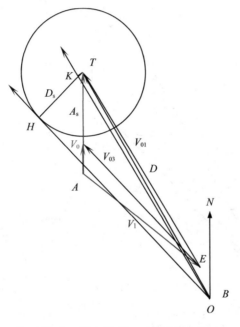

| $V_0 = 10$ kn | $V_1 = 15$ kn | $V_{01} = 22.6$ kn | $D = 8$ n mile | $D_{cpa} = -0.2$ n mile |
| $C_0 = 0°$ | $C_1 = 128°$ | $C_{01} = 328.4°$ | $B = 330°$ | $T_{cpa} = 21.3$ min |

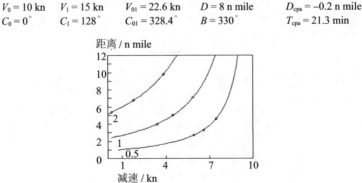

$D_s = 2$ n mile	$D = 6.8$ n mile	$A_s = -8.2$ kn
$D_s = 1$ n mile	$D = 5$ n mile	$A_s = -5.5$ kn
$D_s = 0.5$ n mile	$D = 3.3$ n mile	$A_s = -3.4$ kn

图 1-24　减速避让行动与时机曲线图　$k_V = 1.5$, $B = 330°$

3）船速比 $k_V = 1.0$ 的曲线图

图 1-25 为本船减速避让行动与时机曲线图，目标船的速度 $V_1 = 10$ kn，航向 $C_1 = 240°$，方位 $B = 30°$。三条曲线分别代表最小安全会遇距离取 $D_s = 0.5$ n mile、$D_s = 1.0$ n mile 和 $D_s = 2.0$ n mile 时减少速度或航速改变率随两船距离变化的关系，曲线上的 3 个小圆点表示减速避让行动的时机，减速避让速度变化率分别为 0.5、0.9 和 1.3（kn/0.1 n mile）。本船相对于目标船的速度 $V_{01} = 17.3$ kn，相对航向 $C_{01} = 30°$，最近会遇距离 $D_{cpa} = 0$ n mile，到达最近会遇距离处的时间 $T_{cpa} = 27.7$ min。

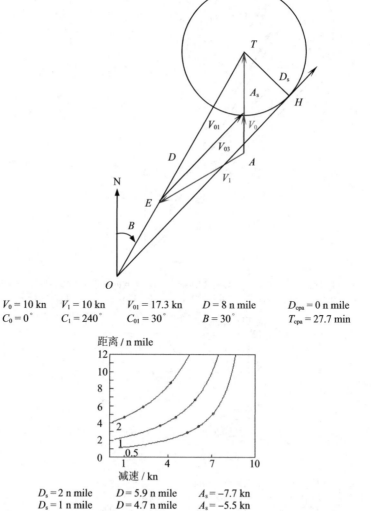

| $V_0 = 10$ kn | $V_1 = 10$ kn | $V_{01} = 17.3$ kn | $D = 8$ n mile | $D_{cpa} = 0$ n mile |
| $C_0 = 0°$ | $C_1 = 240°$ | $C_{01} = 30°$ | $B = 30°$ | $T_{cpa} = 27.7$ min |

$D_s = 2$ n mile	$D = 5.9$ n mile	$A_s = -7.7$ kn
$D_s = 1$ n mile	$D = 4.7$ n mile	$A_s = -5.5$ kn
$D_s = 0.5$ n mile	$D = 3.6$ n mile	$A_s = -3.9$ kn

图 1-25　减速避让行动与时机曲线图　$k_V = 1.0, B = 30°$

图 1-26 为本船减速避让行动与时机曲线图,目标船的速度 $V_1=10$ kn,航向 $C_1=118°$,方位 $B=330°$。三条曲线分别代表最小安全会遇距离取 $D_s=0.5$ n mile、$D_s=1.0$ n mile 和 $D_s=2.0$ n mile 时减少速度或航速改变率随两船距离变化的关系,曲线上的 3 个小圆点表示减速避让行动的时机,减速避让速度变化率分别为 0.5、0.9 和 1.3(kn/0.1 n mile)。本船相对于目标船的速度 $V_{01}=17.1$ kn,相对航向 $C_{01}=329°$,最近会遇距离 $D_{cpa}=-0.1$ n mile,到达最近会遇距离处的时间 $T_{cpa}=28$ min。

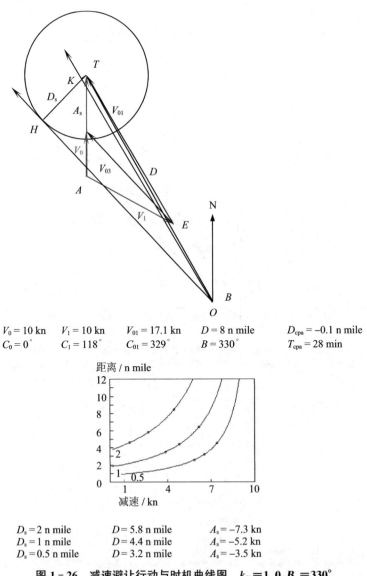

$V_0=10$ kn	$V_1=10$ kn	$V_{01}=17.1$ kn	$D=8$ n mile	$D_{cpa}=-0.1$ n mile
$C_0=0°$	$C_1=118°$	$C_{01}=329°$	$B=330°$	$T_{cpa}=28$ min

$D_s=2$ n mile	$D=5.8$ n mile	$A_s=-7.3$ kn
$D_s=1$ n mile	$D=4.4$ n mile	$A_s=-5.2$ kn
$D_s=0.5$ n mile	$D=3.2$ n mile	$A_s=-3.5$ kn

图 1-26　减速避让行动与时机曲线图　$k_V=1.0, B=330°$

4）船速比 $k_V = 0.5$ 的曲线图

图 1-27 为本船减速避让行动与时机曲线图，目标船的速度 $V_1 = 5$ kn，航向 $C_1 = 285°$，方位 $B = 30°$。三条曲线分别代表最小安全会遇距离取 $D_s = 0.5$ n mile、$D_s = 1.0$ n mile 和 $D_s = 2.0$ n mile 时减少速度或航速改变率随两船距离变化的关系，曲线上的 3 个小圆点表示减速避让行动的时机，减速避让速度变化率分别为 0.5、0.9 和 1.3（kn/0.1 n mile）。本船相对于目标船的速度 $V_{01} = 10$ kn，相对航向 $C_{01} = 29°$，最近会遇距离 $D_{cpa} = -0.1$ n mile，到达最近会遇距离处的时间 $T_{cpa} = 48.2$ min。

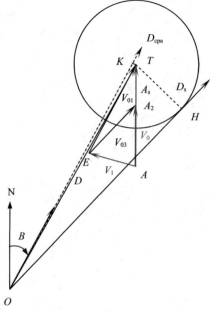

$V_0 = 10$ kn	$V_1 = 5$ kn	$V_{01} = 10$ kn	$D = 8$ n mile	$D_{cpa} = -0.1$ n mile
$C_0 = 0°$	$C_1 = 285°$	$C_{01} = 29°$	$B = 30°$	$T_{cpa} = 48.2$ min

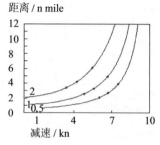

$D_s = 2$ n mile	$D = 4.2$ n mile	$A_s = -5.8$ kn
$D_s = 1$ n mile	$D = 3.3$ n mile	$A_s = -4.4$ kn
$D_s = 0.5$ n mile	$D = 2.7$ n mile	$A_s = -3.3$ kn

图 1-27　减速避让行动与时机曲线图　$k_V = 0.5, B = 30°$

图 1-28 为本船减速避让行动与时机曲线图,目标船的速度 $V_1 = 5$ kn,航向 $C_1 = 50°$,方位 $B = 330°$。三条曲线分别代表最小安全会遇距离取 $D_s = 0.5$ n mile、 $D_s = 1.0$ n mile 和 $D_s = 2.0$ n mile 时减少速度或航速改变率随两船距离变化的关系,曲线上的 3 个小圆点表示减速避让行动的时机,减速避让速度变化率分别为 0.5、0.9 和 1.3(kn/0.1 n mile)。本船相对于目标船的速度 $V_{01} = 7.8$ kn,相对航向 $C_{01} = 330.6°$,最近会遇距离 $D_{cpa} = 0.1$ n mile,到达最近会遇距离处的时间 $T_{cpa} = 61.6$ min。

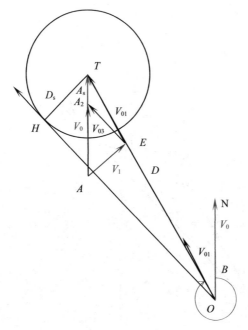

$V_0 = 10$ kn	$V_1 = 5$ kn	$V_{01} = 7.8$ kn	$D = 8$ n mile	$D_{cpa} = 0.1$ n mile
$C_0 = 0°$	$C_1 = 50°$	$C_{01} = 330.6°$	$B = 330°$	$T_{cpa} = 61.6$ min

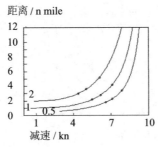

$D_s = 2$ n mile	$D = 3.6$ n mile	$A_s = -5$ kn
$D_s = 1$ n mile	$D = 2.8$ n mile	$A_s = -3.8$ kn
$D_s = 0.5$ n mile	$D = 2.3$ n mile	$A_s = -2.9$ kn

图 1-28 减速避让行动与时机曲线图 $k_V = 0.5, B = 330°$

2

CHAPTER

船舶紧迫局面距离和碰撞距离

船舶会遇可以简单地划分为碰撞会遇和非碰撞会遇，在两船碰撞会遇过程中，本船到目标船的距离包括安全航行距离、采取避碰行动距离、紧迫局面距离、紧迫危险距离、零距离发生船舶碰撞。其中，紧迫局面距离和紧迫危险距离是船舶碰撞会遇过程中两个极为重要的距离概念，两者估值的合理性将与近距离避碰行为是否有效相关。其中，紧迫局面距离是指单凭一船的行动无法与目标船在安全距离驶过的距离。而紧迫危险距离又称为船舶碰撞距离，是指两船会遇存在碰撞危险，单凭一船的行动无法避免和目标船碰撞的距离。《避碰规则》多次提及这两个概念，但均因为确定困难未对其大小和具体计算方法进行介绍。

2.1　研究现状

《避碰规则》第十七条 2 款提到了船舶碰撞距离："当规定保持航向和航速的船，发觉本船不论由于何种原因逼近到单凭让路船的行动不能避免碰撞时，也应采取最有助于避碰的行动。"这个单凭让路船的行动不能避免碰撞的距离就是让路船的碰撞距离。对于碰撞距离的计算，蔡存强将其大致估算为 1 n mile[2]，本书作者也曾给出过估算公式[3,4]，但均没有明确适用范围，本书将从船舶旋回性能的角度结合船舶会遇态势，对该问题做进一步的研究，并给出其适用范围，用于指导船舶避碰实践。

《避碰规则》第八条 3 款提到了紧迫局面："如有足够的水域，则单用转向可能是避免紧迫局面的最有效行动，倘若这种行动是及时的、大幅度的，并且不致造成另一紧迫局面。"此外，《避碰规则》第十九条 4、5 款还提及："一船仅凭雷达测到他船时，应判定是否正在形成紧迫局面和（或）存在碰撞危险。""除已断定不存在碰撞危险外，每一船舶当听到他船的雾号显似在本船正横以前，或者与正横以前的他船不能避免紧迫局面时，应将航速减到能维持其航向的最小速度。必要时，应把船完全停住……"这里的紧迫局面距离实际上是一个特定的量，文献[1]给出的大致的估算是在 2 n mile 以下，文献[2]给出的估算是在 1～2 n mile。紧迫局面距离表明了最晚施舵时机,要求船舶值班驾驶员一定不能错过,本章基于几何模型和船舶操纵性计算紧迫局面距离,为船舶避碰决策提供依据。

李丽娜以船舶安全会遇距离数学模型为基础,提出了紧迫局面距离和最晚施舵时机的确定方法[14],其实,紧迫局面距离就是最晚施舵时机。林华运用神经网络理论给出了船舶避碰的最晚施舵点,也就是紧迫局面距离,采取船舶转向 90°及以上的避碰行动确定该紧迫局面距离,属于大致的估算结果[15]。也有文献资料显示:紧迫局面距离也就是最晚施舵距离一般约为本船船长的 12 倍[39,40]。

国内外学者研究船舶碰撞危险的成果较多,弗洛里斯(Floris Goerlandt)等提出了改进的船舶碰撞危险度量方法,构建了应用于不同环境的海上危险警报系统框架[16]。Rafal Szlapczynski 等从船舶领域的角度,提出了船舶碰撞风险参数[17],即利用侵犯域的程度和侵犯域的时间,计算船舶碰撞危险度。刘洪丹等针对船舶智能自动避碰策略开展研究[18],Mei J H,Arshad M R 等在考虑 D_{cpa} 和 T_{cpa} 的同时,选择综合其他的影响因素并使用模糊数学,以及人工神经网络等工具确定船舶碰撞危险度,提出基于人工势场的多船避碰风险评估方法[19]。各国学者都开展了大量的相关理论研究,也取得了一系列成果[20−22],但基本不涉及船舶紧迫局面距离和船舶碰撞距离。

海上船舶避碰研究由两船间避碰向避碰多艘船的方向发展;由假设他船匀速直线运动向他船可随机运动甚至采取不协调的避碰行动[26,27],或能与本船协调采取避碰行动[28,29]的方向发展;由研究者假设他船运动数据向采用交通繁忙水域他船自动识别系统(AIS)的历史数据[30,33]及实时数据的方向发展。这些研究可以提供具有不确定性运动特征的实时他船数据样本,也不涉及船舶紧迫局面距离和船舶碰撞距离。

2.2 基于船舶旋回常数的估算

船舶碰撞距离(D_{collid})包括转向避让碰撞距离和变速避让碰撞距离。这里讨论的是转向避让碰撞距离,它与船舶的操纵性能有关,受船舶尺度、目标船的速度、会遇交角和最近会遇距离 D_{cpa} 等因素影响[41−43],如图 2-1 所示。

船舶碰撞距离(D_{collid})的确定比较复杂,首先考虑一种简单的情况,两船对遇态势 $D_{cpa}=0$,转向的结果使碰撞点(X)后移到与 X' 平齐的 C 点,选择一种保守的估算,X' 为船舶旋回 90°的位置,根据船舶的操纵性能取不同的船舶旋回纵距系数 k_1 和船舶旋回 90°所需的时间 k_2 值,于是,碰撞距离可表示成式(2−1)的形式

$$D_{collid} = \left[(k_1 L)^2 + \left(\frac{k_2 V_1}{60} \right)^2 - \frac{k_1 k_2 L V_1 \cos(C_0 - C_1)}{30} \right]^{\frac{1}{2}} \qquad (2-1)$$

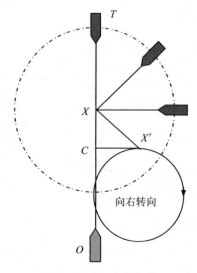

图 2-1   转 向 避 让

式中:L——本船的长度;V_1——目标船的速度;C_0——本船的航向;C_1——目标船的航向;k_1——本船旋回纵距系数,为纵距与船长的比,一般取 3.0~5.0;k_2——本船旋回 90°所需要的时间,多数船舶为 1.5~3.0 min,万吨级船舶通常为 1.5 min[44]。

我国航海界一致认为:当两船接近到单凭一船的行动已经不能避免碰撞时,紧迫危险即形成。由此看到,碰撞距离就是紧迫危险距离。

关于何时才算进入"紧迫局面"状态,目前一致认为:当两船接近到单凭一船的行动(包括大幅度行动)已经不能在最小安全会遇距离(D_s)上通过时,定义为进入紧迫局面状态。关于紧迫局面距离(D_{close})的确定,不妨用船舶转向某一个比较大的角度(如 90°)避让时,能够在最小安全会遇距离上通过的避让行动距离表示。这个避让行动距离在第 1.5 节的图 1-6"转向避让行动与时机曲线"中可以获得,应该说是一个大致的估计。

如图 2-2 所示,O 和 T 分别表示本船和目标船,目标船位于点 T 处的方位为 B,距离为 D。图中的 OA_1 为**紧迫局面距离**,是指目标船沿相对运动线 TH 运动到 A_1 点,本船右满舵,在相同的时间内,目标船的真运动轨迹为 A_1A_2,本船的真运动轨迹为 OA_3Q,OA_3 为本船的滞距,A_3Q 为本船初始旋回轨迹,A_3Q 与目标船的最小安全会遇距离圆相切于 Q 点,A_2Q 为最小安全会遇距离 D_s。图中的 OA_{11} 为**碰撞距离**,是指目标船沿相对运动线 TH 运动到 A_{11} 点,本船右满舵,在相同的时间内,目标船的真运动轨迹为 $A_{11}A_{21}$,本船的真运动轨迹为 OA_3Q_1,$A_{21}Q_1$ 取本船船长的一半,认为两船发生碰撞。

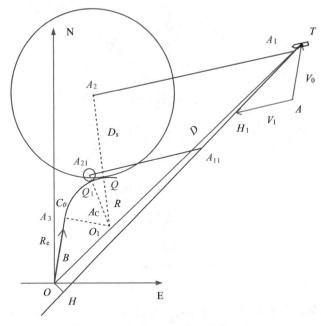

图 2 - 2　紧迫局面距离和碰撞距离

2.3　基于船舶相对运动方程的模型

在船舶避碰理论研究和操纵实践中,有一个明显的问题,就是如何看待紧迫局面及如何判断船舶何时进入紧迫局面。虽然在避碰实践中应该避免该局面发生,但是我们需要直面并充分地考虑这个概念,不能让它一直成为船舶驾驶员的谜团。船舶海上避碰的第一要务是避免紧迫局面。《避碰规则》第二章驾驶和航行规则共3 节,第 16 条,规定了船舶之间的避碰行动,包括采用避免发生碰撞危险的方法航行,减少碰撞危险度的行动,避免紧迫局面形成的行动,避免紧迫危险的应急避碰行动等。《避碰规则》第 17 条 1 款(2)项直航船"独自采取操纵行动"可理解为,要求直航船应保持航向和航速,直至让路船显然没有及早采取动作,也没有采取足够行动,以达到一个安全的驶过距离时为止。第 8 条 1 款"及早"行动的下限是使正在形成的紧迫局面不得形成。因此,紧迫局面距离的数值表示对船舶驾驶员来说非常重要。本节从船舶运动数学模型出发,给出紧迫局面距离和紧迫危险距离的数值表示,说明两者之间的关系,用于指导船舶避碰行动。

1．数学模型

如图 2-3 所示，O 和 T 分别表示本船和目标船，N 表示真北方向，本船的速度和航向分别为 V_0 和 C_0，目标船的速度和航向分别为 V_1 和 C_1，本船到目标船的距离为 D，目标船的方位为 B。于是，可以得到本船相对于目标船的运动速度和航向 V_{01} 和 C_{01}，以及目标船的最近会遇距离 D_{cpa} 和最近会遇时间 T_{cpa}，图中 $TK = D_{cpa}$。

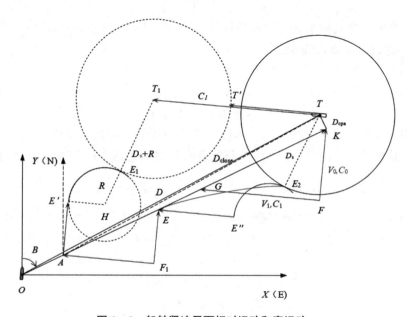

图 2-3　船舶紧迫局面相对运动和真运动

设最小安全会遇距离为 D_s，即图中大圆 T 的半径，本船的旋回半径为 R，本船相对于目标船运动的轨迹为 OK。为了建立紧迫局面距离模型，本船到达 A 点时开始向右满舵转向避让目标船。本船在其航向线上经过约 2 倍船长的滞距（R_e）后，真运动到达 E' 点，相对于目标船的运动到达 E 点。本船从 E' 点开始旋回，在其真运动旋回圈 H 上到达 E_1 点时，目标船从 T 点沿真运动方向 C_1 经过 T' 点到达 T_1 点，本船的旋回圈 H 与目标船的最小安全会遇距离圆 T_1 相切于 E_1 点。本船施满舵后的真运动轨迹为 $AE'E_1$；目标船的真运动轨迹为 $TT'T_1$；本船真运动的滞距 AE' 段对应目标船真运动 TT' 段，本船的初始旋回圆弧 $E'E_1$ 段对应目标船真运动 $T'T_1$ 段。在本船的相对运动轨迹上，相当于本船从 A 点出发沿着 AK 的方向相对于目标船运动到 E 点，再沿曲线运动到 E_2 点，并与 T 圆相切于 E_2 点，E_2 为 T 圆周上的一点，且 TE_2 平行于 T_1E_1。那么，AT 即紧迫局面距离 D_{close}，该紧迫局面距离可以通过解算本船的相对运动方程求取。

设本船满舵旋回圈的周期为 T_0，旋回角速度为 ω，本船相对于目标船从 O 点 ($t=0$) 运动到 E 点经历的时间为 t_0。之后，本船从 E 点经过旋回运动到 E_1 点，经历的时间为 t_1-t_0。此时目标船携带安全会遇距离圆从 T 点直线运动到 T_1 点，经历的时间间隔为 t_1-t_0，旋回圈的半径 (R) 一般为本船船长的 2 倍，旋回角速度为

$$\omega = \frac{2\pi}{T_0} \qquad (2-2)$$

在平面直角坐标系 XOY 中，本船从 O 点 ($t=0$) 起，经过 E 点 ($t=t_0$) 到 E_2 点 ($t=t_1$) 的相对运动轨迹方程推导如下：

当 $t \leqslant t_0$ 时，有

$$x = V_{01}t\ \sin(C_{01}) \qquad (2-3)$$

$$y = V_{01}t\ \cos(C_{01}) \qquad (2-4)$$

当 $t_0 < t \leqslant t_1$ 时(见图 2-4)，本船从 E 点开始沿小圆弧 H 旋回运动到 M' 点，再沿目标船的反方向运动到 M 点，得到其在相对运动线上的点 M。这时，$EM' = 2R\sin[\omega(t-t_0)]$，$EM'$ 的方向为 $C_0 + \dfrac{\omega(t-t_0)}{2}$，$M'M = V_1(t-t_0)$，$M'M$ 的方向为 $C_1 + \pi$。于是，得到 M 点的坐标为

$$x = V_{01}t_0\sin(C_{01}) + 2R\sin[\omega(t-t_0)]\sin[C_0 + \omega(t-t_0)/2] + V_1(t-t_0)\sin(C_1+\pi) \qquad (2-5)$$

$$y = V_{01}t_0\cos(C_{01}) + 2R\sin[\omega(t-t_0)]\cos[C_0 + \omega(t-t_0)/2] + V_1(t-t_0)\cos(C_1+\pi) \qquad (2-6)$$

本船到达 E_2 点时，$t=t_1$，满足

$$[x_{t_1} - D\sin(B)]^2 + [y_{t_1} - D\cos(B)]^2 = D_s^{\ 2} \qquad (2-7)$$

解式 (2-2)~式 (2-7)，使本船在切点 E_1 处到目标船的距离为安全会遇距离，得 t_0 和 t_1，于是，可以解算紧迫局面距离 (D_{close}) 为

$$D_{\text{close}} = \left\{ D_{\text{cpa}}^{\ 2} + \left[V_{01}\left(T_{\text{cpa}} - \iota_0 + \frac{R_e}{V_0}\right) \right]^2 \right\}^{\frac{1}{2}} \qquad (2-8)$$

式中：D_{cpa}——最近会遇距离；V_{01}——本船相对于目标船的速度；T_{cpa}——到达最近会遇距离的时间；R_e——滞距，一般为本船船长的 2 倍；V_0——本船的速度；t_0——本船从 $t=0$ 时刻起航行到某点 (A) 右满舵滞距后所用的时间。

本船向右转向最大角度为

$$A_C = \frac{2\pi(t_1-t_0)}{T_0} \qquad (2-9)$$

同理，将本船看作一个点，目标船的范围扩大到两船船长之和 $L_0 + L_1$，将其替

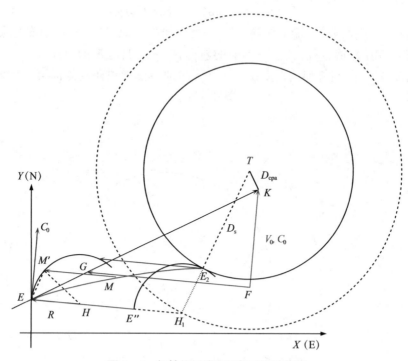

图 2‑4　船舶旋回滞距后相对运动分解

换式(2‑7)中的 D_s，可以估算碰撞距离(D_{collid})和本船向右转向的最大角度。若目标船的长度未知，可取 $L_1 = 300$ m 计算得到保守的碰撞距离估计。

2. 计算步骤

(1) 迭代计算求本船旋回时间间隔 $t_1 - t_0$。

本船旋回时间间隔 $t_1 - t_0$ 的范围在 $0 \sim T_0 / 2$，假如旋回圈的周期为 $T_0 = 5$ min，按下列步骤求 $t_1 - t_0$。

① 如图 2‑5 所示，从某时刻起，如 $t_1 - t_0 = 0.5$ min，则对应一个旋回转角如 $A_c = 36°$。从目标船位置 T 点起，沿着 $C_0 + \pi/2 + A_c$ 的方向，度量大圆的半径 $TH_1' = D_s + R$，得到 H_1' 点；再从 H_1' 起，沿着 $C_0 - \pi/2$ 的方向，度量本船旋回半径 R，得到 L' 点；再从 L' 起，沿着目标船运动的方向 C_1，度量目标船在本船旋回这段时间的航行距离 $L'E' = V_1(t_1 - t_0)$，得到 E' 点，于是，可以求出 E' 坐标 (x, y) 为

$$(x, y) = D[\sin(B), \cos(B)] + (D_s + R)\left[\sin\left(C_0 + A_c + \frac{\pi}{2}\right),\right.$$

$$\left.\cos\left(C_0 + A_c + \frac{\pi}{2}\right)\right] + R\left[\sin\left(C_0 - \frac{\pi}{2}\right), \cos\left(C_0 - \frac{\pi}{2}\right)\right] +$$

$$V_1(t_1-t_0)\left[\sin(C_1),\cos(C_1)\right] \tag{2-10}$$

式中:D——本船到目标船的距离;B——目标船的方位;D_s——最小安全会遇距离;R——初始旋回半径;C_0——本船的航向;C_1——目标船的航向;A_C——本船转向角度;V_1——目标船的速度;t_1-t_0——本船右满舵滞距后旋回 A_C 角度所用的时间。

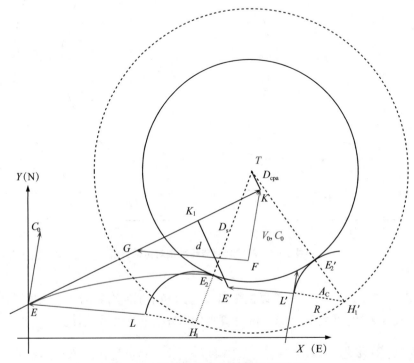

图 2-5 迭代计算求本船旋回时间间隔

② O 为本船,直线 OEK 为本船 O 的初始相对运动线,OK 直线方程为

$$x\cos(C_{01})-y\sin(C_{01})=0 \tag{2-11}$$

E' 到直线 OK 距离 d 为

$$d=x\cos(C_{01})-y\sin(C_{01}) \tag{2-12}$$

③ 本船的相对位置 E' 点应该在相对运动线 OK 直线上,如果 E' 不在 OK 直线上,令 t_1-t_0 在步骤①的基础上增加 Δt,重复步骤①和②,进行迭代计算,Δt 取 $0.025\ \text{min}$ 或者更小,当 $|d|$ 小于某一小值时,如 $0.001\ \text{n mile}$,表示 E' 点在本船 (O) 的相对运动线 (OK) 上,得到 E 点,迭代计算结束,得到 t_1-t_0。应用式 (2-8) 可以得到 t_1-t_0 对应的转向角度,就是最大转向角度。

(2) 求本船开始旋回的时间 t_0。

本船的相对速度不等于零,根据式 (2-3) 和式 (2-4) 可以求本船右满舵滞距

后开始旋回的时间,即

$$t_0 = \begin{cases} \dfrac{x_E}{V_{01} \cdot \sin(C_{01})}, & C_{01} \neq 0° 或 180° \\[3mm] \dfrac{y_E}{V_{01} \cdot \cos(C_{01})}, & C_{01} \neq 90° 或 270° \end{cases} \qquad (2-13)$$

(3) 应用式(2-8)求紧迫局面距离。

(4) 将式(2-10)中的 D_s 用两船船长之和 $L_0 + L_1$ 替代,重复计算步骤(1)至(3),可计算碰撞距离(D_{collid})和本船向右转向的最大角度。若目标船的长度未知,可取 $L_1 = 300$ m 计算得到保守的碰撞距离。

3. 应用实例

1) 让路船的行动

如图 2-6 所示,设本船(O)的长度 $L_0 = 190$ m,本船的速度和航向分别为 $V_0 = 12.4$ kn,$C_0 = 0°$,目标船(T)的速度和航向分别为 $V_1 = 9.9$ kn,$C_1 = 248.8°$,

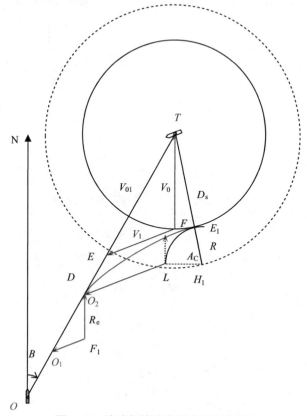

图 2-6　让路船的避让行动及相对运动

本船到目标船的距离为 $D=5.0$ n mile，目标船的方位为 $B=30°$。于是，本船相对于目标船的运动速度和航向分别是 $V_{01}=18.5$ kn 和 $C_{01}=30.0°$，目标船位于本船相对运动线上，得到的 D_{cpa} 和 T_{cpa} 分别是 $D_{cpa}=0$ 和 $T_{cpa}=16.3$ min。

取最小安全会遇距离 $D_s=0.5$ n mile，本船的滞距为 $R_e=0.306$ n mile，旋回半径为 $R=0.232$ n mile，本船旋回圈的周期为 $T_0=13$ min。本船沿相对运动轨迹到达 O_1 点时，右满舵，经过 O_2 点，在 E_1 处通过目标船。于是，紧迫局面距离 $D_{close}=1.36$ n mile，本船向右转向最大角度为 $A_C=77.5°$。

两船长度之和取最大值 $L_0+L_1=190$ m$+300$ m$=490$ m$=0.265$ n mile，可以得到碰撞距离 $D_{collid}=0.99$ n mile，本船向右转向最大角度为 $60.1°$。

本例中，本船为让路船，船速比 $k_V=0.8$，属于避让慢速船的情况，本让路船的紧迫局面距离较碰撞距离提前 1.36 n mile-0.99 n mile$=0.37$ n mile，对应相对速度为 18.5 kn，相当于 1.2 min，本让路船的避碰行动的下限一定不能拖到紧迫局面距离时刻，要给避免船舶碰撞留出充分的时间。

2）直航船的行动

如图 2-7 所示，设本船（O）的长度 $L_0=190$ m，本船的速度和航向分别为

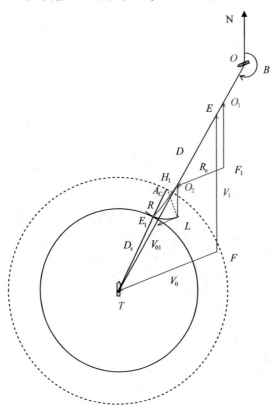

图 2-7　直航船的避让行动及相对运动

$V_0=9.9$ kn，$C_0=248.8°$，目标船（T）的速度和航向分别为 $V_1=12.4$ kn，$C_1=0°$，本船到目标船的距离为 $D=5.0$ n mile，目标船的方位为 $B=210°$。于是，本船相对于目标船的运动速度和航向分别是 $V_{01}=18.5$ kn 和 $C_{01}=210.0°$，目标船位于本船相对运动线上，得到的 D_{cpa} 和 T_{cpa} 分别是 $D_{cpa}=0$ 和 $T_{cpa}=16.3$ min。

取最小安全会遇距离 $D_s=0.5$ n mile，本船的滞距 $R_e=0.306$ n mile，旋回半径 $R=0.232$ n mile，本船旋回圈的周期 $T_0=13$ min，本船沿相对运动轨迹到达 O_1 点时，右满舵，经过 O_2 点，在 E_1 处通过目标船。于是，紧迫局面距离 $D_{close}=1.35$ n mile，本船向右转向最大角度为 $A_c=52.1°$。

两船长度之和取最大值 $L_0+L_1=$ 190 m$+$300 m$=$ 490 m$=$ 0.265 n mile，可以得到碰撞距离 $D_{collid}=1.13$ n mile，本船向右转向最大角度为 53.2°。

本例中，本船为直航船，船速比 $k_V=1.2$，属于直航船避让快速船"独自采取操纵行动"的情况，本直航船的紧迫局面距离较碰撞距离提前 1.35 n mile$-$1.13 n mile$=0.22$ n mile，对应相对速度为 18.5 kn，相当于 0.7 min，直航船的"独自采取操纵行动"的下限一定不能拖到紧迫局面距离时刻，要给避免船舶碰撞留出充分的时间。

3）紧迫局面距离和碰撞距离的关系

在前面应用例题的情况下，让路船的紧迫局面距离和直航船几乎相同，为此，本船作为让路船，取本船（O）的长度 $L_0=190$ m，速度和航向分别为 $V_0=12.4$ kn，$C_0=0°$，目标船（T）的速度和航向分别为 $V_1=9.9$ kn，$C_1=248.8°$，本船到目标船的距离为 $D=5.0$ n mile，目标船的方位为 $28°\leqslant B\leqslant 33°$，做一组模拟计算，得到紧迫局面距离和碰撞距离，以及与其对应的最大转向角度，结果见表 2-1。

表 2-1　交叉相遇模拟计算（让路船行动，安全会遇距离 $D_s=0.5$ n mile）

序号	目标船数据				相对运动要素				本船（让路船）避让行动			
	$V_1/$ kn	$C_1/$ (°)	$D/$ n mile	$B/$ (°)	$V_{01}/$ kn	$C_{01}/$ (°)	$D_{cpa}/$ n mile	$T_{cpa}/$ min	$D_{close}/$ n mile	$A_{C1}/$ (°)	$D_{collid}/$ n mile	$A_{C2}/$ (°)
1				28			0.18	16.2	1.17	63.1	0.65	32.1
2				29			0.09		1.27	70.9	0.85	48.7
3	9.9	248.8	5.0	30	18.5	30	0	16.3	1.36	77.5	0.99	60.1
4				31			-0.09		1.45	84.2	1.11	70.3
5				32			-0.17		1.53	90.1	1.21	79.2
6				33			-0.26	16.2	1.59	95.8	1.31	87.5

同样，考虑直航船独自采取让路行动的情况，本船作为直航船，取本船（O）的长度 $L_0=190$ m，速度和航向分别为 $V_0=9.9$ kn，$C_0=248.8°$，目标船（T）的速度和航向分别为 $V_1=12.4$ kn，$C_1=0°$，本船到目标船的距离为 $D=5.0$ n mile，目标

船的方位为 $208° \leqslant B \leqslant 213°$,做一组模拟计算,得到紧迫局面距离和碰撞距离,以及与其对应的最大转向角度,结果见表 2-2 所示。

表 2-2　交叉相遇模拟计算(直航船行动,安全会遇距离 $D_s = 0.5$ n mile)

序号	目标船数据				相对运动要素				本船(直航船)避让行动			
	$V_1/$ kn	$C_1/$ (°)	$D/$ n mile	$B/$ (°)	$V_{01}/$ kn	$C_{01}/$ (°)	$D_{cpa}/$ n mile	$T_{cpa}/$ min	$D_{close}/$ n mile	$A_{C1}/$ (°)	$D_{collid}/$ n mile	$A_{C2}/$ (°)
1				208			0.18		1.21	32.7	0.78	12.7
2				209			0.09		1.29	42.6	0.99	34.9
3	12.4	0	5	210	18.5	210	0	16.3	1.35	52	1.13	53.2
4				211			−0.09		1.41	62	1.22	71.4
5				212			−0.17		1.44	72	1.27	96.4
6				213			−0.26		1.47	83.6	—	—

比较表 2-1 和表 2-2 中的避让行动结果,在本应用例题中,让路船的紧迫局面距离和直航船的紧迫局面距离几乎相同。让路船的避碰行动下限要充分考虑直航船驾驶员的心理承受能力,至少应该提前 1.0 n mile。

同样,可以得到让路船的紧迫局面距离较其碰撞距离提前约 0.3 n mile,相当于 1 min。如此短暂的时间间隔绝不允许船舶驾驶员存在丝毫的犹豫,要求其及时做出正确的避让决策和操作。

4. 紧迫局面与双让理念

船舶碰撞会遇的过程是,远距离自由行动→存在碰撞危险→紧迫局面→紧迫危险→碰撞,在紧迫局面出现前,是让路船避让和直航船独自采取操纵行动的关键时期。如果环境允许,让路船应该及早采取大幅度行动。无论如何,必须化解紧迫局面,使其不得形成,这将导致两船在最小安全会遇距离上驶过。《避碰规则》第八条 1 款"及早"行动的下限是使正在形成的紧迫局面不得形成。规定直航船"独自采取操纵行动"的核心是使本船不陷入紧迫局面,从此以后,直航船再不可绝对地直航,必须承担独自采取操纵行动避免紧迫局面出现的义务。因此,双让理念在《避碰规则》的反复修正中已经明确地显露出来,这也要求我们对紧迫局面距离的概念有一个正确的理解和明确的数值表示。

确立海上避碰实务以避免紧迫局面为核心举措和第一要务。瞭望、判断、决策、行动和验证等环节都应围绕该第一要务,把握住这个决定性的环节。对此,若能获得普遍的认知并得到广泛的运用,想必可使更多的避让操纵能够导致在安全的会遇距离上通过。

5. 结束语

通过解算船舶紧迫局面距离发现,让路船的避碰行动较直航船更容易达到预期的避让效果,建议给让路船更加严格的行动规范,使其不至于丧失良好的避碰时机,并为其不当的行动付出代价。当然,海上所有船舶均负有保证通航安全和保护海洋环境的义务,均是义务主体。《避碰规则》对直航船和让路船的划分仅是对避碰义务的分工,并未免除直航船遵守上述义务的责任。但是,让路船要充分考虑自身的优势,给直航船更多的行为空间,减轻其心理压力。海上避碰实务以避免紧迫局面为核心举措,提倡"双让理念",正确估算紧迫局面距离和紧迫危险距离将有助于船舶驾驶员充分理解避碰的全过程,及时采取正确的避让行动,这无疑增加了船舶驾驶员避碰操纵的责任心和自信心,是具体分析某一会遇态势和进行避碰决策的基础。

2.4　基于船舶旋回三分圆的模型

1. 船舶旋回圈

如图 2-8 所示,船舶全速直航,施满舵后其重心所描绘的轨迹叫作旋回圈。旋回圈数据在操纵船舶时有重要参考价值,船舶旋回实验的目的在于评价船舶旋回的迅速程度和所需水域的大小,即测出船舶旋回要素。表征旋回圈大小的几何要素主要有进距、横距、旋回初径、反移量。

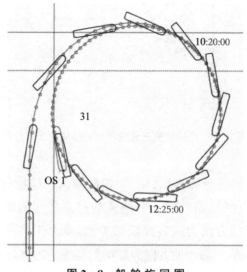

图 2-8　船舶旋回圈

进距也称纵距,是指从操舵开始到船舶转过 90°时其重心所移动的纵向距离,其为旋回初径的 0.6~1.2 倍;**横距**是指从操舵开始到船舶转过 90°时其重心所移动的横向距离,它约为旋回初径的一半;**旋回初径**是指从操舵开始到船舶转过 180°时其重心所移动的横向距离,它为 3~6 倍的船长;**反移量**也叫偏距,它是指船舶重心在旋回初始阶段向操舵相反一舷横移的距离。

对于确定的船舶来说,影响旋回圈大小的因素主要有舵角、船速、天气情况、航行水域情况等,在实际操纵中需要船舶驾驶员不断摸索总结。

根据多年的船舶避碰实践经验,船舶旋回圈的前三分之一部分最具实际意义。于是,定义船舶旋回三分圆和船舶旋回三分圆滞距的概念。

定义 1　船舶旋回三分圆。为船舶满舵后,航迹线向施舵一侧改变,根据船舶旋回圈的前三分之一轨迹弧拟合得到的初始三分之一圆,如图 2-9 中的三分之一圆弧 $\overset{\frown}{A_3 A_4}$ 就是本次操船条件下的船舶旋回三分圆。

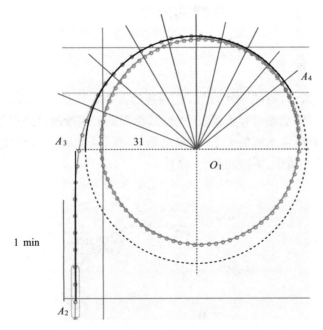

图 2-9　船舶旋回三分圆滞距和船舶旋回三分圆

定义 2　船舶旋回三分圆滞距(R_e)。船舶施满舵后将首先保持一段直线航行,R_e 是指从施舵点到船舶旋回三分圆弧的起点之间的距离,如图 2-9 中的 $A_2 A_3$ 直线段。滞距的方向为该直线段的方向,垂直于旋回三分圆的初始半径 $O_1 A_3$,即 $A_2 A_3 \perp O_1 A_3$。滞距的方向为船舶航迹线的方向,由于有风流压差的存在,有时并不等于船舶的航向。

定义 3　船舶旋回椭圆。船舶定常旋回后,其形状是一个椭圆,如图 2 - 9 中的最小的虚线的椭圆,在无风无流的情况下,该椭圆表现为圆。

船舶的旋回特性可以用一段直线和两段圆弧完全表示出来,即船舶旋回三分圆滞距、船舶旋回三分圆弧、船舶旋回椭圆弧。

本例中,船舶的速度为 $V_0 = 12.4$ kn,1 min 船舶前进 0.206 n mile,可以得到船舶旋回三分圆滞距 $R_e = 0.306$ n mile、船舶旋回三分圆半径 $R = 0.232$ n mile、船舶旋回椭圆长短半轴 $a = 0.209$ n mile、$b = 0.209$ n mile,以及本船转向角度 A_c 对应的时间 t 列表。

2. 数学模型

1) 相对运动分解

如图 2 - 10 所示为目标船相对于本船的运动图,O 和 T 分别表示本船和目标船,比时目标船在点 T 处的方位为 B,到本船的距离为 D。

图 2 - 10 中,小圆表示最小安全会遇距离圆,目标船的相对运动线在该圆以外才算安全通过,圆心为本船 O,半径为最小安全会遇距离 D_s;大圆表示最小安全会

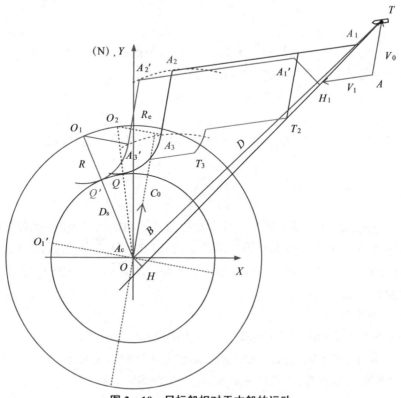

图 2 - 10　目标船相对于本船的运动

遇距离圆向外扩大一个本船初始旋回半径,圆心为本船 O,半径为最小安全会遇距离 D_s 与本船初始旋回半径 R 之和,根据相对运动分解,本船的初始旋回圆中心在该圆的圆周上。本船不采取避让行动时,目标船的相对运动轨迹为其相对运动线 TA_1T_2H,最近会遇距离为 D_{cpa};本船采取避让行动时,目标船的相对运动轨迹为 $TA_1T_2T_3Q$,其中,TA_1T_2 部分为直线,T_2T_3Q 部分为曲线,并与最小安全会遇距离圆相切,切点为 Q,最近会遇距离为 D_s。于是,目标船的相对运动分解为目标船的真运动 A_1A_2 和本船的反向运动 A_2A_3Q,其中,A_2A_3 为本船的滞距,A_3Q 为本船的初始旋回轨迹。

设本船与目标船的速度和航向分别为 V_0、C_0 和 V_1、C_1。平面直角坐标系 OXY 中任意一点 $P(x,y)$,以 OX 为始边逆时针转到 OP 时所转过的角度为正,反之为负,则 OP 对应的方向角的四象限反正切算法 $\text{atan2}(y,x)$ 为

$$\text{atan2}(y,x)=\begin{cases}\arctan(y/x), & x>0 \\ \arctan(y/x)+\text{sgn}(y)\pi, & x<0 \\ \text{sgn}(y)(\pi/2), & x=0,y\neq 0 \\ 0, & x=0,y=0\end{cases} \tag{2-14}$$

$$\text{sgn}(x)=\begin{cases}1, & x\geq 0 \\ -1, & x<0\end{cases} \tag{2-15}$$

$\text{atan2}(y,x)\in(-\pi,\pi]$,通过对负角加 2π 可将该角的值域映射到 $[0,2\pi)$。

目标船相对于本船的速度和相对航向分别为 V_{01}、C_{01},可得

$$V_{01}=V_1-V_0=(V_1\sin C_1-V_0\sin C_0,V_1\cos C_1-V_0\cos C_0) \tag{2-16}$$

$$C_{01}=\text{atan2}(V_1\sin C_1-V_0\sin C_0,V_1\cos C_1-V_0\cos C_0) \tag{2-17}$$

于是,最近会遇距离(D_{cpa})和到达最近会遇处的时间(T_{cpa})分别为

$$D_{cpa}=D\sin(C_{01}-B-\pi) \tag{2-18}$$

$$T_{cpa}=\frac{D\cos(C_{01}-B-\pi)}{V_{01}} \tag{2-19}$$

D_{cpa} 有正、负之分,当本船位于目标船的相对运动线的左侧时,或者本船相对于目标船的航向($C_{01}-\pi$)大于目标船的方位(B)时,D_{cpa} 为正,反之,D_{cpa} 为负,$D_{cpa}=0$ 说明目标船的相对运动线经过本船中心。图 2-10 所示的目标船 T 的最近会遇距离(D_{cpa})小于 0。

2) 计算步骤

按下列步骤求转向避让时船舶紧迫局面距离和碰撞距离:

(1) 本船以海上定速做右满舵旋回圈,开始用舵时间定义为 $t=0$,可以求出滞距 R_e、初始旋回半径 R、本船转向角度 A_C 对应的时间 t 列表。

(2) 求 A_1' 坐标 (x,y)。如图 2-10 所示,从某时刻起,如 $t_1=2$ min,则对应

一个旋回转角如 $A_{c1}=20°$。从本船左正横 OO_1' 方向起,向船首方向度量角度 $\angle O_1'OO_1=A_{c1}$,直线 OO_1 与最小安全距离圈交于 Q' 点;从 Q' 点起,沿着本船旋回运动的相反方向 $Q'A_3'A_2'$,可以找到初始用舵点 A_2';再从 A_2' 起,沿着目标船运动的反方向 $A_2'A_1'$,可以找到初始用舵时目标船的相对位置 A_1',于是,可求出 $A_1'(x,y)$ 坐标,即

$$A'_1(x,y)=(D_s+R)[\sin(C_0+A_C-\pi/2),\cos(C_0+A_C-\pi/2)]+$$
$$R[\sin(C_0+\pi/2),\cos(C_0+\pi/2)]+$$
$$R_e[\sin(C_0),\cos(C_0)]+V_1t[\sin(C_1+\pi),\cos(C_1+\pi)]$$

$$(2-20)$$

式中:D_s——最小安全会遇距离;R——初始旋回半径;C_0——本船的航向;A_C——本船的转向角度;R_e——滞距;V_1——目标船的速度;t——本船右满舵旋回 A_C 角度所用的时间。

（3）T 为目标船,直线 TH 为目标船 T 的相对运动线,OH 为最近会遇距离 D_{cpa},该值在图 2-10 上为负值,TH 直线方程为

$$x\cos(C_{01}+\pi)-y\sin(C_{01}+\pi)+D_{cpa}=0 \qquad (2-21)$$

A_1' 到直线 TH 距离 d 为

$$d=x\cos(C_{01}+\pi)-y\sin(C_{01}+\pi)+D_{cpa} \qquad (2-22)$$

（4）目标船的相对位置 A_1' 应该在相对运动线 TH 直线上,如果 A_1' 不在 TH

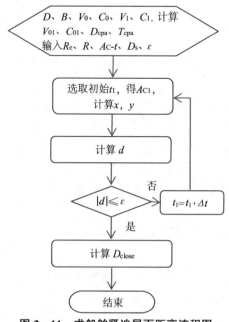

图 2-11　求船舶紧迫局面距离流程图

直线上,令 $t_1 = t_1 + \Delta t$,重复步骤(2)和(3),进行迭代计算,Δt 取 0.025 min 或更小,当 $|d|$ 小于某一小值时,如 0.001 n mile,在目标船(T)的相对运动线(TH)上得到 A_1 点,迭代计算结束,OA_1 就是紧迫局面距离 D_{close},用式(2-23)表示,t_2 时刻对应的旋回角度就是最大转向角度 A_C,也就是图 2-10 中的 $\angle O_1'OO_2$。

$$D_{close} = (x^2 + y^2)^{1/2} \qquad (2-23)$$

求船舶碰撞距离的步骤与前面相似,只是把式(2-20)中的 D_s 用 0.5 倍的船长(0.5L)替代,重新进行步骤(2)到(4)的计算,这时从式(2-23)得到的距离就是船舶碰撞距离。只有在最近会遇距离(D_{cpa})小于某值时才存在船舶碰撞距离,文献[4]给出的估计结果是 2 倍船长。

3. 模型的应用

设计不同船速和不同方位的目标船,使其 $D_{cpa} = 0$,研究模型的适用范围。本节拟选择 3 个船速比的目标船,确定模型的适用范围。

选择 6.6 万吨散货船 Bulk Carrier 20 为模拟船型,本船的长度 $L = 190$ m,本船的速度和航向分别为 $V_0 = 12.4$ kn 和 $C_0 = 0°$,到目标船的距离为 $D = 5$ n mile。如图 2-12 所示为本船的旋回圈,考虑相对运动分解中本船的反向运动,让该旋回圈旋转了 180°,对应图 2-10 中的 A_2A_3Q。在该旋回圈中对本船避碰有用的操纵数据为初始旋回半圆(O_1)和由此半圆对应的船舶滞距(A_2A_3)。

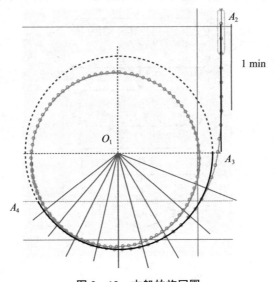

图 2-12　本船的旋回圈

根据本船的速度得到 1 min 内本船的航行距离为 0.207 n mile，比较图 2 - 12 中两段线的长度，求得本船的滞距为 $R_e = 0.306$ n mile，本船的初始旋回半径 $R = 0.232$ n mile。再从该初始半圆的圆心（O_1）出发，画出到本船整半分钟位置的方位线，得到本船旋回过程中的转向角度 A_c 和与其对应的时间 t 列表，如表 2 - 3。

表 2 - 3　本船转向角度 A_c 和与其对应的时间 t

序号	时间 t /min	角度 A_C/ (°)
1	1.5	0
2	2.0	20
3	2.5	40
4	3.0	58
5	3.5	74
6	4.0	90
7	4.5	104
8	5.0	118
9	5.5	131
10	6.0	144

图 2 - 13 为本船旋回角度 A_C 和与其所对应的时间 t，从中可提取船舶旋回操纵的特征值，为船舶旋回角度的时间特性。根据航行环境，取最小安全会遇距离 $D_s = 0.5$ n mile，于是，给定目标船的速度（V_1）和最近会遇距离（D_{cpa}），可以求出目标船位于不同方位（B）处的航向（C_1）、相对于本船的速度（V_{01}）、相对航向（C_{01}）、到达最近会遇处的时间（T_{cpa}）、紧迫局面距离（D_{close}）、碰撞距离（D_{collid}）、最大转向角度（A_c）等参数。

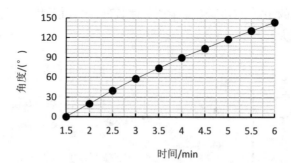

图 2 - 13　本船旋回角度 A_C 对应的时间 t

1）避让慢速船

设本船的长度 $L = 190$ m，本船的速度和航向分别为 $V_0 = 12.4$ kn 和 $C_0 = 0°$，到目标船的距离为 $D = 5$ n mile，目标船的速度为 $V_1 = 9.9$ kn，这时的船速比

$k_V = 0.8$,最近会遇距离(D_{cpa})取 0,可以求出目标船位于不同方位(B)处的紧迫局面距离(D_{close})和碰撞距离(D_{collid}),以及与其对应的最大转向角度等相关参数,如表 2 - 4 所示。

表 2 - 4 $k_V = 0.8$ 时,不同方位目标船的紧迫局面距离和碰撞距离

$B/(°)$	5	10	20	30	40	50
$D_{close}/\text{n mile}$	1.58	1.6	1.56	1.48	1.32	1.07
$D_{collid}/\text{n mile}$	0.86	0.85	0.79	0.7	0.58	0.4
D_{close}/L	15.4	15.4	15.2	14.2	12.9	10.4
D_{collid}/L	8.2	8.1	7.6	6.8	5.7	3.9
$A_{C1}/(°)$	72.4	75.6	78.8	83.6	86.8	91.4
$A_{C2}/(°)$	34	34	33	32	32	31
$C_1/(°)$	191.3	202.6	225.4	248.8	273.6	303.6
T_{cpa}/min	13.5	13.7	14.6	16.3	19.5	27.9
V_{01}/kn	22.2	21.9	20.6	18.5	15.4	10.8
$C_{01}/(°)$	185.0	190.0	200.0	210.0	220.0	230.0

表中,D_{close}/L、D_{collid}/L 分别表示本船的紧迫局面距离和碰撞距离是本船长度的倍数;A_{C1} 和 A_{C2} 分别表示本船在紧迫局面距离处和在碰撞距离处采取行动后的最大转向角度。

图 2 - 14 是对应于表 2 - 4 的紧迫局面距离和碰撞距离随目标船的相对方位(relative bearing, RB)变化情况,紧迫局面距离用上面一条实圆实线表示,碰撞距离用下面一条空圆虚线表示。可以看到紧迫局面距离 $D_{close} < 2 \text{ n mile}$,碰撞距离 $0.40 \text{ n mile} < D_{collid} < 0.84 \text{ n mile}$,与文献[1]和[2]的估算结果一致。紧迫局面距离为船长的 10~15 倍,碰撞距离为船长的 4~8 倍,用船长的倍数表示这两个距离误差会很大。

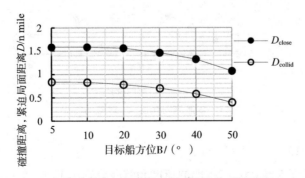

图 2 - 14 不同方位目标船的紧迫局面距离和碰撞距离,$k_V = 0.8$

如图 2 - 15 所示,本船在避让慢速船的情况下,当目标船的相对方位(RB)超过一定值 $\arcsin(k_V)$ 时,已经不存在碰撞会遇的局面了[45-47],本例中该相对方位为 53.1°。当本例中的目标船相对方位超过 50°时,本船向右转向避让的角度已经超过 90°,所用的时间也明显增加。这时,向左转向避让更有利,特别是当 $D_{\text{cpa}}<0$ 时。于是,得到避让慢速船时目标船的相对方位 $RB<\arcsin(k_V)$。

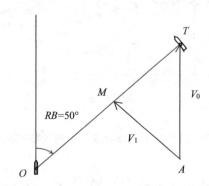

图 2 - 15　避让慢速船时最大相对方位示意图

2) 避让等速船

设本船的长度 $L=190$ m,本船的速度和航向分别为 $V_0=12.4$ kn 和 $C_0=0°$,到目标船的距离为 $D=5$ n mile,目标船的速度为 $V_1=12.4$ kn,这时的船速比 $k_V=1$,最近会遇距离(D_{cpa})取 0,可以求出目标船位于不同方位(B)处的紧迫局面距离(D_{close})和碰撞距离(D_{collid}),以及与其对应的最大转向角度等其他相关参数,如表 2 - 5。

表 2 - 5　$k_V=1$ 时,不同方位目标船的紧迫局面距离和碰撞距离

$B/(°)$	5	10	20	30	40	50	60	70	80
$D_{\text{close}}/\text{n mile}$	1.73	1.75	1.72	1.67	1.56	1.42	1.23	1.01	0.8
$D_{\text{collid}}/\text{n mile}$	0.96	0.95	0.89	0.81	0.72	0.59	0.45	0.29	0.13
D_{close}/L	16.9	17.1	16.8	16.3	15.2	13.8	12.0	9.8	7.8
D_{collid}/L	9.4	9.3	8.7	7.9	7.0	5.8	4.4	2.8	1.3
$A_{\text{C1}}/(°)$	72.4	75.6	78.8	83.6	86.8	91.4	95.6	99.8	106.8
$A_{\text{C2}}/(°)$	34	34	33	32	32	31	30	28	25
$C_1/(°)$	190.0	200.0	220.0	240.0	260.0	280.0	300.0	320.0	340.0
$T_{\text{cpa}}/\text{min}$	12.1	12.3	12.9	14.0	15.8	18.8	24.2	35.4	69.7
V_{01}/kn	24.7	24.4	23.3	21.5	19.0	15.9	12.4	8.5	4.3
$C_{01}/(°)$	185.0	190.0	200.0	210.0	220.0	230.0	240.0	250.0	260.0

图 2-16 是对应于表 2-5 的紧迫局面距离和碰撞距离随目标船的相对方位变化情况，可以看到紧迫局面距离 D_{close}<2 n mile，碰撞距离 0.13 n mile<D_{collid}<0.96 n mile，与文献[1]和[2]的估算结果一致。

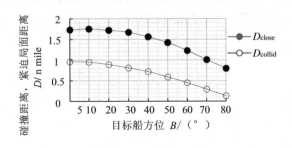

图 2-16　不同方位目标船的紧迫局面距离和碰撞距离，$k_V=1.0$

如图 2-17 所示，本船在避让等速船的情况下，当目标船的相对方位（RB）超过一定值时，相对速度会明显减小，当相对速度减小到本船速度的一半时，目标船的相对方位 $RB=\dfrac{\pi}{2}-\arcsin(0.25)$，转换成角度为 75.5°，非常不利于本船的避碰行动[48-51]。如表 2-5，在目标船的相对方位 RB 大于 70° 时，向右转向的角度将超过 100°，相对速度会减小到本船速度的 68.5%，避让的时间也明显变长，本例中达 35.4 min。于是，得到避让等速船时相对方位的范围是目标船的相对方位 RB 小于 70°。

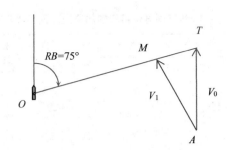

图 2-17　避让等速船时较大相对方位情况示意图

3）避让快速船

设本船的长度 $L=190$ m，本船的速度和航向分别为 $V_0=12.4$ kn 和 $C_0=0°$，到目标船的距离为 $D=5$ n mile，目标船的速度为 $V_1=14.9$ kn，这时的船速比为 $k_V=1.2$，最近会遇距离（D_{cpa}）取 0，可以求出目标船位于不同方位（B）处的紧迫局面距离(D_{close})和碰撞距离(D_{collid}),以及与其对应的最大转向角度等相关参数,见表 2 - 6。

表 2 - 6　$k_V = 1.2$ 时,不同方位目标船的紧迫局面距离和碰撞距离

$B/(°)$	5	10	20	30	40	50	60	70	80
$D_{\text{close}}/$ n mile	1.87	1.9	1.88	1.85	1.76	1.65	1.52	1.38	1.29
$D_{\text{collid}}/$ n mile	1.06	1.05	1.00	0.92	0.84	0.73	0.61	0.49	0.35
D_{close}/L	18.2	18.3	18.3	17.7	17.2	16.1	14.8	13.5	12.3
D_{collid}/L	10.3	10.2	9.7	9.2	8.2	7.1	5.9	4.8	3.5
$A_{C1}/(°)$	72.4	75.6	78.8	83.6	86.8	91.4	95.6	99.8	106.8
$A_{C2}/(°)$	34	34	33	32	32	31	30	29	25
$C_1/(°)$	189.2	198.3	216.5	234.6	252.3	269.6	286.1	301.4	315.0
$T_{\text{cpa}}/$min	11.0	11.1	11.6	12.4	13.6	15.4	18.1	22.2	28.1
$V_{01}/$kn	27.2	27.0	25.9	24.3	22.1	19.5	16.5	13.5	10.7
$C_{01}/(°)$	185	190	200	210	220	230	240	250	260

图 2 - 18 是对应于表 2 - 6 的紧迫局面距离和碰撞距离随目标船的相对方位变化情况,可以看到紧迫局面距离 $D_{\text{close}} < 2$ n mile,碰撞距离 0.36 n mile $< D_{\text{collid}} <$ 1.06 n mile;当目标船的速度 $V_1 = 18$ kn,方位 $B = 5°$ 时,船舶紧迫局面距离 $D_{\text{close}} =$ 2.05 n mile > 2 n mile,$D_{\text{collid}} = 1.19$ n mile,因此,不能笼统地说船舶紧迫局面距离都小于 2 n mile,也不能说船舶碰撞距离大致为 1 n mile。紧迫局面距离为船长的 12~18 倍,碰撞距离为船长的 4~10 倍,用船长的倍数表示这两个距离误差会很大。

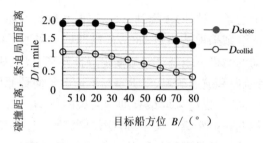

图 2 - 18　不同方位目标船的紧迫局面距离和碰撞距离,$k_V = 1.2$

如图 2-19 所示，本船避让快速船时总是采取向右转向过目标船的船尾的做法，而且经历的时间间隔不会很长。由于目标船的速度较快，这种情况下不要试图向左转向过目标船的船首。在目标船的相对方位 RB 大于 $80°$ 时，可以向左旋回一周等待目标船过去。于是得到避让快速船时相对方位范围是，相对方位 RB 小于 $80°$ 时，向右转向过目标船的船尾，相对方位 RB 大于 $80°$ 时，可以左转旋回一周等待目标船过去。

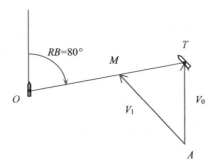

图 2-19　避让快速船时较大相对方位情况示意图

4. 对于《避碰规则》第十七条直航船行动时机的考虑

由图 2-12、图 2-14 和图 2-16 可知，第一，本船速度一定，随着船速比的增大，船舶紧迫局面距离和碰撞距离都将增大，也就是本船的避让时机提前，这将直接影响船舶碰撞危险度和最晚施舵时机，也相应地影响船舶最佳避碰时机。第二，曲线形状相似，变化平缓，随着目标船相对方位的增大，相对速度在变小，船舶紧迫局面距离和碰撞距离均变小。第三，紧迫局面距离和碰撞距离的差在 $0.7\sim0.8$ n mile，由于不同方位的目标船的相对速度不同，船舶从紧迫局面到紧迫危险之间的时间差非常有限，大约只有 2 min，要求船舶驾驶员必须毫不迟疑地采取紧急行动。

《避碰规则》第十七条 1 款(2)项提到，保持航向和航速的船一经发觉规定的让路船显然没有遵照本规则采取适当行动时，该船即独自采取操纵行动。允许直航船独自采取操纵行动的时机下限就是船舶紧迫局面距离。《避碰规则》第十七条 2 款提到，当规定保持航向和航速的船，发觉本船不论由于何种原因逼近到单凭让路船的行动不能避免碰撞时，也应采取最有助于避碰的行动。该最有助于避碰的行动的时机下限就是船舶碰撞距离。关于《避碰规则》第十七条直航船的行动时机，几乎所有的包括国内外的船长和船舶驾驶员都抱怨确定该时机困难，查阅航海研究专著或教科书给出的也只是大致的估计。在 1972 年召开的国际船舶避碰会议上，国际海事组织(IMO)曾研究能否对紧迫局面开始适用的两船距离做一个详细的规定,但经过长时间的讨论后,结论是该距离不能用数量来表示[39,40]。如今,利用本书提出的数学模型,终于能够解决这些问题了,可以说,海上船舶数字避碰的时代不会远了。

5. 模拟实验

图 2 - 20 和图 2 - 21 分别表示让路船模拟紧迫局面距离和模拟碰撞距离的避碰行动轨迹图。根据表 2 - 4 给出的模型计算结果,选择合适的本船和目标船,本船的长度 $L = 190$ m,本船的速度和航向分别为 $V_0 = 12.4$ kn 和 $C_0 = 0°$,到目标船的距离为 $D = 5$ n mile,目标船的速度为 $V_1 = 9.9$ kn,这时的船速比 $k_V = 0.8$,最近会遇距离(D_{cpa})取 0,在大型船舶操纵模拟器上做一组模拟实验,对应于不同的目标船方位角,在目标船到达紧迫局面距离(D_{close})处时本船右满舵避让目标船,模拟最小通过距离(D_s)的大小,结果见表 2 - 7。

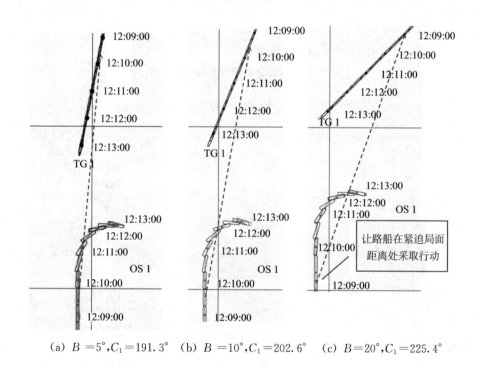

（a）$B = 5°$, $C_1 = 191.3°$　（b）$B = 10°$, $C_1 = 202.6°$　（c）$B = 20°$, $C_1 = 225.4°$

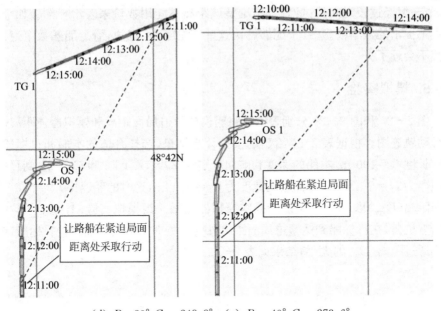

(d) $B=30°,C_1=248.8°$ （e） $B=40°,C_1=273.6°$

图 2 - 20 模拟让路船的紧迫局面距离

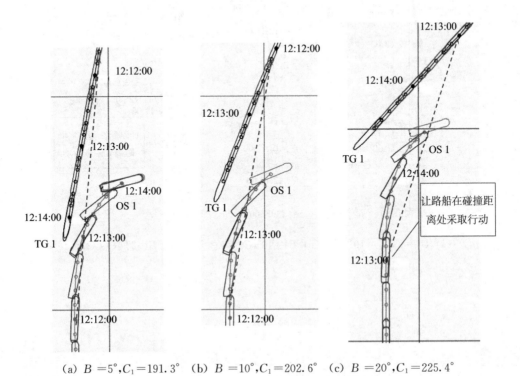

（a） $B=5°,C_1=191.3°$ （b） $B=10°,C_1=202.6°$ （c） $B=20°,C_1=225.4°$

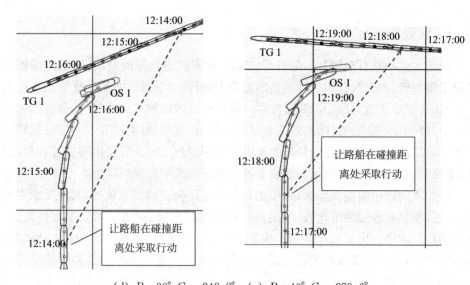

(d) $B=30°, C_1=248.8°$　(e) $B=40°, C_1=273.6°$

图 2 - 21　模拟让路船的碰撞距离

表 2 - 7　紧迫局面距离和碰撞距离模拟实验结果

$B/(°)$	5	10	20	30	40	50
D_{s1} / n mile	0.51	0.50	0.51	0.51	0.52	0.51
D_{s2} / n mile	0.06	0.04	0.08	0.04	0.02	0.02
D_{close} / n mile	1.58	1.6	1.56	1.48	1.32	1.07
D_{collid} / n mile	0.86	0.85	0.79	0.7	0.58	0.4
$A_{c1}/(°)$	72.4	75.6	78.8	83.6	86.8	91.4
$A_{c2}/(°)$	34	34	33	32	32	31

表 2 - 7 中，B 表示目标船的方位；D_{close} 表示本船的紧迫局面距离；D_{collid} 表示本船的碰撞距离；A_{c1} 和 D_{s1} 分别表示本船在紧迫局面距离处采取行动后的最大转向角度和最小通过距离；A_{c2} 和 D_{s2} 分别表示本船在碰撞距离处采取行动后的最大转向角度和最小通过距离。

　　模拟实验的结果是最小通过距离（D_{s1}）均为 0.5 n mile 通过目标船，说明紧迫局面距离（D_{close}）模型符合实际情况。

　　同样，在目标船到达碰撞距离（D_{collid}）处右满舵避让目标船，模拟是否发生碰撞或测量实际通过距离（D_{s2}），结果均是几乎要发生碰撞（near miss），说明碰撞距离（D_{collid}）模型符合实际情况。

6. 结束语

受到太多的具有模糊特征的环境、现象、规则和观念等的约束,船舶避碰理论总是很难突破,因为没有来自理论上的想象力解开这类谜团,我们一直处于困惑的状态,认为船舶紧迫局面距离和碰撞距离很难得到数值解。研究发现,会遇船舶之间的紧迫局面距离或碰撞距离并不总是相同的,也就是说,两船并不一定总是同时进入紧迫局面状态,特别是当两船的操纵性能相差较大时更容易出现这种现象,因此,需要我们重新考量紧迫局面的含义及其对近距离船舶操纵避碰的指导。

船舶之间近距离避碰操纵时,船舶驾驶员往往会变得非常紧张,其主要原因是理论支撑不足和经验数据比较少,避碰行动又迫在眉睫,造成的后果不可逆转,也不可估量。本章给出了船舶紧迫局面距离(D_{close})模型和碰撞距离(D_{collid})模型及模型的应用,是船舶驾驶员的最后避碰行动时机。该模型是基于本船的操纵特性得到的,因此,只适用于本船的避碰行动,模拟实验证明了模型的正确性,要求船舶驾驶员毫不迟疑地、最大幅度地完成避碰操纵。有了这两个距离的数学模型,船舶驾驶员在近距离遭遇避碰局面采取行动时,不会盲目地错过这个距离点。

通过分析对应于不同船速比和位于不同方位的目标船的紧迫局面距离和所采取的避碰行动,得出的结论是,第一,避让慢速船时,对于某一相对方位的目标船,可以采取向左转向避让,特别是当最近会遇距离 $D_{cpa} < 0$ 时。第二,避让等速船时,当目标船的相对方位(RB)超过一定值时,非常不利于本船的避碰行动,向右转向避让经历的时间会很长。第三,避让快速船时,不要试图左转过目标船的船首,在目标船的相对方位 RB 大于一定值时,可以左转旋回一周等待目标船过去。

3

CHAPTER

船舶碰撞危险度

　　船舶碰撞危险度（collision risk index，CRI）是一个模糊的概念，是船舶之间发生碰撞可能性大小的度量，取值范围为 0～1。$CRI=0$ 说明没有碰撞危险，即使目标船就在附近也无须顾忌它的存在，例如正横后的锚泊船或驶过让清的目标船等；$CRI=1$ 说明本船无论采取怎样的避让行动都无法避免与目标船碰撞；CRI 取其他值则说明可能发生碰撞危险的程度。

　　用碰撞危险度描述船舶之间碰撞危险的大小有实际意义，船舶驾驶员可以据此决定采取避让的时机和避让的顺序。当 CRI 很小时，只需观测目标船的动向和注意事态的发展；当 CRI 超过某个阈值（CRI_γ）时，则有必要开始采取避让行动，当然，这个行动时机并不一定是最佳的避让时机，但它至少指出了应该采取避让行动的开始时间。

　　研究船舶碰撞危险度的目的是为船舶避碰决策提供依据。以前只是通过观测到的目标船的原始数据，例如距离和方位，以及它们的变化情况，判断船舶是否存在碰撞危险。《避碰规则》中定义的"船舶碰撞危险的有无"已经满足不了相关的要求了，可是，在确定船舶碰撞危险度的大小上却遇到了困难。

　　《避碰规则》中多次提到碰撞危险（risk of collision）的概念，但对其大小并没有明确定义。于是，国内外航海学者纷纷发表文章量化这一概念[52−65]，并试图用来指导避碰实践，说明碰撞危险的重要性。

　　日本东京商船大学今津隼马教授在 1983 年著书《避让与碰撞预防系统》（《避航と衝突予防装置》）中首先提到了碰撞危险度的概念，并对碰撞危险的评价做了全面的分析和研究。

　　我国学者和韩国学者运用模糊数学、神经网络，以及模糊神经网络的方法来确定船舶碰撞危险度的大小，其变量也是 D_{cpa} 和 T_{cpa}[66,67]。朱军和孙伟还提出空间碰撞危险度、时间碰撞危险度、几何碰撞会遇、非几何碰撞会遇及会船时的碰撞危险的概念[56,57]。本章基于船舶避碰时机曲线图对这一问题做进一步的研究[68−72]，提出一个确定船舶碰撞危险度模型的方法，用来指导船舶的避碰实践。

3.1 影响船舶碰撞危险度的因素

航海上判断船舶之间有无碰撞危险的具体做法如下：

(1) 观测目标船的罗经方位有无明显的变化。

(2) 即使目标船的罗经方位有明显的变化,有时也可能存在碰撞危险,特别是驶近一艘大船或拖带船组时,或是近距离驶近他船时。

(3) 通过雷达标绘最近会遇距离(D_{cpa})不足时。

(4) 对罗经方位变化或最近会遇距离有怀疑时。

(5) 考虑影响碰撞危险的其他因素。

影响船舶碰撞危险度的因素包括两船距离、相对速度、会遇局面、D_{cpa}、T_{cpa}、船舶密度、水文气象、可航水域、船舶尺度等。除此之外,还与最小安全会遇距离(distance of the safe point of approach—dspa,D_s)和注意会遇距离(attentive distance of the closest Point of approach, $D_{cpa\text{-}attend}$)的选取有关。

定义 1 最小安全会遇距离(D_s)。它是指考虑周围航行环境和船舶状态,船舶驾驶员认为使两船能够安全通过的最小会遇距离。

D_s 是一个模糊的概念,影响它的因素有船舶密度、气象条件、可航水域和船舶性能。其中,气象条件是指风浪情况和能见度的大小。D_s 虽然取决于客观环境,但也受船舶驾驶员主观因素、操船经验和水平影响,本书把这项"人的因素"归入船舶性能中。这里所说的船舶性能包括操纵性能、船速比、货物装载情况、船舶尺寸和吨位,以及船舶驾驶员的操船水平。当实际 $|D_{cpa}| < D_s$ 时,本船需要采取避碰行动,才能在最小安全会遇距离上通过。

航海上确定 D_s 的通常做法是,在船舶拥挤水域,一般取 $D_s = 0.3 \sim 0.5$ n mile;大洋航行时,取 $1.0 \sim 2.0$ n mile;恶劣天气或能见度不良,取 2.0 n mile 以上;船舶性能良好可适当减小,船舶装载危险品货物等则适当地加大该最小安全会遇距离[1]。

定义 2 注意会遇距离($D_{cpa\text{-}attend}$)。它是指两船会遇时,当实际 D_{cpa} 达到一定值后,目标船不会再对本船有碰撞威胁的会遇距离。

$D_{cpa\text{-}attend}$ 也是一个模糊的量,它的确定与 D_s 相似,根据当时的航行环境和条件由船舶驾驶员主观确定。这个值客观存在,船舶驾驶员在避碰决策过程中一直在运用它,只是以前不太被人们注意。当 $D_s \leqslant |D_{cpa}| < D_{cpa\text{-}attend}$ 时,本船没有必要采取避碰行动,但并不意味着碰撞危险度为 0,本船还是需要注意目标船的动向;当实际 $|D_{cpa}| \geqslant D_{cpa\text{-}attend}$ 时,碰撞危险度为 0,本船不必注意目标船的正常运动和接近。而且,$D_{cpa\text{-}attend}$ 本身不会很大,一般取 $2.5 \sim 4.0$ n mile 比较合适。

在这些影响船舶碰撞危险度的诸多因素中起决定作用的是两船距离(D)、D_{cpa}和 T_{cpa}。由于两船距离和 T_{cpa} 可以通过相对速度联系起来,于是本书首先考虑 CRI 随两船距离变化的情况,然后再把其他影响因素考虑进去,即可得到符合实际情况的船舶碰撞危险度。

3.2　确定船舶碰撞危险度的方法

船舶碰撞危险度实际上是船舶属于"在某种航行环境和条件下与目标船可能发生碰撞"这个模糊集合的隶属函数,论域为各种航行条件下的所有会遇局面。正确地确定其隶属函数是运用模糊集合理论解决实际避碰问题的基础。这个隶属函数的确定过程本质上是客观的,结果也应该满足实际情况,并具有可操作性,也就是说,得到的碰撞危险度应该能够用于指导船舶驾驶员的避碰实践。

近年来普遍流行的确定隶属函数的方法有[73,74]模糊统计法、例证法和专家经验法。

1. 模糊统计法

模糊统计法是通过模糊统计实验的方法确定隶属函数。选择一定数量有航海经验的船舶驾驶员做抽样实验,在某种特定的航行环境和条件下,就某一具体的会遇局面让他们选出"可能发生碰撞"的 D_{cpa} 和 T_{cpa} 的界限范围。由于每个被试者对"可能发生碰撞"这一模糊概念存在理解上的差异,因此得出的区间并不完全相同。取 $D_{cpa}=D_{cpa0}$,$T_{cpa}=T_{cpa0}$,在这种特定的航行环境和条件下,(D_{cpa0},T_{cpa0}) 对"可能发生碰撞"的隶属频率为

$$\mu = \frac{\text{包含 } D_{cpa0} \text{ 和 } T_{cpa0} \text{ 的区间数(隶属次数)}}{\text{调查人数}(n)} \qquad (3-1)$$

用 μ 作为在这种特定的航行环境和条件下,D_{cpa0} 和 T_{cpa0} 对"可能发生碰撞"这一模糊概念的隶属度的近似值,用这种方法计算出如-3.0 n mile$<D_{cpa}<3.0$ n mile、0 min$<T_{cpa}<10$ min 对"可能发生碰撞"这一模糊概念的隶属频率,从中确定隶属度。令隶属度为纵坐标,D_{cpa} 和 T_{cpa} 为横坐标,连续描出的曲面就是隶属函数,也就是在这种特定的航行环境和条件下某一具体会遇局面的船舶碰撞危险度。

用这种方法确定的船舶碰撞危险度只适用于某种特定的航行环境和特定的会遇局面,而且工作量比较大。由于其完全建立在航海人员的感觉和经验上,因此主观性较强。

2. 例证法

例证法是模糊数学创始人拉特飞·扎德(Lotfi Zadeh)在 1972 年提出的,其主

要思想是从已知有限个 μ_A 的值，来估计论域 U 上的模糊子集 A 的隶属函数。这里讨论的论域 U 是在不同航行条件下的各种会遇态势，A 是"可能发生碰撞的会遇"，显然 A 是一个模糊子集。为了确定其隶属函数 μ_A，可以首先给出一个具体的会遇态势，然后选定几个语言真值中的一个来回答这种会遇态势是否算"可能发生碰撞的会遇"。语言真值分为"真的""大致真的""似真又似假""大致假的""假的"。然后把这些语言真值分别用数字 1.00、0.75、0.50、0.25、0.00 表示。对于几个不同的会遇态势作为样本进行询问，就可以得到 A 的隶属函数 μ_A 的离散表示，这就是在这种条件下的船舶碰撞危险度(CRI)。

用这种方法确定船舶碰撞会遇的隶属函数工作量大，首先论域 U 中包含多个变量，每个变量又有无数个体，它们的组合使我们难于求出论域中的碰撞危险度，不过，利用这种方法可以检验由其他方法求得的船舶碰撞危险度符合实际的情况。

3. 专家经验法

根据专家的实际经验，加上必要的数学处理，确定隶属函数的方法。设全体会遇态势为论域 U，可能发生碰撞的所有态势为模糊子集 A，A 的隶属函数为 μ_A。从所有影响"可能发生碰撞"的因素中估算某种会遇态势对模糊子集 A 的隶属度。这些因素分别用 a_1、$a_2 \cdots a_n$ 表示。

把每一因素视为普通子集，其特征函数为

$$\chi_{a_i}(u) = \begin{cases} 1, a_i \text{ 超过阈值 } a_{i0} \\ 0, \qquad \text{其他} \end{cases} \tag{3-2}$$

对每一因素在"可能发生碰撞"中所起的作用赋予权系数 β_1、$\beta_2 \cdots \beta_n$。规定 A 的隶属函数为

$$\mu_A = \frac{\sum \beta_i \cdot \chi_{a_i}(u)}{\sum \beta_i} \tag{3-3}$$

这种确定隶属函数的方法通常是初步确定粗略值，再通过学习和实践逐步修改完善。

3.3 船舶碰撞危险度的确定

1. 船舶碰撞危险度的表现形式

船舶碰撞危险度的概念是建立在与目标船的某种会遇局面的基础上，为了讨论问题的方便，首先从能否发生碰撞的角度把船舶会遇简单地划分成"碰撞会遇"和"非碰撞会遇"两种类型。这里所谓的**碰撞会遇**，是指船舶均保向、保速将产生碰

撞结果的会遇局面,考虑船吸的现象,通常是指当$|D_{cpa}|$小于某一个值(如 2 倍的船长[4])的会遇情况。**非碰撞会遇**是指除去碰撞会遇以外的船舶会遇局面,但不意味着船舶之间碰撞的危险不存在,只是程度不同,这时不能绝对地说船舶之间一定不会发生碰撞结果。

应用前面三种方法确定船舶碰撞危险度仍不太实用,本书根据船舶避让行动与时机曲线,采取"曲线拟合"和"模型分析"的方法来确定船舶碰撞危险度。如前所述,对于某种"碰撞会遇"的局面,船舶碰撞危险度曲线应该具有如图 3-1 所示的形式,连续但不一定可微,其大小在 0~1,与距离有最直接的函数关系,其他影响碰撞危险度的因素应该全部包含在该曲线中,也就是说,直接影响曲线的形状和幅度。对于某种属于"非碰撞会遇"的局面,碰撞危险度曲线的形状类似,只是大小不同,曲线的高度随最近会遇距离 D_{cpa} 取值的不同相应地有不同程度的变化,其最大值小于或等于 1。

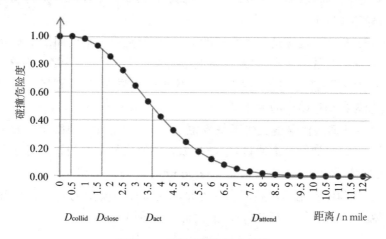

图 3-1　船舶碰撞危险度曲线

就某种船舶"碰撞会遇"的局面来说,定义几个与船舶碰撞危险度相关的距离的概念:

定义 1　碰撞距离(D_{collid})。它表示当$|D_{cpa}|$小于某一个值(如取 2 倍的船长)时,单凭本船无论采取怎样的避让行动,都不可能避免和目标船发生碰撞的距离,这时的 $CRI=1$。

定义 2　紧迫局面距离(D_{close})。它表示单凭本船无论采取怎样的避让行动,都不可能在最小安全会遇距离上通过目标船,这时的 $0.5<CRI<1.0$。

定义 3　行动距离(D_{act})。它表示碰撞危险度(CRI)达到了规定的阈值(CRI_γ)后,应该开始采取避让行动的距离,比如取 CRI 的阈值$CRI_\gamma=0.5$。

定义 4　注意距离(D_{attend})。它表示距离目标船太远,普遍认为能够没有任何碰撞危险地到目标船距离的下界,这时的 $CRI=0$。

凡是大于 D_{attend} 的距离都是**安全航行距离**。由此可以得出船舶"碰撞会遇"过程的 4 个阶段:

(1) 在 D_{attend} 以前称为安全航行阶段(safety phase),这时的船舶碰撞危险度 $CRI=0$。

(2) 从 D_{attend} 到 D_{act} 为注意目标船动向阶段(attention period),这时的船舶碰撞危险度为 $0<CRI<CRI_\gamma$。

(3) 从 D_{act} 到 D_{collid} 为采取避让行动阶段(action taking stage),其中,包括紧迫局面阶段(close quarters situation),把船舶进入紧迫局面时的距离记作 D_{close}。在这个避让行动阶段中,$CRI_\gamma \leqslant CRI \leqslant 1.0$。

(4) 从 D_{collid} 以后到 $D=0$ 统称为船舶碰撞阶段(collision point),在这个阶段中,包括紧迫危险阶段,而且,$CRI=1.0$,也就是说,单凭本船的让路行动已经无法避免和目标船碰撞了。

接下来分析如何确定这几个距离的大小、船舶碰撞危险度曲线的形状和船舶碰撞危险度曲线参数的大小,以及如何把影响碰撞危险度的因素都反映在曲线中。这样,在一定的环境和条件下,对于某一特定的会遇局面,只凭到目标船的距离就可以判定船舶碰撞危险度的大小了。

定义 5 **转向避让角度变化率临界值**。它表示本船转向避让时,为了使船舶能够在最小安全会遇距离上通过,应该采取转向避碰行动时的转向避让角度变化率(C_R)的取值,用 C_{CR}(critical alter course rate)表示。

转向避让角度变化率临界值实际上是转向避让角度变化率(C_R)明显变大时的取值,说明此值以后采取避碰行动的代价将明显加大,即

$$C_R = \lim_{(D_2-D_1)\to 0} \frac{A_{C2}-A_{C1}}{D_2-D_1}$$

设本船的速度和航向分别为 $V_0=16.0$ kn 和 $C_0=0°$,目标船的速度和航向分别为 $V_1=23.0$ kn 和 $C_1=290°$,本船到目标船的距离为 $D=5.0$ n mile,真方位为 $B=66°$。通过式(3-4)至式(3-9),可以得到转向避让过程中航向改变量对于相对距离的变化曲线,如图 3-2 所示。

为了清楚地看到转向角度的变化情况,得到转向避让角度变化率对于相对距离的变化曲线,如图 3-3 所示。

转向避让角度变化率临界值实际上是图 3-2 曲线在"船舶采取避碰行动处"的斜率的倒数,也是图 3-3 曲线上转向避让角度变化率(C_R)明显变大的地方。

考察一条曲线在某处的转向避让角度是否明显变大,可以通过比较该点处前后一段相等距离内函数值的变化情况。例如,对于图 3-3 中 $D_s=1.0$ n mile

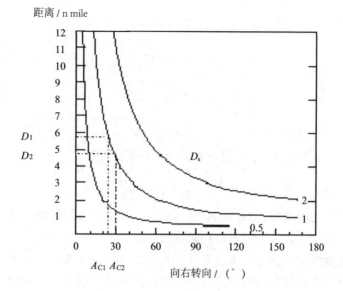

图 3 - 2　转向避让角度与相对距离的关系

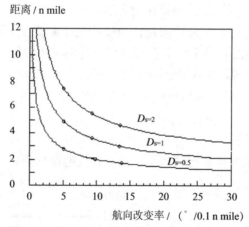

图 3 - 3　转向避让角度变化率与相对距离的关系

$(V_0=16.0 \text{ kn}, C_0=0°, V_1=23.0 \text{ kn}, C_1=290°, D=5.0 \text{ n mile}, B=66°)$

这条曲线，$D=4.5$ n mile 处转向避让角度变化率为 $6.0(°/0.1$ n mile)，前后各 1.0 n mile 处转向避让角度变化率变化值的比是 $(C_{R-1}-C_R)/(C_R-C_{R+1})=1.85$。这个比值本身的意义是，数值等于 1 说明函数值均匀变化；数值小于 1 说明函数值减速变化；数值大于 1 说明函数值加速变化。应该认为，比值为 1.85 时，函数的值明显增加。

$$V_{01}=\left[V_0{}^2+V_1{}^2-2 \cdot V_0 \cdot V_1 \cdot \cos(C_0-C_1)\right]^{\frac{1}{2}} \qquad (3-4)$$

$$V_{02}=\left[V_0{}^2+V_1{}^2-2 \cdot V_0 \cdot V_1 \cdot \cos(C_0+A_c-C_1)\right]^{\frac{1}{2}} \qquad (3-5)$$

$$\alpha_1=\arcsin\left(\frac{D_{cpa}}{D}\right) \qquad (3-6)$$

$$\alpha_2=\arcsin\left(\frac{D_s}{D}\right) \qquad (3-7)$$

$$AE=\left[V_{01}{}^2+V_{02}{}^2-2 \cdot V_{01} \cdot V_{02} \cdot \cos(\alpha_2-\alpha_1)\right]^{\frac{1}{2}} \qquad (3-8)$$

式中：V_{02}——本船转向 A_C 角度后相对于目标船的速度。

$$A_C=2 \cdot \arcsin\left(\frac{AE}{2V_0}\right) \qquad (3-9)$$

　　取不同的会遇态势（方位不同 $0°\sim360°$）、不同的船舶运动要素（船速比不同 $0.5\sim2.0$），可以得到 3 组转向避让曲线图（附录 1）。曲线上的 3 个圆点分别表示转向避让角度变化率为 5.0、9.0 和 $13.0(°/0.1\ n\ mile)$ 的点。分析这些具有不同船速比和不同方位目标船的避让行动与时机曲线，发现它们在形状上是相似的，但是，转向避让角度变化率在曲线上的变化情况并不均匀。在采取避让行动上，同时体现《避碰规则》中"早"和"大"的概念，因此取转向避让角度变化率 $5.0<C_R<9.0$ $(°/0.1\ n\ mile)$ 作为"最佳"避让时机比较合适。

　　具体确定在哪一点上作为转向避让角度变化率临界值，又与航行环境、船速比、会遇态势、船舶性能和最小安全会遇距离的选取有关。能够看出，转向避让角度变化率临界值 C_{CR} 取值越小，说明越是要提前采取避让行动。

　　图 3-4 表示目标船的相对方位为 $280°\sim80°$，船速比为 1 时，转向避让时机与行动曲线随目标船的相对方位变化情况，曲线上的数字表示相对方位，两个圆点分别表示转向避让角度变化率为 $5.0(°/0.1\ n\ mile)$ 和 $9.0(°/0.1\ n\ mile)$ 的点。图 3-4 中也能得到转向时机和行动大小随相对方位的变化规律：$k_V=V_1/V_0=1$ 时，

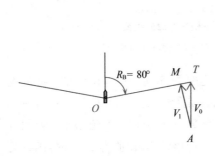
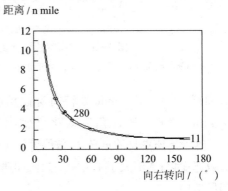

V_0=10 kn，　V_1=10 kn，　D_s=1 n mile，　D_{cpa}=0 n mile

图 3-4　相对方位 $280°\sim80°$，转向避让时机和行动随相对方位的变化

转向时机和大小与相对方位关系不大。

　　图 3-5 表示目标船的相对方位为 330°～30°,船速比小于 1 时,转向避让时机与行动曲线随目标船的相对方位变化情况,随着相对方位的增加,转向避让的时机和行动的大小都在变化,特别是本船为慢速船时更加明显。但是,这个转向时机和行动大小用转向避让角度变化率能够完全表示出来。图 3-5 中也能得到转向时机和行动大小随相对方位的变化规律:$k_V < 1$ 时,避让左舷来的船舶时采取避让行动的距离相对较小,比较容易避让。

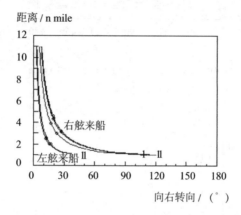

$V_0 = 10$ kn,　$V_1 = 5$ kn,　$D_s = 1$ n mile,　$D_{cpa} = 0$ n mile

图 3-5　相对方位 330°～30°,转向避让时机和行动随相对方位的变化

　　图 3-6 表示方位相同时,转向避让时机与行动曲线随船速比的变化情况,B 表示相对方位,曲线上的数字表示目标船的速度,两个圆点分别表示转向避让角度变化率为 5.0(°/0.1 n mile)和 9.0(°/0.1 n mile)的点。图 3-6 中可以看到,随着船速比的增大,避让时机会相应提前。

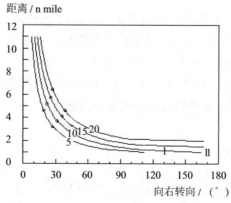

$V_0 = 10$ kn,　$B = 0°$,　$D_s = 1$ n mile,　$D_{cpa} = 0$ n mile

(a)

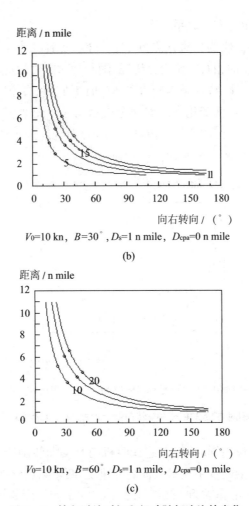

V_0=10 kn, B=30°, D_s=1 n mile, D_{cpa}=0 n mile

(b)

V_0=10 kn, B=60°, D_s=1 n mile, D_{cpa}=0 n mile

(c)

图 3 - 6　转向避让时机和行动随船速比的变化

定义 6　变速避让速度变化率临界值。它表示本船变速避让时,为了使船舶能够在最小安全会遇距离上通过,应该采取变速避让行动时的变速避让速度变化率(S_R)的取值,用 C_{SR}(Critical Alter Speed Rate)表示。

变速避让速度变化率临界值实际上是变速避让速度变化率(S_R)明显变大时的取值,说明此值以后采取避碰行动的代价将明显加大,即

$$S_R = \lim_{(D_2-D_1) \to 0} \frac{A_{s2}-A_{s1}}{D_2-D_1}$$

设 V_0=16.0 kn, C_0=0°, V_1=23.0 kn, C_1=290°, D=5.0 n mile, B=66°,通过式(3-10)和式(3-11),可以得到变速避让过程中航速改变值对于相对距离的变化曲线,如图 3-7 所示。

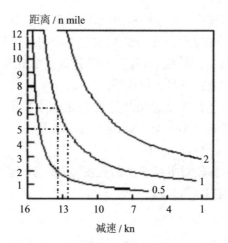

图 3 - 7　减速避让幅度与相对距离的关系

为了清楚地看到航速的变化情况,得到变速避让速度变化率对于相对距离的变化曲线,如图 3 - 8 所示。

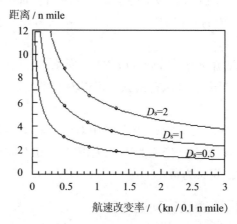

图 3 - 8　变速避让速度变化率与相对距离的关系

($V_0=16$ kn,$C_0=0°$,$V_1=23$ kn,$C_1=290°$, $D=5$ n mile,$B=66°$)

$$V_{03}=\left[(V_0-A_s)^2+V_1{}^2-2\cdot(V_0-A_s)\cdot V_1\cdot\cos(C_0-C_1)\right]^{\frac{1}{2}} \quad (3-10)$$

$$A_s=\left[V_{01}{}^2+V_{03}{}^2-2\cdot V_{01}\cdot V_{03}\cdot\cos(\alpha_2-\alpha_1)\right]^{\frac{1}{2}} \quad (3-11)$$

式中:V_{03}——本船变速 A_s 后相对于目标船的速度。

取不同的会遇态势(方位不同 $0°\sim360°$)、不同的船舶运动要素(船速比不同 $0.5\sim2.0$),可以得到 2 组减速避让曲线图(附录 2)。曲线上的 3 个圆点分别表示变速避让速度变化率为 0.5、0.9 和 1.3(kn/0.1 n mile)。分析这些具有不同船速比和不同方位目标船的避让行动与时机曲线，能够发现它们在形状上是相似的，但是，变速避让速度变化率在曲线上的变化情况并不均匀。在采取避让行动时，为体现《避碰规则》中"早"和"大"的概念，取变速避让速度变化率 $0.5 < S_R < 0.9$（kn/0.1 n mile）作为"最佳"避让时机比较合适。

具体确定在哪一点上作为变速避让速度变化率临界值，又与航行环境、船速比、会遇态势、船舶性能和最小安全会遇距离的选取有关。和 C_{CR} 一样，C_{SR} 值越小，说明越是需要提前采取避让行动。

考虑会遇过程中目标船对本船威胁的程度，以及船舶碰撞危险度（CRI）曲线的形状，选取指数函数定义 CRI 为

$$CRI = \begin{cases} 1 & (D \leqslant D_{collid}) \\ \alpha \cdot e^{k \cdot (D - D_{collid})^2} & (D_{collid} < D < D_{attend}) \\ 0 & (D \geqslant D_{attend}) \end{cases} \quad (3-12)$$

式中：α——权系数，反映 D_{cpa} 对 CRI 的影响，决定曲线沿纵轴方向变化的情况；

k——待定系数，其含义是最小安全会遇距离（D_s）、转向避让角度变化率临界值（C_{CR}）等因素对 CRI 的影响，是一个决定曲线沿横轴方向变化的量；

D——本船到目标船的距离，$D = V_{01} \cdot T_{cpa} \cdot \csc(C_{01} - B)$，反映 T_{cpa}、V_{01}、C_{01}、B 对 CRI 的影响；

D_{collid}——船舶旋回圈、船长等要素对 CRI 的影响；

D_{attend}——船舶注意距离，表示普遍认为可以没有碰撞危险的到目标船距离的下界。

注意 D_{cpa} 有正负之分，目标船位于本船相对于目标船的相对航迹线的左边时，向右转向避让相对容易，D_{cpa} 定义为正；目标船位于相对航迹线的右边时，向右转向避让相对较难，D_{cpa} 定义为负。

2. 注意距离和采取避让行动的距离

注意距离（D_{attend}）受目标船进入视距的限制，与相对速度有关，一般在 10 n mile 左右[1,4]，选择 $T_{cpa} = 15$ min 为它的另一个界限，于是，注意距离（D_{attend}）为

$$D_{attend} = \max\left(\frac{15V_{01}}{60}, 10\right) \quad (3-13)$$

式中：V_{01}——本船相对于目标船的速度。

开始采取避让行动的距离（D_{act}）包括转向避让距离和变速避让距离。它们的大小完全由当时的会遇态势、最小安全会遇距离（D_s）、D_{cpa}，以及转向避让角度变化率的取值、变速避让速度变化率的取值和表征船舶驾驶员避碰经验的系数（λ）决定。它的含义是使碰撞危险度达规定阈值的距离，本书取这个阈值为 $CRI_\gamma = 0.5$。

3. 系数 α 的确定

系数 α 的取值按如下方法确定：

$$\alpha=\begin{cases}0 & D_{cpa}\leqslant-D_{cpa\text{-}attend}\ \text{或}\ D_{cpa}\geqslant D_{cpa\text{-}attend}\\[2mm]0.5-\dfrac{0.5(D_{cpa}-D_s)}{D_{cpa\text{-}attend}-D_s} & D_s\leqslant D_{cpa}<D_{cpa\text{-}attend}\\[3mm]1-\dfrac{0.5(D_{cpa}-2L)}{D_s-2L} & 2L\leqslant D_{cpa}<D_s\\[3mm]1 & -\alpha_0 D_s\leqslant D_{cpa}<2L\\[2mm]1+\dfrac{0.5(D_{cpa}+\alpha_0\cdot D_s)}{D_s-\alpha_0\cdot D_s} & -D_s\leqslant D_{cpa}<-\alpha_0 D_s\\[3mm]0.5+\dfrac{0.5(D_{cpa}+D_s)}{D_{cpa\text{-}attend}-D_s} & -D_{cpa\text{-}attend}\leqslant D_{cpa}<-D_s\end{cases}\qquad(3-14)$$

式中：L——船舶的长度；

D_s——最小安全会遇距离；

α_0——模糊系数，如取 $\alpha_0=0.6$，其大小在后面第 3.4 节中讨论，表示本船过目标船船首的认可程度。作为让路船若航行水域许可，首先考虑转向避让的情况，当 $D_{cpa}>-\alpha_0\cdot D_s$ 时，向右转向；当 $D_{cpa}\leqslant-\alpha_0\times D_s$ 时，考虑转向的角度和偏离航线的大小，采取向左转向更为有利。

$D_{cpa\text{-}attend}$——表示注意会遇距离，是在某个范围内变化的量，其含义是如果最近会遇距离 D_{cpa} 超过该值，则碰撞危险度 $CRI=0$。

取最小安全会遇距离 $D_s=1.0$ n mile，注意会遇距离 $D_{cpa\text{-}attend}=3.0$ n mile，系数 $\alpha_0=0.6$，船长 $L=130$ m，则系数 α 随 D_{cpa} 的变化情况如图 3-9 所示。

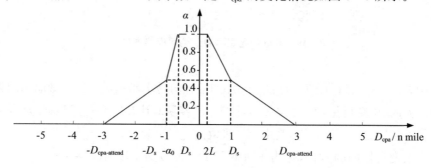

图 3-9　系数 α 随 D_{cpa} 的变化

($D_s=1.0$ n mile, $D_{cpa\text{-}attend}=3.0$ n mile, $\alpha_0=0.6$, $L=130$ m)

这条曲线实际上反映的是，当 $T_{cpa}=0$ 时，船舶碰撞危险度随 D_{cpa} 的变化情况。系数 α 随 D_{cpa} 的变化是分段线性的，曲线左、右不对称，表明 $D_{cpa}<0$ 的目标

船对本船的威胁程度更大。

碰撞危险度为 0 的情况有以下三种:

(1) T_{cpa} 的值很大,目标船距离本船比较远。

(2) $|D_{cpa}|$ 超过了注意会遇距离($D_{cpa\text{-}attend}$),认为根本没有发生碰撞的可能,或者说,目标船的正常航行对于本船不具有碰撞的威胁。

(3) T_{cpa} 的值小于 0,本船和目标船的会遇过程已经属于最后的"驶过让清"阶段。

系数 α 对碰撞危险度曲线影响的结果是使曲线沿纵轴方向变化,产生这种影响的直接原因是两船会遇时具有不同的 D_{cpa}。充分考虑 D_{cpa} 的正、负对碰撞危险度和避碰结果的影响,与客观实际相符合。

如图 3-10 所示,设 $V_0=16.0$ kn,$C_0=0°$,$V_1=23.0$ kn,$C_1=290°$,$D=5.0$ n mile,取最小安全会遇距离 $D_s=1.0$ n mile,注意会遇距离 $D_{cpa\text{-}attend}=3.0$ n mile,系数 $\alpha_0=0.6$,$C_{CR}=6.0(°/0.1$ n mile$)$,$\lambda=1.0$,$k_1=4.0$,$k_2=2.0$ min,船舶长度 $L=130$ m,目标船 T_1 的方位为 71°,$D_{cpa}=0$。

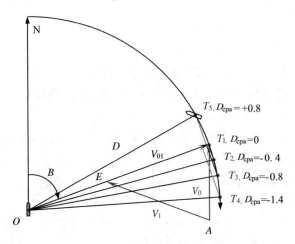

图 3-10 最近会遇距离 D_{cpa} 随目标船方位变化

图 3-10 中,目标船 T_1 的 $D_{cpa}=0$,OT_1 方向是本船相对于这五艘船舶的相对航迹线方向,由图可见,T_4 不需要避让,T_5 最容易避让,其他三艘船避让难度从易到难排序依次是 T_3、T_1、T_2,其中,T_3 采取向左转向避让。

只改变目标船的方位,相当于改变了 D_{cpa} 的大小,其中,目标船 T_2、T_3、T_4、T_5 的方位分别为 75.5°、80°、86°、61°,则 D_{cpa} 分别为 -0.4 n mile、-0.8 n mile、-1.4 n mile、0.8 n mile。当 $T_{cpa}=0$ 时,这 5 艘船的碰撞危险度(CRI)分别为 1.00、1.00、0.75、0.40、0.62,如图 3-11 所示。

该图实际上反映的也是最近会遇距离(D_{cpa})对船舶碰撞危险度的影响情况。

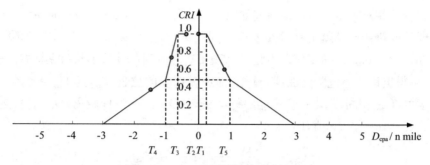

图 3-11　D_{cpa} 对碰撞危险度的影响

（$V_0 = 16\ \mathrm{kn}, C_0 = 0°, V_1 = 23\ \mathrm{kn}, C_1 = 290°$）

4. 系数 k 的确定

前面用式（3-12）定义了船舶碰撞危险度（CRI），式中的 k 值为待定系数。k 值是行动距离（D_{act}）、权系数 α、反映船舶驾驶员避碰经验和水平的系数（λ）的函数，k 值的含义是最小安全会遇距离（D_s）、注意会遇距离（$D_{cpa\text{-}attend}$）、转向避让角度变化率临界值（C_{CR}）等因素对 CRI 的影响，是一个决定曲线沿横轴方向变化的量。

当 $|D_{cpa}| < D_s$ 时，$\alpha > 0.5$，需要采取避让行动才能在最小安全会遇距离上通过，而碰撞危险度为阈值 0.5 的点（CRI_γ）正好就是开始采取避让行动的点（D_{act}），即

$$k = \frac{\ln(0.5/\alpha)}{(D_{act} - D_{collid})^2 \cdot \lambda} \qquad (\alpha > 0.5) \qquad (3-15)$$

式中，加了一项 λ 语气因子，反映的是船舶驾驶员对于同样一种会遇态势可能产生船舶碰撞危险的心理承受能力，也就是船舶驾驶员的避碰经验水平系数。对于新的船舶驾驶员，λ 可以适当地取大一点，如 $\lambda = 1.2$。对于经验丰富的船舶驾驶员，λ 可取小一些，如 $\lambda = 0.8$。一般情况下，λ 取系统默认值，$\lambda = 1.0$，λ 值的确定会在第 3.4 节中叙述。

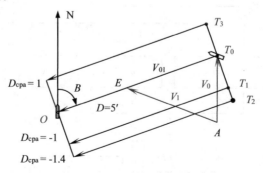

图 3-12　目标船相对于本船的运动轨迹

（$V_0 = 16\ \mathrm{kn}, C_0 = 0°, V_1 = 23\ \mathrm{kn}, C_1 = 290°$）

目标船相对于本船的运动轨迹如图 3 - 12 所示。当 $|D_{cpa}| \geqslant D_s$ 时,$\alpha \leqslant 0.5$,并不需要采取避让行动就能在最小安全会遇距离(D_s)上通过,可是,碰撞危险度仍然存在,在 0～0.5 之间变化。为此,只考虑 $D_{cpa} = 0$ 时的曲线形状沿纵轴方向进行压缩,可得出该碰撞危险度曲线:首先,确定虚拟船的位置 T_0,其 $D_{cpa} = 0$,T_{cpa} 与目标船的 T_{cpa} 相同,求出该虚拟船的行动距离(D_{actD0})和碰撞距离($D_{collidD0}$),然后,按照式(3 - 16)确定 k 值,即

$$k = \frac{\ln(0.5)}{(D_{actD0} - D_{collidD0})^2 \cdot \lambda} \quad (\alpha \leqslant 0.5) \tag{3 - 16}$$

在确定开始采取避让行动距离(D_{act})的过程中,要用到系数 α_0,$C_{CR}(C_{SR})$,D_s 和 $D_{cpa\text{-}attend}$,它们的求法会在后面的 3.4 节和 3.5 节中叙述。

5. 确定船舶碰撞危险度流程

如图 3 - 13 所示为求船舶碰撞危险度的流程图。首先输入基础数据 V_0,C_0,V_1,C_1,D,B,可以得到 V_{01},C_{01},D_{cpa},T_{cpa},$k_v = V_1/V_0$,Q(舷角),根据气象条件、船舶密度、可航水域、船舶性能 k_1,k_2,L 等因素,确定 C_{CR},C_{SR},D_s,$D_{cpa\text{-}attend}$,

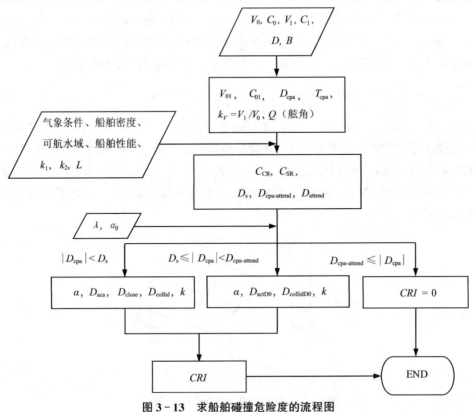

图 3 - 13　求船舶碰撞危险度的流程图

D_{attend} 的值,输入 λ,α_0。当 $D_{cpa\text{-}attend} \leqslant |D_{cpa}|$ 时,$CRI = 0$;当 $D_s \leqslant |D_{cpa}| < D_{cpa\text{-}attend}$ 时,求 α,D_{actD0},$D_{collidD0}$,k,CRI;当 $|D_{cpa}| < D_s$ 时,求 α,D_{act},D_{close},D_{collid},k,CRI。

图 3 - 13 中,$k_V = V_1/V_0$ 表示船速比,是目标船速度与本船速度之比;

D_{act}——本船采取避让行动的距离;

D_{close}——紧迫局面距离;

D_{collid}——碰撞距离;

D_{actD0}——改变目标船的方位,当最近会遇距离 $D_{cpa} = 0$ 时,本船对该虚拟船采取避让行动的距离;

$D_{collidD0}$——改变目标船的方位,当最近会遇距离 $D_{cpa} = 0$ 时,本船对该虚拟船采取避让行动的碰撞距离;

D_{attend}——目标船的注意距离;

L——船舶的长度;

α——CRI 沿纵坐标轴方向变化系数;

k——CRI 沿横坐标轴方向变化系数;

λ 和 α_0——分别表示船舶驾驶员的避碰经验水平和对过目标船的船首的认可程度;

C_{CR}——转向避让临界系数(转向避让角度变化率临界值);

C_{SR}——变速避让临界系数(变速避让速度变化率临界值);

D_s——最小安全会遇距离;

$D_{cpa\text{-}attend}$——注意会遇距离。

3.4　运用模糊决策方法确定系数

模糊决策是人类的一种高级智能活动,通过评判矩阵和评判因素的权重确定评判结果[75]。决策过程由下面三个步骤构成:

第一步,制订多种可行的决策方案,在本书的问题中就是确定模糊系数的多种可能取值,因此,要求有这些模糊系数的先验知识。

第二步,对各种决策方案进行模糊综合评判,选出在某种意义下最佳的决策方案。

第三步,检验选出的方案是否满足要求,若不满足则回到第一步重新修改或寻找新的解决方案。

1. 转向避让角度变化率临界值(C_{CR})的确定

设 U 和 V 是两个有限的论域:

$U = \{u_1,\ u_2,\ u_3,\ u_4,\ u_5,\ u_6,\ u_7\}$,$V = \{v_1,\ v_2,\ v_3,\ v_4,\ v_5\}$

其中，U 为评判因素集合，即影响转向避让角度变化率临界值的因素集合，V 为评判结果集合，即转向避让角度变化率临界值的可能取值。

U 定义为：$u_1 =$ 相对速度，$u_2 =$ 相对方位，$u_3 =$ 船速比（他船速度/本船速度），$u_4 =$ 船舶密度，$u_5 =$ 可航水域，$u_6 =$ 气象条件，$u_7 =$ 船舶尺度；

V 定义为：$v_1 = 5, v_2 = 6, v_3 = 7, v_4 = 8, v_5 = 9, v_i$ 的单位都是 "°/0.1 n mile"。

对单一评判因素 u_i 的评判结果可用 V 上的一个模糊集来表示，即

$$(u_{i1}/v_1, u_{i2}/v_2, u_{i3}/v_3, u_{i4}/v_4, u_{i5}/v_5)$$

$$0 \leqslant u_{ij} \leqslant 1, \sum_{j=1}^{5} u_{ij} = 1 \ (i = 1, 2, \cdots, 7; j = 1, 2, \cdots, 5)$$

这样，就得到了评判矩阵 E，即

$$E = \begin{Bmatrix} u_{11} & u_{12} & u_{13} & u_{14} & u_{15} \\ u_{21} & u_{22} & u_{23} & u_{24} & u_{25} \\ u_{31} & u_{32} & u_{33} & u_{34} & u_{35} \\ u_{41} & u_{42} & u_{43} & u_{44} & u_{45} \\ u_{51} & u_{52} & u_{53} & u_{54} & u_{55} \\ u_{71} & u_{72} & u_{73} & u_{74} & u_{75} \end{Bmatrix}$$

各评判因素的权重用 U 上的一个模糊向量 $\boldsymbol{X}$ 表示，即

$$\boldsymbol{X} = (x_1, x_2, x_3, x_4, x_5, x_6, x_7), \sum_{i=1}^{7} x_i = 1, \ x_i \geqslant 0 \quad (i = 1, 2, \cdots, 7)$$

综合评判结果为

$$\boldsymbol{Y} = \boldsymbol{X} \circ \boldsymbol{E}$$

它是 V 上的模糊集，即

$$\boldsymbol{Y} = (y_1/v_1, y_2/v_2, y_3/v_3, y_4/v_4, y_5/v_5), y_j = \bigvee_{i=1}^{7} (x_i \wedge u_{ij}), j = 1, 2, \cdots 5$$

式中，$\vee$ 和 $\wedge$ 是一对适当的"并型—交型"运算。如"最大—最小"运算或者"加法—乘法"运算。考虑各评判因素对评判结果都有影响，则取它们综合的结果，本书不采用"最大—最小"运算规则，因为这种运算会丢失一些信息，而采用"加法—乘法"运算规则，这样才能真正体现出各种因素综合影响的结果[60]。最后，取 $\text{Max}(y_j)$ 为最佳决策方案。

下面举例说明确定评判矩阵 $\boldsymbol{E}$ 和评判因素的权重 $\boldsymbol{X}$ 的方法。

（1）评判矩阵 $\boldsymbol{E}$ 的确定。

① u_{1j} 的确定。

相对速度（V_{01}）对避让行动时机的影响是，V_{01} 越大越应该提前行动，转向避让角度变化率临界值（C_{CR}）就越小。考察附录 2 中不同相对速度对避碰行动的影响和采用请专家打分的办法，得到相对速度（V_{01}）的评价向量为

当 0 kn$\leqslant V_{01}<$5 kn 时,得$(0,0,0,0.1,0.9)$。

当 5 kn$\leqslant V_{01}<$15 kn 时,得$(0,0,0.1,0.8,0.1)$。

当 15 kn$\leqslant V_{01}<$25 kn 时,得$(0,0.2,0.6,0.2,0)$。

当 25 kn$\leqslant V_{01}<$35 kn 时,得$(0.2,0.6,0.2,0,0)$。

当 35 kn$\leqslant V_{01}<$45 kn 时,得$(0.1,0.8,0.1,0,0)$。

当 $V_{01}\geqslant$45 kn 时,得$(0.9,0.1,0,0,0)$。

② u_{2j} 的确定。

相对方位(Q,也就是舷角)对避让行动时机的影响结果是,前面大于后面,右舷大于左舷,Q 的数值越接近 0°或 112.5°,越应该提前行动,这时的转向避让角度变化率临界值(C_{CR})就越小。考察附录 2 中不同方位对避碰行动的影响和采用请专家打分的办法,得到相对方位的评价向量为

当$-10°\leqslant Q<$10°时,得$(0.5,0.4,0.1,0,0)$。

当 10°$\leqslant Q<$30°时,得$(0.1,0.4,0.3,0.2,0)$。

当 30°$\leqslant Q<$60°时,得$(0,0.2,0.3,0.4,0.1)$。

当 60°$\leqslant Q<$90°时,得$(0,0,0.1,0.4,0.5)$。

当 90°$\leqslant Q<$112°时,得$(0.5,0.4,0.1,0,0)$。

当 112°$\leqslant Q<$248°时,得$(0,0,0,0.1,0.9)$。

当 248°$\leqslant Q<$270°时,得$(0.1,0.4,0.4,0.1,0)$。

当 270°$\leqslant Q<$320°时,得$(0,0,0,0.2,0.8)$。

当 320°$\leqslant Q<$350°时,得$(0,0.1,0.4,0.4,0.1)$。

③ u_{3j} 的确定。

避让行动的时机随船速比($k_V=V_1/V_0$)的减小而延迟,即转向避让角度变化率临界值(C_{CR})变大。考察附录 2 中不同船速比对避碰行动的影响和采用请专家打分的办法,得到船速比(k_V)的评价向量为

当 $k_V<$0.8 时,得$(0,0,0,0.2,0.8)$。

当 0.8$\leqslant k_V<$1.2 时,得$(0,0.2,0.6,0.2,0)$。

当 $k_V\geqslant$1.2 时,得$(0.8,0.2,0,0,0)$。

④ u_{4j} 的确定。

避让行动的时机随船舶密度(ρ)的增大而延迟,即转向避让角度变化率临界值(C_{CR})变大。采用请专家打分的办法,得到船舶密度(ρ)的评价向量为

船舶密度小时,得$(0,0.1,0.2,0.3,0.4)$。

船舶密度一般时,得$(0.1,0.2,0.4,0.2,0.1)$。

船舶密度大时,得$(0.4,0.3,0.2,0.1,0)$。

⑤ u_{5j} 的确定。

避让行动的时机随可航水域的状况(W)而变化,开阔水域应该体现提前避让的原则,即转向避让角度变化率临界值(C_{CR})变小。采用专家打分的办法,得到水域状况(W)的评价向量为

开阔水域时,得$(0.4,0.3,0.2,0.1,0)$。

一般水域时,得$(0,0.3,0.4,0.3,0)$。

狭窄水域时,得$(0,0.1,0.2,0.3,0.4)$。

⑥ u_{6j} 的确定。

避让行动的时机随气象条件(C)的变坏而提前,即转向避让角度变化率临界值(C_{CR})变小。这里说的气象条件,指的是风浪情况和能见度的大小,采用专家打分的办法,得到气象条件(C)的评价向量为

气象条件好时,得$(0,0.1,0.2,0.3,0.4)$。

气象条件一般时,得$(0.1,0.2,0.4,0.2,0.1)$。

气象条件差时,得$(0.4,0.3,0.2,0.1,0)$。

⑦ u_{7j} 的确定。

避让行动的时机随船舶尺度(L)的增大而提前,即转向避让角度变化率临界值(C_{CR})变小。采用专家打分的办法,得到船舶尺度(L)的评价向量为

当 $L<50$ m 时,得$(0,0.1,0.2,0.3,0.4)$。

当 50 m$\leqslant L<100$ m 时,得$(0.1,0.2,0.3,0.3,0.1)$。

当 100 m$\leqslant L<250$ m 时,得$(0.1,0.3,0.3,0.2,0.1)$。

当 250 m$\leqslant L$ 时,得$(0.4,0.3,0.2,0.1,0)$。

(2) 评判因素的权重 X 的确定。

在确定转向避让角度变化率临界值(C_{CR})时,最关心的是相对方位、相对速度和船速比。重点考虑这几项主要因素,得评判因素的权重为

$$X=(0.2,0.4,0.15,0.1,0.05,0.05,0.05)$$

(3) 算例。

例1 设本船的速度和航向分别为 $V_0=16$ kn 和 $C_0=0°$,目标船的速度和航向分别为 $V_1=18$ kn 和 $C_1=240°$,目标船的方位 $B=32°$,距离 $D=8.0$ n mile,本船长度 $L=150$m,天气良好,水域开阔,船舶密度小。

可以计算出本船相对于目标船的速度 $V_{01}=29.5$ kn,相对方位 $Q=32°$,船速比 $k_V=1.125$,最近会遇距离 $D_{cpa}=0$,到达最近会遇距离处的时间 $T_{cpa}=16.3$ min。

于是,评判矩阵为

$$E = \begin{Bmatrix} 0.2 & 0.6 & 0.2 & 0 & 0 \\ 0 & 0.2 & 0.3 & 0.4 & 0.1 \\ 0 & 0.2 & 0.6 & 0.2 & 0 \\ 0 & 0.1 & 0.2 & 0.3 & 0.4 \\ 0.4 & 0.3 & 0.2 & 0.1 & 0 \\ 0 & 0.1 & 0.2 & 0.3 & 0.4 \\ 0.1 & 0.3 & 0.3 & 0.2 & 0.1 \end{Bmatrix}$$

评判因素的权重为

$X = (0.2, 0.4, 0.15, 0.1, 0.05, 0.05, 0.05)$

综合评判结果为

$$Y = X \circ E$$

采用"加法—乘法"运算规则,得 $Y = (0.065, 0.275, 0.305, 0.25, 0.105)$,取 $\text{Max}(y_j)$ 为最佳决策方案,第 3 种决策比较理想,即转向避让角度变化率临界值 $(C_{CR}) = 7.0(°/0.1 \text{ n mile})$。

例 2　设本船的速度和航向分别为 $V_0 = 13 \text{ kn}$ 和 $C_0 = 0°$,目标船的速度和航向分别为 $V_1 = 10 \text{ kn}$ 和 $C_1 = 220°$,目标船的方位 $B = 25°$,距离 $D = 8.0 \text{ n mile}$,本船长度 $L = 130 \text{ m}$,天气良好,可航水域狭窄复杂,船舶密度大。

于是,可以算出本船相对于目标船的速度 $V_{01} = 21.6 \text{ kn}$,相对方位 $Q = 25°$,船速比 $k_v = 0.769$。

评判因素的权重为

$X = (0.2, 0.4, 0.15, 0.1, 0.05, 0.05, 0.05)$

评判矩阵为:

$$E = \begin{Bmatrix} 0 & 0.2 & 0.6 & 0.2 & 0 \\ 0.1 & 0.4 & 0.3 & 0.2 & 0 \\ 0 & 0 & 0 & 0.2 & 0.8 \\ 0.4 & 0.3 & 0.2 & 0.1 & 0 \\ 0 & 0.1 & 0.2 & 0.3 & 0.4 \\ 0 & 0.1 & 0.2 & 0.3 & 0.4 \\ 0.1 & 0.2 & 0.3 & 0.3 & 0.1 \end{Bmatrix}$$

综合评判结果为

$$Y = X \circ E$$

采用"加法—乘法"运算规则,得 $Y = (0.080\ 5, 0.255, 0.295, 0.205, 0.165)$,于是,取 $\text{Max}(y_j)$ 为最佳决策方案,第 3 种决策比较理想,即转向避让角度变化率临界值 $(C_{CR}) = 7.0(°/0.1 \text{ n mile})$。

2. 变速避让速度变化率临界值(C_{SR})的确定

变速避让速度变化率临界值(C_{SR})的确定和转向避让角度变化率临界值一样,设 U 和 V 是两个有限的论域,即

$$U=\{u_1,\ u_2,\ u_3,\ u_4,\ u_5,\ u_6,\ u_7\}, V=\{v_1,\ v_2,\ v_3,\ v_4,\ v_5\}$$

其中,U 为评判因素集合,即影响变速避让速度变化率临界值的因素;V 为评判结果集合,即变速避让速度变化率临界值。

U 定义为:$u_1=$相对速度,$u_2=$相对方位,$u_3=$船速比(他船速度/本船速度),$u_4=$船舶密度,$u_5=$可航水域,$u_6=$气象条件,$u_7=$船舶尺度;

V 定义为:$v_1=0.5$,$v_2=0.6$,$v_3=0.7$,$v_4=0.8$,$v_5=0.9$,v_i 的单位都是"kn/0.1 n mile"。

对单因素 u_i 的评判结果用 V 上的一个模糊集表示,即

$$(u_{i1}/v_1,\ u_{i2}/v_2,\ u_{i3}/v_3,\ u_{i4}/v_4,\ u_{i5}/v_5)$$

$$0 \leqslant u_{ij} \leqslant 1,\ \sum_{j=1}^{5} u_{ij}=1\ (i=1,\ 2,\ \cdots,7; j=1,\ 2,\ \cdots,5)$$

这样,得到评判矩阵 $\boldsymbol{E}$,即

$$\boldsymbol{E}=\begin{Bmatrix} u_{11} & u_{12} & u_{13} & u_{14} & u_{15} \\ u_{21} & u_{22} & u_{23} & u_{24} & u_{25} \\ u_{31} & u_{32} & u_{33} & u_{34} & u_{35} \\ u_{41} & u_{42} & u_{43} & u_{44} & u_{45} \\ u_{51} & u_{52} & u_{53} & u_{54} & u_{55} \\ u_{71} & u_{72} & u_{73} & u_{74} & u_{75} \end{Bmatrix}$$

各评判因素的权重用 U 上的一个模糊向量 $\boldsymbol{X}$ 表示,即

$$\boldsymbol{X}=(x_1,x_2,x_3,x_4,x_5,x_6,x_7),\ \sum_{i=1}^{7} x_i=1,\ x_i \geqslant 0\quad (i=1,2,\cdots,7)$$

综合评判结果为

$$\boldsymbol{Y}=\boldsymbol{X} \circ \boldsymbol{E}$$

它是 V 上的模糊集,即

$$\boldsymbol{Y}=(y_1/v_1,y_2/v_2,y_3/v_3,y_4/v_4,y_5/v_5), y_j=\boldsymbol{V}_{i=1}^{7}(x_i \wedge u_{ij}), j=1,2,\cdots,5$$

式中,$\vee$ 和 $\wedge$ 是一对适当的"并型—交型"运算。综合考虑各评判因素对评判结果的影响,不用"最大—最小"运算,因为这种运算会丢失很多信息,而采用"加法—乘法"运算。最后,取 $\mathrm{Max}(y_j)$ 为最佳决策方案。

下面举例说明确定评判矩阵 $\boldsymbol{E}$ 和评判因素的权重 $\boldsymbol{X}$ 的方法。

(1) 评判矩阵 $\boldsymbol{E}$ 的确定。

① u_{1j} 的确定。

相对速度(V_{01})对行动时机的影响是，V_{01} 越大越应该提前行动，变速避让速度变化率临界值(C_{SR})越小。考察附录 3 中不同相对速度对避碰行动的影响和采用请众多专家打分的办法，得到相对速度的评价向量为

当 0 kn$\leqslant V_{01} <$ 5 kn 时，得$(0,0,0,0.1,0.9)$。

当 5 kn$\leqslant V_{01} <$ 15 kn 时，得$(0,0,0.1,0.8,0.1)$。

当 15 kn$\leqslant V_{01} <$ 25 kn 时，得$(0,0.2,0.6,0.2,0)$。

当 25 kn$\leqslant V_{01} <$ 35 kn 时，得$(0.2,0.6,0.2,0,0)$。

当 35 kn$\leqslant V_{01} <$ 45 kn 时，得$(0.1,0.8,0.1,0,0)$。

当 $V_{01} \geqslant$ 45 kn 时，得$(0.9,0.1,0,0,0)$。

② u_{2j} 的确定。

相对方位(Q)对行动时机的影响程度是，前面大于后面，右舷大于左舷，Q 的数值越接近 0°或 112.5°，越应该提前行动，这时的变速避让速度变化率临界值(C_{SR})就越小。考察附录 3 中不同方位对避碰行动的影响和采用请众多专家打分的办法，得到相对方位的评价向量为

当 $-10° \leqslant Q <$ 10°时，得$(0.5,0.4,0.1,0,0)$。

当 10°$\leqslant Q <$ 30°时，得$(0.1,0.4,0.3,0.2,0)$。

当 30°$\leqslant Q <$ 60°时，得$(0,0.2,0.3,0.4,0.1)$。

当 60°$\leqslant Q <$ 90°时，得$(0,0,0.1,0.4,0.5)$。

当 90°$\leqslant Q <$ 112°时，得$(0.5,0.4,0.1,0,0)$。

当 112°$\leqslant Q <$ 248°时，得$(0,0,0,0.1,0.9)$。

当 248°$\leqslant Q <$ 270°时，得$(0.1,0.4,0.4,0.1,0)$。

当 270°$\leqslant Q <$ 320°时，得$(0,0,0,0.2,0.8)$。

当 320°$\leqslant Q <$ 350°时，得$(0,0.1,0.4,0.4,0.1)$。

③ u_{3j} 的确定。

避让行动的时机随船速比($k_V = V_1/V_0$)的减小而延迟，即变速避让速度变化率临界值(C_{SR})变大。考察附录 3 中不同船速比对避碰行动的影响和采用专家打分的办法，得到船速比的评价向量为

当 $k_V <$ 0.8 时，得$(0,0.1,0.3,0.4,0.2)$。

当 0.8$\leqslant k_V <$ 1.2 时，得$(0.1,0.2,0.4,0.2,0.1)$。

当 $k_V \geqslant$ 1.2 时，得$(0.2,0.4,0.3,0.1,0)$。

④ u_{4j} 的确定。

避让行动的时机随船舶密度(ρ)的增大而延迟，即变速避让速度变化率临界值(C_{SR})变大。采用专家打分的办法，得到船舶密度的评价向量为

船舶密度小时,得(0,0.1,0.2,0.3,0.4)。

船舶密度一般时,得(0.1,0.2,0.4,0.2,0.1)。

船舶密度大时,得(0.4,0.3,0.2,0.1,0)。

⑤ u_{5j} 的确定。

避让行动的时机随航行水域情况(W)而变化,开阔水域时应提前采取避让行动,即变速避让速度变化率临界值(C_{SR})变小。采用专家打分的办法,得到船速比的评价向量为

开阔水域时,得(0.4,0.3,0.2,0.1,0)。

一般水域时,得(0,0.3,0.4,0.3,0)。

狭窄水域时,得(0,0.1,0.2,0.3,0.4)。

⑥ u_{6j} 的确定。

避让行动的时机随气象条件(C)的变坏而提前,即变速避让速度变化率临界值(C_{SR})变小。采用专家打分的办法,得到船速比的评价向量为

气象条件好时,得(0,0.1,0.2,0.3,0.4)。

气象条件一般时,得(0.1,0.2,0.4,0.2,0.1)。

气象条件差时,得(0.4,0.3,0.2,0.1,0)。

⑦ u_{7j} 的确定。

避让行动的时机随船舶尺度(L)的增大而提前,即变速避让速度变化率临界值(C_{SR})变小。采用专家打分的办法,得到船舶尺度的评价向量为

当 $L < 50$ m 时,得(0,0.1,0.2,0.3,0.4)。

当 50 m$\leqslant L < 100$ m 时,得(0.1,0.2,0.3,0.3,0.1)。

当 100 m$\leqslant L < 250$ m 时,得(0.1,0.3,0.3,0.2,0.1)。

当 250 m$\leqslant L$ 时,得(0.4,0.3,0.2,0.1,0)。

(2) 评判因素的权重 $\boldsymbol{X}$ 的确定。

在确定船舶变速避让速度变化率临界值(C_{SR})时,最关心的是相对速度、相对方位和船速比,然后依次是船舶密度、可航水域、气象条件和船舶尺度。评判因素的权重为

$$\boldsymbol{X} = (0.2, 0.4, 0.15, 0.1, 0.05, 0.05, 0.05)$$

(3) 算例。

设本船的速度和航向分别为 $V_0 = 16$ kn 和 $C_0 = 0°$,目标船的速度和航向分别为 $V_1 = 18$ kn 和 $C_1 = 240°$,目标船的方位 $B = 32°$,距离 $D = 8.0$ n mile,本船长度 $L = 150$m,天气良好,水域开阔,船舶密度小。

于是,可以计算出本船相对于目标船的速度和方位分别为 $V_{01} = 29.5$ kn,$Q = 32°$。

评判因素的权重为

$$\boldsymbol{X} = (0.2, 0.4, 0.15, 0.1, 0.05, 0.05, 0.05)$$

评判矩阵为

$$\boldsymbol{E} = \begin{Bmatrix} 0.2 & 0.6 & 0.2 & 0 & 0 \\ 0 & 0.2 & 0.3 & 0.4 & 0.1 \\ 0.1 & 0.2 & 0.4 & 0.2 & 0.1 \\ 0 & 0.1 & 0.2 & 0.3 & 0.4 \\ 0.4 & 0.3 & 0.2 & 0.1 & 0 \\ 0 & 0.1 & 0.2 & 0.3 & 0.4 \\ 0.1 & 0.3 & 0.3 & 0.2 & 0.1 \end{Bmatrix}$$

综合评判结果为

$$\boldsymbol{Y} = \boldsymbol{X} \circ \boldsymbol{E}$$

采用"加法－乘法"运算规则,得 $Y = (0.08,\ 0.275,\ 0.275,\ 0.25,\ 0.12)$,取 $\mathrm{Max}(y_j)$ 为最佳决策方案,第 2 种或第 3 种决策比较理想,变速避让速度变化率临界值 $(C_{SR}) = 0.6$ 或 $0.7(\mathrm{kn}/0.1\ \mathrm{n\ mile})$。

3. D_s 和 $D_{\text{cpa-attend}}$ 的确定

最小安全会遇距离 (D_s) 和注意会遇距离 $(D_{\text{cpa-attend}})$ 都是模糊的概念,影响它们的因素主要有船舶密度、气象条件、可航水域和船舶性能。航海上确定最小安全会遇距离 D_s 的通常做法是船舶拥挤水域一般取 $0.3 < D_s < 0.5\ \mathrm{n\ mile}$,大洋航行取 $1 < D_s < 2\ \mathrm{n\ mile}$,恶劣天气或能见度不良取 $2\ \mathrm{n\ mile}$ 以上[1],船舶性能良好可适当减小,船舶性能差或装载危险货物等则适当地加大。

设 U 和 V 是两个有限的论域,即

$$U = \{u_1,\ u_2,\ u_3,\ u_4\}, V = \{v_1,\ v_2,\ v_3, v_4\}$$

其中,U 为评判因素集合,即影响最小安全会遇距离的因素;V 为评判结果集合,即最小安全会遇距离的可能取值。

U 定义为:$u_1 =$ 船舶密度,$u_2 =$ 气象条件,$u_3 =$ 可航水域,$u_4 =$ 船舶性能;

V 定义为:$v_1 = 0.5$,$v_2 = 1.0$,$v_3 = 1.5$,$v_4 = 2.0$,v_i 的单位都是"n mile"。

对于单一因素 u_i 的评判结果用 V 上的一个模糊集表示,即

$$(u_{i_1}/v_1,\ u_{i_2}/v_2,\ u_{i_3}/v_3, u_{i_4}/v_4)$$

$$0 \leqslant u_{ij} \leqslant 1, \sum_{j=1}^{4} u_{ij} = 1\ (i = 1, 2, 3, 4; j = 1, 2, 3, 4)$$

这样,得到评判矩阵 $\boldsymbol{E}$,即

$$E = \left\{ \begin{array}{cccc} u_{11} & u_{12} & u_{13} & u_{14} \\ u_{21} & u_{22} & u_{23} & u_{24} \\ u_{31} & u_{32} & u_{33} & u_{34} \\ u_{41} & u_{42} & u_{43} & u_{44} \end{array} \right\}$$

各评判因素的权重用 U 上的一个模糊向量表示,即

$$\boldsymbol{X} = (x_1, x_2, x_3, x_4), \sum_{i=1}^{4} x_i = 1, \ x_i \geqslant 0 \quad (i = 1, 2, 3, 4)$$

综合评判结果为

$$\boldsymbol{Y} = \boldsymbol{X} \circ \boldsymbol{E}$$

它是 V 上的模糊集,即

$$\boldsymbol{Y} = (y_1/v_1, y_2/v_2, y_3/v_3, y_4/v_4), y_j = V_{i=1}^{4}(x_i \wedge u_{ij}), j = 1, 2, 3, 4$$

式中,$\vee$ 和 $\wedge$ 是一对适当的"并型"运算和"交型"运算。综合考虑各评判因素对评判结果的影响,又不丢失有用信息,本书不用"最大—最小"运算,而采用"加法—乘法"运算规则。最后,取 $\mathrm{Max}(y_j)$ 为最佳决策方案。

下面举例说明确定评判矩阵 E 和评判因素的权重 X 的方法。

(1) 评判矩阵 E 的确定。

① u_{1j} 的确定。

随船舶密度(ρ)增大时,最小安全会遇距离(D_s)减小。采用统计分析的方法,得到船舶密度的评价向量为

船舶密度小时,得(0.0, 0.1, 0.4, 0.5)。

船舶密度一般时,得(0.2, 0.3, 0.3, 0.2)。

船舶密度大时,得(0.5, 0.4, 0.1, 0.0)。

② u_{2j} 的确定。

最小安全会遇距离(D_s)随气象条件(C)的变坏而增大,气象条件包括风浪情况和能见度大小。采用统计分析的方法,得到气象条件的评价向量为

气象条件好时,得(0.5, 0.4, 0.1, 0.0)。

气象条件一般时,得(0.2, 0.3, 0.3, 0.2)。

气象条件差时,得(0.0, 0.1, 0.4, 0.5)。

③ u_{3j} 的确定。

最小安全会遇距离(D_s)随可航水域的状况(W)而变化,狭窄水域时,D_s 取小。采用统计分析的方法,得到可航水域的评价向量为

开阔水域时,得(0.1, 0.2, 0.3, 0.4)。

一般水域时,得(0.2, 0.3, 0.3, 0.2)。

狭窄水域时,得(0.4, 0.3, 0.2, 0.1)。

④ u_{4j} 的确定。

确定最小安全会遇距离时要考虑船舶的性能,包括操纵性能、船速比、货物装载、船舶尺度和吨位,以及船舶驾驶员的操船水平,船舶性能好可选取小一点的 D_s,其评价向量为

船舶性能好,得 $(0.4, 0.3, 0.2, 0.1)$。

船舶性能一般,得 $(0.2, 0.3, 0.3, 0.2)$。

船舶性能差,得　$(0.1, 0.2, 0.3, 0.4)$。

(2) 评判因素的权重 $\boldsymbol{X}$ 的确定。

在确定最小安全会遇距离 (D_s) 时,最关心的是船舶密度和气象条件,然后是可航水域和船舶性能。评判因素的权重为

$$\boldsymbol{X} = (0.4, 0.4, 0.1, 0.1)$$

(3) 算例。

设本船的船舶性能一般,天气良好,水域开阔,船舶密度小。

评判因素的权重为

$$\boldsymbol{X} = (0.4, 0.4, 0.1, 0.1)$$

评判矩阵为

$$\boldsymbol{E} = \begin{Bmatrix} 0.0 & 0.1 & 0.4 & 0.5 \\ 0.5 & 0.4 & 0.1 & 0.0 \\ 0.1 & 0.2 & 0.3 & 0.4 \\ 0.2 & 0.3 & 0.3 & 0.2 \end{Bmatrix}$$

综合评判结果 Y 为

$$Y = \boldsymbol{X} \circ \boldsymbol{E}$$

采用"加法-乘法"运算规则,得 $Y = (0.23, 0.25, 0.26, 0.26)$,取 $\mathrm{Max}(y_j)$ 为最佳决策方案,第 3 种和第 4 种决策比较理想,最小安全会遇距离 $D_s = 1.5 \text{ n mile} < D_s < 2.0 \text{ n mile}$。

确定注意会遇距离 $(D_{\text{cpa-attend}})$ 与确定最小安全会遇距离 (D_s) 的程序相同,其评判矩阵 $\boldsymbol{E}$ 和评判因素的权重 $\boldsymbol{X}$ 与前面都一样,只是评判结果集合 (V) 稍有不同,这里,取评判结果为 $v_1 = 2.5, v_2 = 3.0, v_3 = 3.5, v_4 = 4.0, v_i (i = 1, 2, 3, 4)$ 的单位都是 "n mile"。于是,对应于本算例的条件,注意会遇距离 $3.5 \text{ n mile} < D_{\text{cpa-attend}} < 4.0 \text{ n mile}$。

3.5　运用模糊神经网络方法确定模糊系数

1. 影响模糊系数的因素

船舶转向避让角度变化率临界系数 (C_{CR}) 和船舶变速避让速度变化率临界系

数(C_{SR})统称为船舶避让行动临界系数,它们的选取与避碰时机有直接的关系,影响这两个临界值的因素如下:

(1) 相对速度。

(2) 相对方位。

(3) 船速比(他船速度/本船速度)。

(4) 船舶密度。

(5) 可航水域状况。

(6) 水文气象条件,主要是能见度和风浪情况。

(7) 船舶尺度。

影响最小安全会遇距离(D_s)和注意会遇距离($D_{cpa\text{-}attend}$)的因素主要有两个,其一是水文气象条件,其二是船舶密度。其他附加影响因素为可航水域状况和船舶性能(包括操纵性能、船速比、船舶尺度和吨位,以及货物装载情况,不同的纵倾或横倾会影响船舶性能)。

由于影响这些系数的因素各不相同[77-81],本节通过建立不同的模糊神经网络来分别确定它们的大小。

2. 模糊神经网络方法确定模糊系数的大小

1) 船舶避让行动临界系数的确定

首先建立一个两层的模糊-神经网络,如图 3-14 所示。其中,输入层共有 7 个节点,$A=(a_1, a_2, a_3, a_4, a_5, a_6, a_7)$,分别表示影响船舶避让行动临界系数的因素:$a_1$=相对速度,$a_2$=相对方位,$a_3$=船速比,$a_4$=船舶密度,$a_5$=可航水域状况,$a_6$=水文气象条件,$a_7$=船舶尺度;输出层有 2 个节点,$B=(b_1, b_2)$,$b_1$表示转向避让角度变化率临界值($C_{CR}$),$b_2$表示变速避让速度变化率临界值($C_{SR}$)。输入和输出之间通过模糊神经网络系数矩阵 W 联系起来。

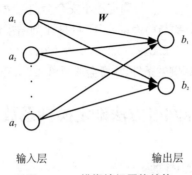

图 3-14 模糊神经网络结构

设模糊方程为

$$B = A \circ W \tag{3-17}$$

式中,A 和 B 分别表示输入和输出,W 是系数矩阵,考虑到输入对输出实际作用的结果,以及各项输入对输出的影响,不用"取大—取小"算子,而采用"$\circ = (+, \times)$,",即"相加—相乘"算子。

输入数据和输出数据的取值范围都在[0,1],因此,首先需要对输入数据进行模糊化处理,然后对输出数据进行解模糊操作。也就是说,首先确定各个影响因素的隶属函数,然后确定输出数据对应的"避让行为临界系数"。其流程图如图 3-15 所示。

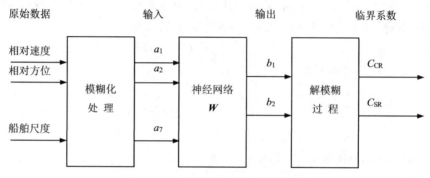

图 3-15　避碰行动临界系数流程图

这样,问题的求解就变成下面三部分内容:原始数据的模糊化处理、模糊神经网络系数矩阵(W)的求解、解模糊化过程,而中心内容是求解模糊神经网络的系数矩阵 W。

（1）原始数据的模糊化处理。

①　相对速度的模糊化。

相对速度(V_{01})的模糊化按简单的线性函数处理,V_{01} 越大,越需要提前转向避让,也就是说,隶属函数 a_1 的取值就越小。目前大多数船舶的海上航行速度都在十几节到二十节之间,当 $V_{01} \geqslant 40$ kn 时,隶属函数取值最小,$a_1 = 0$;当 $V_{01} \leqslant 0$ 时,隶属函数取值最大,$a_1 = 1.0$,即

$$a_1 = \begin{cases} 0, & V_{01} \geqslant 40 \text{ kn} \\ 1 - V_{01}/40, & 0 \leqslant V_{01} < 40 \text{ kn} \\ 1, & V_{01} < 0 \end{cases} \tag{3-18}$$

相对速度隶属函数曲线,如图 3-16 所示。

②　相对方位模糊化。

相对方位(Q)对避让行动系数的影响最大,也比较复杂。考虑对于船首附近

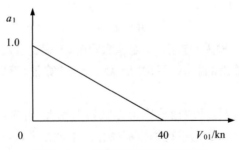

图 3-16　相对速度隶属函数曲线

和 112.5°方位的目标船应提前采取避让行动,以及对互见条件下的左舷目标船应该保向、保速,用下面的隶属函数 a_2 模糊化相对方位,即

$$a_2 = \begin{cases} 1, & Q < -112.5°, Q \geqslant 112.5° \\ 0.8(112.5-Q)/22.5, & 90° \leqslant Q < 112.5° \\ 0.8(Q-6)/84, & 6° \leqslant Q < 90° \\ 0, & -6° \leqslant Q < 6° \\ 0.8+0.2(Q+6)/106.5, & -112.5° \leqslant Q < -6° \end{cases} \quad (3-19)$$

相对方位隶属函数曲线,如图 3-17 所示。

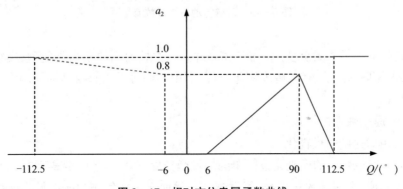

图 3-17　相对方位隶属函数曲线

③ 船速比模糊化。

船速比的模糊化也按线性函数处理,$k_v = V_1/V_0 < 0.5$ 时,$a_3 = 1$,$k_v \geqslant 2.0$ 时,$a_3 = 0$,即

$$a_3 = \begin{cases} 1, & k_v < 0.5 \\ (2-k_v)/1.5, & 0.5 \leqslant k_v < 2 \\ 0, & k_v \geqslant 2 \end{cases} \quad (3-20)$$

船速比隶属函数曲线,如图 3-18 所示。

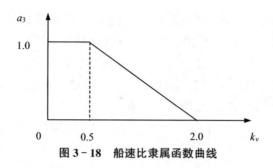

图 3 - 18　船速比隶属函数曲线

④　船舶密度模糊化。

船舶密度(ρ)用以本船为中心的一定范围内的船只数量表示,考虑到避碰行动的距离和收集处理情报需要一定的时限,取 5 n mile 作为考察船舶密度大小的范围界限。船舶密度模糊化按线性函数处理,$\rho \geqslant 10$ 时,$a_4 = 1$,$\rho < 1$ 时,$a_4 = 0$,即

$$a_4 = \begin{cases} 1, & e \geqslant 10 \\ e/10 & 1 \leqslant \rho < 10 \\ 0 & \rho = 0 \end{cases} \quad (3-21)$$

船舶密度隶属函数曲线,如图 3 - 19 所示。

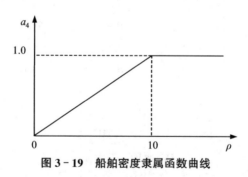

图 3 - 19　船舶密度隶属函数曲线

⑤　可航水域模糊化。

水域狭窄时,采取的避碰行动推迟,隶属函数取 $a_5 = 1$。

水域开阔时,体现尽早避让的原则,隶属函数取 $a_5 = 0$。

一般情况下,取 $a_5 = 0.5$。

⑥　水文气象条件模糊化。

水文气象条件包括风浪的大小和能见度的情况,其模糊化的原则如下:

水文气象条件好,避碰行动推迟,隶属函数取 $a_6 = 1$。

水文气象条件差,应该提前采取行动,隶属函数取 $a_6 = 0$。

水文气象条件一般时,取 $a_6 = 0.5$。

⑦　船舶尺度模糊化。

船舶尺度的影响,主要考虑本船的长度(L),长度大于 200 m 的船舶,应该提前采取避让行动,取 $a_7=0$。模糊化处理的隶属函数为

$$a_7 = \begin{cases} 0 & L \geqslant 200 \text{ m} \\ 1 - L/200, & 0 < L < 200 \text{ m} \end{cases} \quad (3-22)$$

船舶尺度隶属函数曲线,如图 3-20 所示。

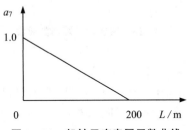

图 3-20　船舶尺度隶属函数曲线

(2) 模糊神经网络系数矩阵(W)的求解。

模糊关系方程 $B = A \circ W$,给定一组训练样本 $[(a_i, b_i), i = 1, 2, \cdots, p]$,其中,$a_i = (a_{i1}, a_{i2}, \cdots, a_{i7})$,$b_i = (b_{i1}, b_{i2})$,于是有

$$A = \begin{cases} a_{11} & a_{12} & a_{13} & a_{14} & a_{15} & a_{16} & a_{17} \\ a_{21} & a_{22} & a_{23} & a_{24} & a_{25} & a_{26} & a_{27} \\ \cdots & \cdots & \cdots & \cdots & \cdots & \cdots & \cdots \\ a_{p1} & a_{p2} & a_{p3} & a_{p4} & a_{p5} & a_{p6} & a_{p7} \end{cases}$$

$$W = \begin{cases} W_{11} & W_{12} \\ W_{21} & W_{22} \\ W_{31} & W_{32} \\ W_{41} & W_{42} \\ W_{51} & W_{52} \\ W_{61} & W_{62} \\ W_{71} & W_{72} \end{cases}$$

$$B = \begin{cases} b_{11} & b_{12} \\ b_{21} & b_{22} \\ \cdots & \cdots \\ b_{p1} & b_{p2} \end{cases}$$

$$b_{i1} = \sum_{j=1}^{7} a_{ij} \times w_{j1} \quad (3-23)$$

$$b_{i2} = \sum_{j=1}^{7} a_{ij} \times w_{j2} \quad (3-24)$$

实际上,在这个问题中,对于同一组输入 a_i ,输出 $b_{i1}=b_{i2}$,也就是说, $w_{i1}=w_{i2}$ 。能求出一列系数就可以了,为此,应用 BP 算法解模糊关系方程系数矩阵 $\boldsymbol{W}$ 。

定义指标函数为

$$E_{\mathrm{P}}=\frac{1}{2}(b-B)^2 \tag{3-25}$$

其中, b 表示实际输出, B 表示理想输出。

于是,有

$$
\begin{aligned}
w_{jk}(t+1) &= w_{jk}(t)-\eta\frac{\partial E_{\mathrm{P}}}{\partial w_{jk}}\\
&= w_{jk}(t)-\eta(b-B)\frac{\partial y}{\partial w_{jk}}\\
&= w_{jk}(t)-\eta(y-b)a_{jk}\\
&\quad (j=1,2,\cdots,7;k=1,2)
\end{aligned} \tag{3-26}
$$

(3) 解模糊化过程。

给定一组实际输入,通过系数矩阵 $\boldsymbol{W}$ 的作用,得到实际输出 b_1 和 b_2 ,分别是转向避让角度变化率临界值(C_{CR})和变速避让速度变化率临界值(C_{SR})的隶属函数,解模糊化过程用下面的线性函数表示

$$C_{\mathrm{CR}}=4\times b_1+5 \tag{3-27}$$

$$C_{\mathrm{SR}}=0.4\times b_2+0.5 \tag{3-28}$$

它们的曲线分别如图 3-21 和图 3-22 所示。

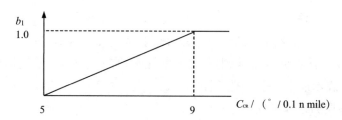

图 3-21　C_{CR} 隶属函数曲线

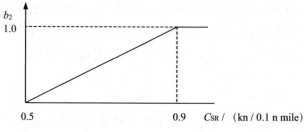

图 3-22　C_{SR} 隶属函数曲线

2) 最小安全会遇距离(D_s)和注意会遇距离($D_{cpa\text{-}attend}$)的确定

首先建立一个 4 层模糊神经网络(fuzzy neural network，FNN)[74-76]，如图 3-23 所示。

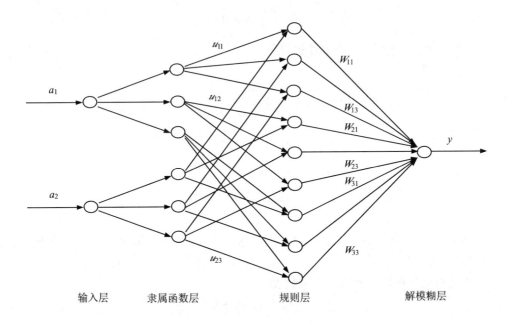

图 3-23　模糊神经网络结构

图 3-23 中，输入层有 2 个节点，$A=(a_1,\ a_2)$，表示影响最小安全会遇距离的主要因素，a_1 表示水文气象条件，a_2 表示船舶密度，a_1 和 a_2 各定义 3 个模糊集合，隶属函数层有 6 个节点；规则层有 9 条规则，有 9 个节点；解模糊层有 1 个节点，$B=(b)$，表示最小安全会遇距离(D_s)。

FNN 各层的处理过程：

(1) 输入层。

① 水文气象条件模糊化。

水文气象条件包括风浪的大小和能见度的情况，其模糊化的原则如下：

水文气象条件好时，最小安全会遇距离取小，模糊化结果 $a_1=0.1$。

水文气象条件差时，最小安全会遇距离取大，模糊化结果 $a_1=0.9$。

水文气象条件一般时，取 $a_1=0.5$。

② 船舶密度模糊化。

船舶密度(ρ)用以本船为中心一定范围内的船只数量表示，考虑到避碰行动的距离和收集处理情报需要一定的时限，取 5 n mile 作为考察船舶密度大小的范围界限。船舶密度越大,最小安全会遇距离越小,船舶密度模糊化按线性函数处理,当 $\rho \geqslant 10$ 时,$a_2=1$,当 $\rho \leqslant 1$ 时,$a_2=0.1$,即

$$a_2=\begin{cases}1, & \rho \geqslant 10 \\ \rho/10, & 1<\rho<10 \\ 0.1, & \rho=0\end{cases} \quad\quad (3-29)$$

例如,5 n mile 范围内有 8 条船,取 $a_2=0.8$。

（2）隶属函数层。

a_1 和 a_2 各定义 3 个模糊集合,分别为 $F_1=\{好,中,差\}$ 和 $F_2=\{大,中,小\}$。$a_1 \in F_1$ 和 $a_2 \in F_2$ 的隶属函数分别为

$$u_{i1}=\begin{cases}1, & a_i \leqslant 0.1 \\ \mathrm{e}^{-g_{i1}(a_i-m_{i1})^2}, & 0.1<a_i \leqslant 1\end{cases}$$

$$u_{i2}=\mathrm{e}^{-g_{i2}(a_i-m_{i2})^2}, 0 \leqslant a_i \leqslant 1$$

$$u_{i3}=\begin{cases}1, & a_i>0.9 \\ \mathrm{e}^{-g_{i3}(a_i-m_{i3})^2}, & 0<a_i \leqslant 0.9\end{cases} \quad\quad (3-30)$$

$$(i=1,2)$$

$i=1,2$ 和 $j=1,2,3$,取初始值 $g_{ij}=21$,$m_{i1}=0.1$,$m_{i2}=0.5$,$m_{i3}=0.9$,得输入变量隶属函数曲线 u_{ij},即

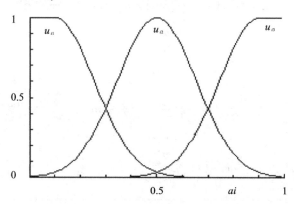

图 3－24　输入变量隶属函数曲线

（3）规则层。

规则层共有 9 个节点,输入为 u_{1j} 和 u_{2k},输出为

$$v_{jk}=u_{1j} \times u_{2k}$$
$$(j=1,2,3;k=1,2,3) \quad\quad (3-31)$$

（4）解模糊层。

解模糊层的输出就是最小安全会遇距离。

$$y = \sum_{j=1}^{3} \sum_{k=1}^{3} w_{jk} \times v_{jk} \qquad (3-32)$$

其中,w_{jk} 是网络系数。

(5) 模糊神经网络(FNN)系数矩阵($\mathbf{W}$)的求解。

定义指标函数为

$$E_P = \frac{1}{2}(y-b)^2 \qquad (3-33)$$

其中,y 表示网络实际输出,b 表示理想输出。

于是,学习过程对 m_{ij}、g_{ij} 和 w_{jk} 的调整量用下述公式表示

$$
\begin{aligned}
w_{jk}(t+1) &= w_{jk}(t) - \eta \frac{\partial E_P}{\partial w_{jk}} \\
&= w_{jk}(t) - \eta(y-b) \frac{\partial y}{\partial w_{jk}} \\
&= w_{jk}(t) - \eta(y-b) v_{jk} \\
&\quad (j=1,2,3; k=1,2,3)
\end{aligned}
\qquad (3-34)
$$

$$
\begin{aligned}
g_{1j}(t+1) &= g_{1j}(t) - \eta \frac{\partial E_P}{\partial g_{1j}} \\
&= g_{1j}(t) + \eta(y-b)(a_1-m_{1j})^2 \sum_{k=1}^{3} w_{jk} v_{jk} \\
&\quad (j=1,2,3)
\end{aligned}
\qquad (3-35)
$$

$$
\begin{aligned}
g_{2k}(t+1) &= g_{2k}(t) - \eta \frac{\partial E_P}{\partial g_{2k}} \\
&= g_{2k}(t) + \eta(y-b)(a_2-m_{2k})^2 \sum_{j=1}^{3} w_{jk} v_{jk} \\
&\quad (k=1,2,3)
\end{aligned}
\qquad (3-36)
$$

$$
\begin{aligned}
m_{1j}(t+1) &= m_{1j}(t) - \eta \frac{\partial E_P}{\partial m_{1j}} \\
&= m_{1j}(t) - 2\eta(y-b)g_{1j}(a_1-m_{1j}) \sum_{k=1}^{3} w_{jk} v_{jk} \\
&\quad (j=1,2,3)
\end{aligned}
\qquad (3-37)
$$

$$
\begin{aligned}
m_{2k}(t+1) &= m_{2k}(t) - \eta \frac{\partial E_P}{\partial m_{2k}} \\
&= m_{2k}(t) - 2\eta(y-b)g_{2k}(a_2-m_{2k}) \sum_{j=1}^{3} w_{jk} v_{jk} \\
&\quad (k=1,2,3)
\end{aligned}
\qquad (3-38)
$$

其中,η 是 0~1 的一个小量,取 $\eta=0.1$。

在开阔水域中,对于一般操纵性能的船舶,确定其最小安全会遇距离(D_s)与水文气象条件和船舶密度的关系见表 3 - 1。

表 3 - 1　D_s(n mile)与水文气象条件和船舶密度的关系

水文气象条件	船舶密度		
	大	中	小
好	0.5	0.7	1.0
中	0.7	1.0	1.4
差	1.0	1.4	2.0

表 3 - 1 中的数据,其实就是一组典型的训练样本。经过输入数据模糊化处理后,结果见表 3 - 2。

表 3 - 2　D_s 与 a_1 和 a_2 的关系

D_s		a_2		
		0.9	0.5	0.1
a_1	0.1	0.5	0.7	1.0
	0.5	0.7	1.0	1.4
	0.9	1.0	1.4	2.0

经过迭代学习,得 FNN 网络系数 $W(j,k)$ 和输出结果 y,即

	a_1	a_2	b	y
$w(1\ 1)=0.929\ 762\ 5$	0.1	0.9	0.5	0.499 993 546 232 953
$w(1\ 2)=0.646\ 002\ 4$	0.1	0.5	0.7	0.700 003 153 594 172
$w(1\ 3)=0.484\ 707\ 1$	0.1	0.1	1	1.000 001 170 638 3
$w(2\ 1)=1.210\ 232$	0.5	0.9	0.7	0.700 009 193 728 709
$w(2\ 2)=0.866\ 110\ 5$	0.5	0.5	1	1.000 001 395 540 74
$w(2\ 3)=0.631\ 717$	0.5	0.1	1.4	1.400 001 240 831 5
$w(3\ 1)=1.778\ 28$	0.9	0.9	1	0.999 996 486 725 851
$w(3\ 2)=1.233\ 855$	0.9	0.5	1.4	1.399 999 718 576 12
$w(3\ 3)=0.927\ 016\ 2$	0.9	0.1	2	2.000 000 174 713 88

其中,$EP=7.7\mathrm{e}^{-11}$。

(6) 最小安全会遇距离(D_s)和注意会遇距离($D_{\text{cpa-attend}}$)的确定。

另外两项附加因素对最小安全会遇距离的影响可以利用乘权系数(v_1 和 v_2)的办法得到,见表 3 - 3。

表 3 - 3　可航水域和船舶性能对 D_s 的影响

可航水域的权系数(v_1)		船舶性能的权系数(v_2)	
开阔	1.0	好	0.8
一般	4/5	中	1.0
狭窄	3/5	差	1.2

　　船舶性能包括操纵性能、船速比($k_V = V_1/V_0$)、货物装载情况、船舶尺度和吨位。例如,有横倾时船舶性能要差;船舶尺度和吨位大,其性能也差;船速比大,说明本船的避让性能不如目标船的避让性能好。确定船舶性能系数时,需要综合考虑上面这些要素。

　　例　天气良好,船舶密度较大,船速比为 0.67。这时,$a_1 = 0$,$a_2 = 0.8$,$v_1 = 3/5$,$v_2 = 0.9$,于是,D_s 的计算为

$y = 0.52$

$D_s = v_1 \times v_2 \times y = 0.28$ n mile

　　注意会遇距离($D_{cpa\text{-}attend}$)与最小安全会遇距离(D_s)有直接的关系,通过专家咨询和船舶驾驶员海上良好船艺的操纵经验,可从式(3-39)中对应得出

$$D_{cpa\text{-}attend} = D_s + 2.0 \tag{3-39}$$

于是,得到注意会遇距离为

$D_{cpa\text{-}attend} = 2.28$ n mile

3. 模糊神经网络方法与模糊决策方法确定模糊系数的比较

　　利用模糊神经网络方法求最小安全会遇距离和注意会遇距离时简单明了。其根本原因在于有合适的学习样本,并且网络结构简单,输入节点少。相反,利用这种方法确定船舶避让行动临界系数时,由于输入节点多,又不太容易找到学习样本,人们往往会感到有些力不从心。利用模糊决策方法求船舶避让行动临界系数时,就不存在这个问题。于是,两种方法同时应用,可以共同完成船舶避碰模型中模糊系数的求取。

3.6　船舶驾驶员相关系数的确定

　　λ 是语气因子,反映船舶驾驶员对同样碰撞危险的承受能力。对于新上岗的船舶驾驶员来说,λ 可以适当地取大一点,如 $\lambda = 1.2$。对于有经验的船舶驾驶员来说,可取 $\lambda = 0.8$。一般情况下,λ 取系统默认值 1。

　　α_0 是模糊系数,反映船舶驾驶员对"右舷对右舷通过"或者"过他船的船首"的认同程度。一般取值范围为 1/3～2/3。系统默认值为 0.6。

λ 和 α_0 都属于主观系数,直接反映船舶驾驶员操船避让的经验和信心,这两个系数可以在船舶驾驶员的避碰实践中不断地学习和完善。λ 语气因子的取值不限于 0.8 和 1.2,例如,随着船舶驾驶员避碰经验的丰富,采取避让行动的距离会逐渐减小,适当减小 λ 这个语气因子就可以满足船舶驾驶员水平逐步提高的要求。

3.7　模型的应用

接下来通过 4 个例子,来说明船舶碰撞危险度曲线随着不同的系数和最近会遇距离 D_{cpa} 的变化情况,改变目标船的方位就可以得到不同的最近会遇距离。

例 1　设本船的长度为 $L=130$ m,速度和航向分别为 $V_0=16$ kn 和 $C_0=0°$,目标船(T_1)的速度和航向分别为 $V_1=18$ kn 和 $C_1=240°$,目标船的方位 $B=32°$,距离 $D=8.0$ n mile。可以算出:本船相对于目标船的速度 $V_{01}=29.5$ kn,相对航向 $C_{01}=31.9°$,最近会遇距离 $D_{cpa}=0$,到达最近会遇距离处的时间 $T_{cpa}=16.3$ min。

由于 $D_{cpa}=0<2L$,这种会遇局面为“碰撞会遇”局面。取转向避让角度变化率临界值 $C_{CR}=6.0$(°/0.1 n mile),最小安全会遇距离 $D_s=1.0$ n mile,注意会遇距离 $D_{cpa\text{-}attend}=3.0$ n mile,系数 $\lambda=1.0$,$\alpha_0=0.6$,$k_1=4.0$,$k_2=2.0$ min,碰撞危险度曲线如图 3-25 所示。

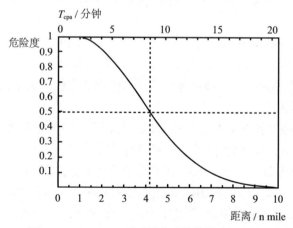

图 3-25　$D_{cpa}=0$ 时碰撞危险度曲线($\lambda=1.0$)

这时的注意距离 $D_{attend}=10.3$ n mile,行动距离 $D_{act}=4.3$ n mile,紧迫局面距离 $D_{close}=1.4$ n mile,碰撞距离 $D_{collid}=0.78$ n mile,避让行动模式为向右转向。

图 3-25 中也能看到“碰撞会遇”的 4 个阶段:

(1) 10.3 n mile 以前为安全航行阶段。

（2）10.3～4.3 n mile 为注意目标船动向阶段。

（3）由于 $D_s=1.0$ n mile,4.3～1.4 n mile 为采取行动阶段和紧迫局面形成阶段;1.4～0.78 n mile 为紧迫危险形成阶段。

（4）0.78 n mile 以后为船舶碰撞阶段。

取 $\lambda=0.8$,此时船舶驾驶员的避碰经验比较丰富,对碰撞危险的心理承受能力较强,$D_{cpa}=0$,碰撞危险度曲线如图 3-26 所示,这时的 $D_{attend}=10.3$ n mile,开始避让行动距离降到 $D_{act}=3.9$ n mile,形成紧迫局面距离 $D_{close}=1.4$ n mile。

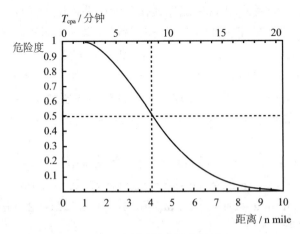

图 3-26　$D_{cpa}=0$ 时碰撞危险度曲线（$\lambda=0.8$）

对于船舶驾驶员来说,最有意义的是采取避让行动的阶段,他们最关心的问题即 D_{act}、D_{close} 和 D_{collid}。这一点《避碰规则》中没有明确给出,只是强调"尽早"和"大幅度"行动。本书通过船舶碰撞危险度的计算给出了它们的大小,也是求船舶碰撞危险度的意义所在。

例 2　前提条件和例 1 中的一样,只是目标船（T_2）的方位改变为 $B=28°$,这时,$D_{cpa}=+0.6$ n mile,取转向避让角度变化率临界值 $C_{CR}=6.0(°/0.1$ n mile),最小安全会遇距离 $D_s=1.0$ n mile,注意会遇距离 $D_{cpa\text{-}attend}=3.0$ n mile,系数 $\alpha_0=0.6,k_1=4.0,k_2=2.0$ min,船舶碰撞危险度曲线如图 3-27 所示。

由于 D_{cpa} 大于 2 倍的船长,并且小于 D_s,称这种会遇局面为需要采取避让行动的具有一定碰撞危险的会遇,其最大的特点是碰撞危险度小于 1,让路船的避让时机可以相对晚一些。

图 3-27(a)表示的是,船舶驾驶员的水平一般,$\lambda=1.0$ 的情况。图中可以看到,船舶碰撞危险度的最大值不是 1,说明虽然有碰撞危险的存在,但是,构成两船碰撞的事实条件还不充分。由于 $D_{cpa}>0(D_{cpa}=0.6$ n mile $>2L,L$ 为船舶长度),使得需要向右转向的最佳避碰行动距离减小到 $D_{act}=2.9$ n mile,船舶进入紧

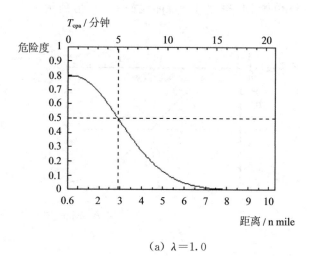

（a）λ＝1.0

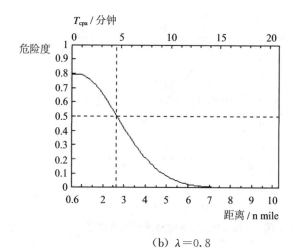

（b）λ＝0.8

图 3－27　$D_{cpa}＞0$ 时碰撞危险度曲线

迫局面的距离 $D_{close}＝1.01$ n mile。为了使船舶在 $D_s＝1.0$ n mile 处通过,两船距离在 2.9～1.01 n mile 是采取避让行动的时机。

取 λ＝0.8,船舶驾驶员对碰撞危险的心理承受能力较强,碰撞危险度曲线如图 3－27（b）所示。这时,$D_{attend}＝10.3$ n mile,最佳避让行动距离降到 $D_{act}＝2.7$ n mile,紧迫局面距离 $D_{close}＝1.01$ n mile。

例 3　前提条件和例 1 中的一样,只是目标船（T_3）方位改变为 $B＝35°$。这时,本船相对于目标船的速度 $V_{01}＝29.5$ kn,相对航向 $C_{01}＝31.9°$,最近会遇距离 $D_{cpa}＝-0.4$ n mile,到达最近会遇距离处的时间 $T_{cpa}＝16.3$ min。由于 $D_{cpa}＜0$,

属于提前采取避碰行动的情况,碰撞危险度曲线如图 3-28 所示。

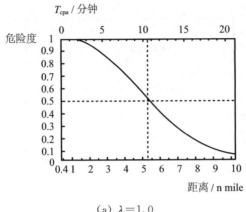

(a) $\lambda = 1.0$

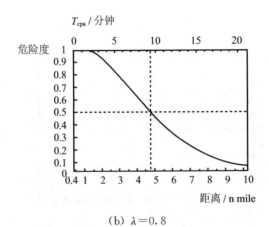

(b) $\lambda = 0.8$

图 3-28　$D_{cpa} < 0$ 时碰撞危险度曲线

　　取转向避让角度变化率临界值 $C_{CR} = 6.0(°/0.1 \text{ n mile})$,最小安全会遇距离 $D_s = 1.0 \text{ n mile}$,注意会遇距离 $D_{cpa\text{-}attend} = 3.0 \text{ n mile}$,$\lambda = 1.0$,$k_1 = 4.0$,$k_2 = 2.0 \text{ min}$,得到 $D_{act} = 5.4 \text{ n mile}$,避让行动模式为向右转向,碰撞危险度曲线如图 3-28(a)所示。

　　本例和例 1 相比较,碰撞危险度曲线右移,开始采取避让行动的距离(D_{act})变大,也就是说,采取避让行动的时间提前,这完全是由于 $D_{cpa} < 0$,而本船又必须采取向右转向避让的结果。说明在同等条件下,向右转向避让的碰撞危险度增加了,为了使船舶在 $D_s = 1.0 \text{ n mile}$ 处通过,开始采取避让行动的距离增加到 $D_{act} = 5.4 \text{ n mile}$,$D_{close} = 1.9 \text{ n mile}$。

取 $\lambda=0.8$，船舶驾驶员对碰撞危险的心理承受能力较强，船舶碰撞危险度曲线如图 3-28(b)所示，这时的 $D_{attend}=10.3$ n mile，开始避让行动距离降到 $D_{act}=4.8$ n mile，$D_{close}=1.9$ n mile。

例 4　前提条件和例 1 中的一样，只是目标船(T_4)方位改变为 $B=15°$。这时，本船相对于目标船的速度 $V_{01}=29.5$ kn，相对航向 $C_{01}=31.9°$，最近会遇距离 $D_{cpa}=+2.3$ n mile，到达最近会遇距离处的时间 $T_{cpa}=15.6$ min。

取 $C_{CR}=6.0(°/0.1$ n mile$)$，$D_s=1.0$ n mile，$D_{cpa-attend}=3.0$ n mile，系数 $\lambda=1.0$，$k_1=4.0$，$k_2=2.0$ min。这时的 $D_s<|D_{cpa}|<D_{cpa-attend}$，船舶碰撞危险度曲线如图 3-29 所示，碰撞危险度的最大值 $CRI_{max}=0.31$，小于碰撞危险度临界值。这种会遇局面属于不需要采取避让行动的会遇情况，但是，对目标船和会遇态势的发展要进行监测，直到驶过让清为止。

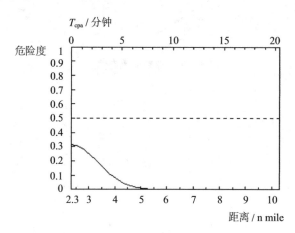

图 3-29　$D_s<|D_{cpa}|<D_{cpa-attend}$ 时碰撞危险度曲线

图 3-30 为以上 4 个算例的船舶会遇态势情况，可以看到目标船的最近会遇距离(D_{cpa})与最小安全会遇距离(D_s)和注意会遇距离$(D_{cpa-attend})$的关系，以及目标船在不同的方位处碰撞危险度的变化情况。研究船舶碰撞危险度的目的是使其能够指导船舶的避碰行动，而且越简单直接越容易被接受。船舶碰撞危险度模型反映了船舶碰撞危险随各因素变化的情况，特别是最后归结为 CRI 随两船距离的变化而变化，于是可以通过碰撞危险度决定船舶的避碰时机。

这种方法确定船舶碰撞危险度的最大特点是，表面上看 CRI 只随着本船到目标船的距离 D 变化，实际上 CRI 曲线包含了各种因素对碰撞危险的影响，如会遇态势、D_{cpa}、T_{cpa}、D_s、$D_{cpa-attend}$、船舶尺度、船舶密度、相对速度、可航水域、周围环境。而且，碰撞危险度与所采取的避碰行动直接相关，在该碰撞危险度曲线上开发避碰举措就显得容易多了。

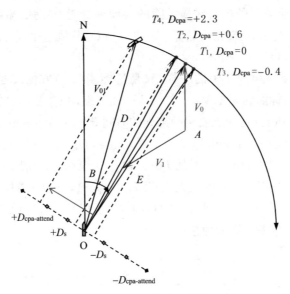

图 3 - 30　船舶会遇态势

4 船舶避碰决策模型

综合船舶碰撞危险度模型和避碰行动模型得出船舶避碰决策模型;用算例和模拟实验说明该避碰决策模型的应用;给出紧急情况下的行动和船舶避碰行动模式。

4.1 船舶避碰决策系统模型

把船舶碰撞危险度(CRI)模型和避碰行动与时机模型,以及紧急情况下的避碰措施结合在一起,根据 CRI 决定避让时机,根据会遇态势确定避碰行动模式,根据紧迫时机确定紧急情况下的最合适的行为模式,就得到了船舶避碰决策系统模型。船舶避碰决策流程如图 4-1 所示。

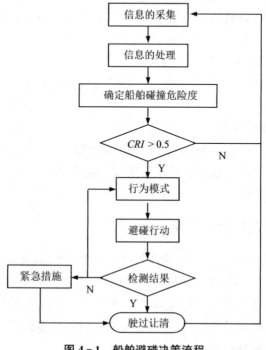

图 4-1 船舶避碰决策流程

1. 信息的采集

用于避碰决策的信息包括两方面内容：其一是与本船有关的固定信息，包括船舶尺度、操纵性能、装载货物、船舶航向和航速；其二是与目标船和航行环境有关的动态信息，包括他船位置、速度和航向、船舶密度、航行水域、水文气象条件。

固定信息存放在数据库中，可随时调出。动态信息的收集是多方面的，包括从 AIS 或 ARPA 收集他船资料，从航海图书资料中收集航行数据，从天气传真图、气象预报中收集水文气象资料等，这些信息需要不断进行动态更新。

收集的信息除了带有一定的误差以外，经常有不完全的情况，在这种不完全信息的条件下进行避碰决策往往带有很大的主观性。航海人员不可能每次都逐个验证一些默认成立的条件。他们会根据积累的"经验"，取系统默认值进行不完全推理，再在实践中检验其正确性，这样做往往很奏效。

2. 信息的处理

1）信息的归类

船舶航行过程中收集的信息是多方面的。就用于避碰决策的信息来说，也应该分出等级和类别。对于《避碰规则》中提到的一些特殊类型需要本船让路的船舶的信息，应优先考虑；对遇船舶的信息次之；然后依次是右正横前、右正横后、左正横前、左正横后；最后是有关被追越和追越船舶的信息。

划分目标船信息的类别和等级有利于决定避让的次序和确定采取避让行动的方案。当然，这只是问题的初步考虑，在确定船舶碰撞危险系数上应该明确地体现出来。

2）目标船参数的求取

目标船参数包括目标船的运动要素和相对参数，如位置、速度、航向、本船对于目标船的相对速度和相对航向、目标船的距离和舷角、D_{cpa}、T_{cpa}，以及本船变向、变速时相应参数的变化。

3. 船舶碰撞危险度的确定

首先确定模糊参数，包括转向避让角度变化率临界值、变速避让速度变化率临界值、最小安全会遇距离、注意会遇距离，以及代表船舶驾驶员经验和水平的 λ 和 α_0 值。然后求出各目标船的碰撞危险度（CRI），据此决定避让的次序和采取避碰的行动。取碰撞危险度的阈值为 $CRI_y = 0.5$，一旦目标船的碰撞危险度大于 0.5，便开始对该船采取避让行动。

当然,这个开始采取避让行动的时机往往受某些不可预测因素的影响而丧失,特别是在多船会遇和需要频繁定位的复杂水域航行的情况下经常发生,因此,还要考虑最佳避让时机和紧迫局面时机,这些都与碰撞危险度关系密切。

4. 避碰行动模式

避碰行动模式是指正常情况下的避让操作,包括船舶转向和变速。对于直航船在最初阶段的保向、保速也属于避碰模式中的一种。根据具体的会遇态势、可航水域、船舶性能,以及水文气象条件确定避碰行动模式。对于让路船来说,大洋航行周围有宽阔的可航水域时,只采取转向避让;狭窄水道航行转向行动对本船构成新的危险或无法采取转向避让行动时,采取变速避让。

首先考虑转向避让的情况,当 $D_{cpa} \geqslant -\alpha_0 \times D_s$ 时,向右转向;当 $D_{cpa} < -\alpha_0 \times D_s$ 时,向左转向更有利。对于变速行为一般采取减速避让。

5. 避碰行动

避碰行动模式一旦确定,系统可随时给出避碰行动的大小,根据船舶碰撞危险度选择避让时机,得出采取行动的时间范围,也可以用本船到目标船的距离明确表示出来。

由于误差的存在,在采取避碰行动时,总是要保留一定的安全量,包括时机上的安全量和行动上的安全量。

6. 结果检测

检测避碰行动的结果是否满足要求,也就是本船能否在安全的会遇距离上通过目标船,同时不给其他船舶造成紧迫局面。这个步骤非常必要,而且贯穿避碰过程的始终,一旦避碰结果不满足要求,则重新规划避碰行动模式或在紧迫局面条件下采取紧急措施。

7. 紧急措施

紧急措施是指在紧迫局面条件下,采取最有效的避让行动,停车或倒车把船停住。

过去一直认为当 $T_{cpa} = 0$ 时是最危险的时刻,这个观点似乎过于简单,至今仍不能被接受。那么,什么时刻才是最危险的时刻?从避免碰撞的角度来看,应该是紧迫局面 D_{close} 后到紧迫危险 D_{collid} 前这段时间。因此,要求船舶驾驶员应避免形成紧迫局面。

关于"紧迫局面"的概念目前已经达成了比较统一的认识,就是从两船接近到单凭一船的行动(包括大幅度行动)已经不能在最小安全会遇距离(D_s)上驶过，"紧迫危险"的概念是单凭一船的最有效的避让行动已经不可避免地发生碰撞。这两个概念共同描述了两船会遇最艰难的一段距离或者是一段时间，因此，有上、下界之分。上界是位于最小安全会遇距离 D_s 之前的紧迫局面距离，用 D_{close} 表示，下界是船舶碰撞距离(D_{collid})。

文献[13]给出了进入紧迫局面时两条应急操纵法：

(1) 若目标船在正横前，紧急制动，并使航向与目标船平行且注意保持。

(2) 若目标船在正横后，加速，将目标船置于船尾，并使航向与其平行。这种应急操纵的目的是在碰撞不可避免时最大限度地"减小损失"。

8. 驶过让清

目标船的碰撞危险度恢复到 0 时为驶过让清阶段，可以考虑恢复到原计划航线。应该注意的一点是，不要有二次碰撞危险的出现，这时两船相距很近，往往没有足够的时间做出正确的判断。

4.2 算例、模拟实验和仿真结果

1. 计算例

下面以交叉相遇的两条船为例，说明利用碰撞危险度曲线和避碰行动与时机曲线进行避碰决策的过程。

例 设本船的长度 $L=160$ m，速度和航向分别为 $V_0=16$ kn、$C_0=0°$，目标船的速度和航向分别为 $V_1=18$ kn、$C_1=240°$，本船到目标船的距离为 $D=8.0$ n mile，方位为 $B=30°$。天气良好，水域开阔，船舶密度小。

可以计算出，本船相对于目标船的速度和航向分别是 $V_{01}=29.5$ kn 和 $C_{01}=31.9°$，最近会遇距离 D_{cpa} 和最近会遇时间 T_{cpa} 分别是 $D_{cpa}=+0.3$ n mile 和 $T_{cpa}=16.3$ min。

在这种航行环境和条件下，取转向避让角度变化率临界值 $C_{CR}=7.0(°/0.1$ n mile)，最小安全会遇距离 $D_s=2.0$ n mile，注意会遇距离 $D_{cpa-attend}=3.0$ n mile，船舶驾驶员的避碰经验水平系数 $\lambda=1.0$，本船过目标船船首的认可程度 $\alpha_0=0.6$，船舶旋回纵距系数 $k_1=4.0$，船舶旋回 $90°$ 所需要的时间 $k_2=2.0$ min，得到注意距离 $D_{attend}=10.3$ n mile，开始采取避让行动距离 $D_{act}=5.8$ n mile，紧迫局面距离 $D_{close}=2.6$ n mile（似乎有点大，其实取决于最小安全会遇距离 D_s 的选取），碰撞距离 $D_{collid}=0.83$ n mile，碰撞危险度曲线如图 4-2 所示。

为了使船舶在 2 n mile 距离上通过,向右转向的时机在 5.8～2.6 n mile,开始向右转向避让的角度为 38°。

系统也能随时给出碰撞危险度和避碰行动的大小,其中,避碰行动曲线也表示在图 4-2 中,如距离目标船 $D = 7.37$ n mile 时,碰撞危险度 $CRI = 0.31$,避碰行为模式为向右转向,行动大小为右转 30°。

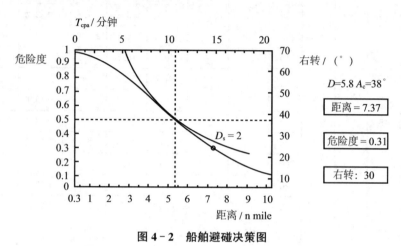

图 4-2 船舶避碰决策图

利用此系统模型避让目标船,船舶驾驶员不会为何时采取避让行动伤脑筋了,也不会为所采取的行动是否有效,以及采取行动的时机是否恰当担忧了,这无疑增加了船舶驾驶员避碰操纵的自信心,也提升了船舶航行的安全性能,是船舶驾驶员具体分析某一会遇态势和决定采取某一避碰行动决策的工具。

2. 模拟实验结果

下面给出 4 组在雷达模拟器上的实验结果。D 和 B 分别表示本船到目标船的距离和方位;D_{act} 表示开始采取避让行动的距离;A_c 表示转向避让行动的大小,其中,"+"表示向右转向,"−"表示向左转向;D_{pass} 表示两船实际通过的距离;本船的长度取 $L = 130$ m,航速和航向分别为 $V_0 = 15$ kn、$C_0 = 0°$;转向避让角度变化率临界值 $C_{CR} = 6.0(°/0.1$ n mile$)$;注意会遇距离 $D_{cpa-attend} = 4.0$ n mile,系数 $\lambda = 1.0,\alpha_0 = 0.6,k_1 = 4.0,k_2 = 2.0$ min。

模拟实验的目的是,给出一定的最小安全会遇距离 D_s、避让时机 D_{act} 和避让行动 A_C,检查 D_{pass} 与 D_s 的接近程度。

表 4-1 为交叉相遇模拟实验结果,最小安全会遇距离 $D_s = 1.0$ n mile。当 $|D_{cpa}| > D_s$ 时,不需要采取避碰行动。实验结果 D_{pass} 受到操船误差的影响,与理论上的计算值相比,非常接近,达到了预期的目的。

表 4-1 交叉相遇实验结果（最小安全会遇距离 $D_s = 1.0$ n mile）

序号	目标船数据				相对运动要素				本船避让行动和结果		
	V_1	C_1	D	B	V_{01}	C_{01}	D_{cpa}	T_{cpa}	D_{act}	A_C	D_{pass}
1				30			0.7	15.7	2.8	+18.0	1.05
2				33			0.2	15.8	4.0	+26.8	0.97
3	20	240	8.0	35	30.4	34.7	0	15.8	4.5	+32.2	1.05
4				38			−0.5	15.8	6.2	+32.6	0.97
5				40			−0.7	15.7	2.5	−16.4	0.97
6				40			−1.4	18.2	—	—	—
7				35			−0.7	18.4	2.4	−15.6	1.00
8	15	240	8.0	30	26	30	0	18.5	4.1	+28.4	1.01
9				25			0.7	18.4	2.4	+15.6	1.01
10				20			1.4	18.2	—	—	—
11				20			0.5	22	2.9	+17.4	0.97
12				23			0.1	22	3.8	+23.4	1.05
13	10	240	8.0	25	21.8	23.4	−0.2	22	4.1	+28.0	1.03
14				28			−0.6	22	2.2	−15.8	0.97
15				30			−0.9	22	1.5	−6.6	0.99

表 4-2 与表 4-1 相似，均为交叉相遇实验结果，取最小安全会遇距离 $D_s = 1.5$ n mile，本船运动参数和确定船舶碰撞危险度的系数不变，实验结果与理论上的计算值接近，达到了预期的目的。

图 4-3 中的下面那条折线表示的是对应于表 4-2 中的两船实际通过的距离（D_{pass}），均值为 1.00 n mile，均方误差为 0.03 n mile，下面那条直线表示预先设定的最小安全会遇距离 $D_s = 1.0$ n mile。

图 4-3 中的上面那条折线表示的是对应于表 4-2 中的两船实际通过的距离（D_{pass}），均值为 1.52 n mile，均方差为 0.03 n mile，上面那条直线表示预先设定的最小安全会遇距离 $D_s = 1.5$ n mile。

表 4－2 交叉相遇实验结果（D_s＝1.5 n mile）

序号	目标船数据				相对运动要素				本船避让行动和结果		
	V_1	C_1	D	B	V_{01}	C_{01}	D_{cpa}	T_{cpa}	D_{act}	A_C	D_{pass}
1				30			0.7	15.7	4.2	28.8	1.48
2				33			0.2	15.8	5.4	32.8	1.47
3	20	240	8.0	35	30.4	34.7	0	15.8	6.5	33.0	1.55
4				38			−0.5	15.8	8.0	34.0	1.48
5				40			−0.7	15.7	8.1	38.2	1.56
6				40			−1.4	18.2	2.2	−7.8	1.51
7				35			−0.7	18.4	7.4	34.4	1.52
8	15	240	8.0	30	26	30	0	18.5	5.4	32.4	1.51
9				25			0.7	18.4	3.9	24.8	1.52
10				20			1.4	18.2	2.2	7.8	1.51
11				20			0.5	22	3.9	25.4	1.52
12				23			0.1	22	4.6	29.8	1.56
13	10	240	8.0	25	21.8	23.4	−0.2	22	5.0	32.6	1.55
14				28			−0.6	22	6.2	32.4	1.53
15				30			−0.9	22	3.0	−19.0	1.49

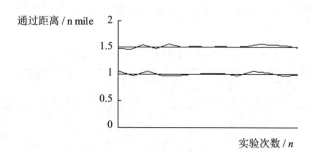

图 4－3 D_{pass} 示意图（交叉相遇）

表 4－3 为对遇局面实验结果。最小安全会遇距离 D_s＝1.0 n mile，本船运动参数和确定船舶碰撞危险度的系数不变，实验结果 D_{pass} 和预先设定的最小安全会遇距离 D_s 接近，达到了预期的目的。

表 4 – 3　对遇局面实验结果 ($D_s = 1.0$ n mile)

序号	目标船数据				相对运动要素				本船避让行动和结果		
	V_1	C_1	D	B	V_{01}	C_{01}	D_{cpa}	T_{cpa}	D_{act}	A_C	D_{pass}
1				6			−0.7		2.4	−14.2	1.03
2				3			−0.3		4.2	+28.8	0.96
3	10	183	8.0	0	25	1.2	0.2	19.1	3.6	+22.6	1.03
4				357			0.6		2.5	+16.8	1.02
5				354			1.0		—	—	—
6				6			−0.6		2.6	−17.4	0.98
7				3			−0.2		4.5	+31.2	1.01
8	15	183	8.0	0	30	1.5	0.2	16	3.7	+25.0	0.99
9				357			0.6		2.6	+17.4	0.97
10				354			1.0		—	—	—
11				6			−0.6		6.5	+33.2	0.99
12				3			−0.2		5.0	+32.0	0.99
13	20	183	8.0	0	35	1.7	0.2	13.7	4.0	+26.0	0.96
14				357			0.7		2.7	+18.0	1.04
15				354			1.1		—	—	—

　　表 4 – 4 和表 4 – 3 相似,为对遇局面实验结果。取最小安全会遇距离 $D_s = 1.5$ n mile,本船数据和确定船舶碰撞危险度的系数不变,本船避让行动均为向右转向, A_C 均大于 0,实验结果显示 D_{pass} 和预先设定的最小安全会遇距离 D_s 接近,达到了预期的目的。

表 4 – 4　对遇局面实验结果 ($D_s = 1.5$ n mile)

序号	目标船数据				相对运动要素				本船避让行动和结果		
	V_1	C_1	D	B	V_{01}	C_{01}	D_{cpa}	T_{cpa}	D_{act}	A_C	D_{pass}
1				354			1.0		3.0	17.6	1.50
2	10	183	8.0	3	25	1.2	−0.3	19.1	5.2	32.6	1.47
3				0			0.2		4.5	29.0	1.54
4				357			0.6		3.7	24.8	1.52
5				254			1.0		3.2	18.0	1.46
6	15	183	8.0	3	30	1.5	−0.2	16	6.1	32.6	1.52
7				0			0.2		4.8	31.6	1.46
8				357			0.6		3.9	26.8	1.48
9				354			1.1		3.2	19.6	1.53
10	20	183	8.0	3	35	1.7	−0.2	13.7	7.0	32.6	1.50
11				0			0.2		5.3	32.6	1.46
12				357			0.7		4.2	28.0	1.55

图 4-4 中的下面那条折线表示的是对应于表 4-3 中的两船实际通过的距离（D_{pass}），均值为 1.00 n mile，均方差为 0.03 n mile，下面那条直线表示预先设定的最小安全会遇距离 $D_s = 1.0$ n mile。

图 4-4 中的上面那条折线表示的是对应于表 4-4 中的两船实际通过的距离（D_{pass}），均值为 1.50 n mile，均方差为 0.03 n mile，上面那条直线表示预先设定的最小安全会遇距离 $D_s = 1.5$ n mile。

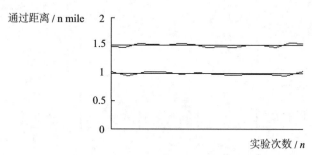

图 4-4　D_{pass} 示意图（对遇局面）

3. 仿真结果

用本书第 3 章的例子作为转向避让的仿真结果。设本船的速度和航向分别为 $V_0 = 16.0$ kn 和 $C_0 = 0°$，目标船的速度和航向分别为 $V_1 = 23.0$ kn 和 $C_1 = 290°$，到目标船的距离为 $D = 5.0$ n mile，真方位为 $B = 66°$。取转向避让角度变化率临界值 $C_{CR} = 6.0(°/0.1$ n mile$)$，最小安全会遇距离 $D_s = 1.0$ n mile，注意会遇距离 $D_{cpa\text{-}attend} = 3.0$ n mile，船舶驾驶员经验水平系数 $\lambda = 1.0$，船舶驾驶员对过目标船船首的认可程度系数 $\alpha_0 = 0.6$，船舶旋回纵距系数 $k_1 = 4.0$，船舶旋回 $90°$ 所需要的时间 $k_2 = 2.0$ min。

首先输入原始数据，如图 4-5 所示。

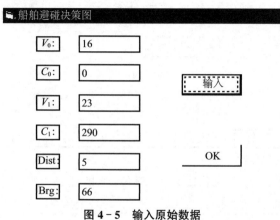

图 4-5　输入原始数据

单击"OK"按钮,出现图4-6所示界面。

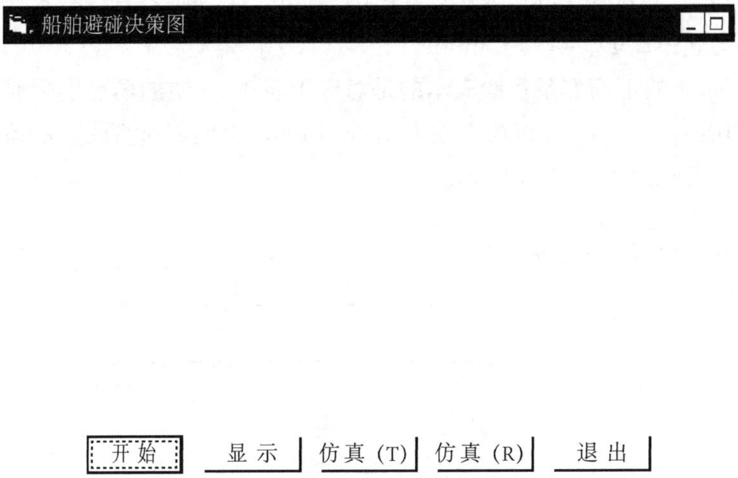

图4-6 功 能 板

单击"开始"按钮,出现船舶碰撞危险度和避碰行动曲线,并给出开始采取避碰行动的时机 $D_{act}=4.2$,转向的角度 $A_C=32°$,同时给出 $D_{attend}=10.0$ n mile,$D_{close}=1.2$ n mile,$D_{collid}=0.72$ n mile,如图4-7所示。

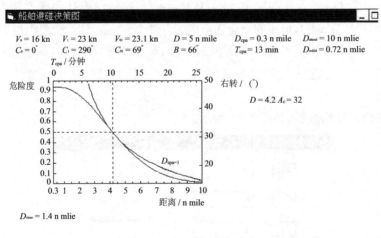

图4-7 开 始 面 板

　　单击"显示"按钮,可以时时给出船舶碰撞危险度和避碰行动大小随目标船距离变化的情况,如图 4‐8 所示。图中 3 个方块显示的内容是,到目标船的距离 $D=4.42$ n mile 时,碰撞危险度为 $CRI=0.46$,需要向右转向角度 $A_C=31°$。

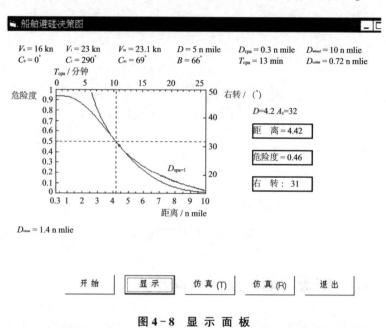

图 4‐8　显 示 面 板

　　单击"仿真(T)"按钮,出现船舶真运动仿真结果,如图 4‐9 所示。

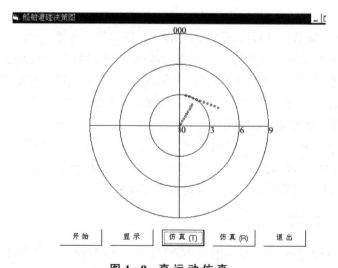

图 4‐9　真 运 动 仿 真

单击"仿真(R)"按钮,出现船舶相对运动仿真结果,如图4-10所示。

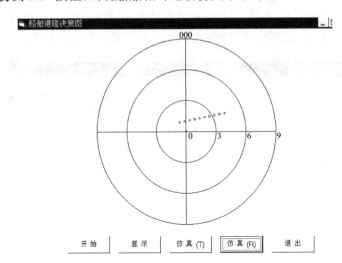

图4-10 相对运动仿真

4.3 近距离情况下船舶避碰行动模式

近距离情况下船舶避碰行动与船舶紧迫局面距离和船舶碰撞距离密不可分,这两个距离取决于船舶的操纵特性、风流影响、会遇态势、船舶速度等多种因素。

避让船头方向或接近船头方向的来船,转向比变速有效。避让从船尾方向或接近船尾方向的追越船,转向也同样比变速有效。避让从正横或接近正横方向的来船,变速比转向有效,但是,只要大幅度转向,可以达到与减速相同的结果。

当船舶必须采取行动避免与交叉或追越的另一船碰撞时,若缺少水域空间或有其他船舶在场而无法改变航向,在这种情况下,就必须减速或把船停住。在能见度不良的情况下,当目标船在正横前无法避免紧迫局面的情况,或听到在正横前雾号时,通常需要减速或把船停住。

在公海上为避免碰撞,转向通常比减速更可取,但如果有必要,值班驾驶员应毫不犹豫地使用主机。在能见度不良或在港口范围内,当主机随时可以操纵降速航行时,使用主机通常可以产生更有效的避碰效果。

1. 近距离避碰行动

当碰撞危险开始出现时,直航船必须保持航向和航速。让路船必须及时避让,并采取大幅度行动,确保在安全距离上通过。避让的方式没有规定,但两艘机动船交叉相遇,让路船必须避免过对方船舶的船首。直航船在可以合理地假定让路船没有采取适当行动之前就采取避让行动,如果让路船实际上同时采取行动,造成混乱局面并导致碰撞,那么直航船要承担相应的责任。

　　直航船发现让路船明显没有采取适当行动时,应独自采取操纵行动避免碰撞,此时必须充分考虑让路船也可能同时或随后采取行动的可能性。直航船采取的行动应避免与让路船可能采取的行动相冲突。

　　《避碰规则》第十七条 3 款要求直航船避免向左转向,以免与从其左舷驶来的他船碰撞。在这种情况下,要求让路船向右转向避免过目标船首。有让路船从左舷驶来时,任何直航船,包括行动受限船(失去控制的船舶、操纵能力受到限制的船舶、从事捕鱼的船舶)、帆船或被追越船等,向左转向都可能是危险的。

　　改变航向远离他船通常是最安全的做法,如果让路船从小于 60°的舷角方向接近,对于直航船来说,最好的避碰操作是向右转向,把来船放在接近正横的方向上,如图 4 - 11 所示。如果让路船是追越船或来自接近正横的方向,直航船改变航向到与来船的航向接近平行可能是最安全的操作。

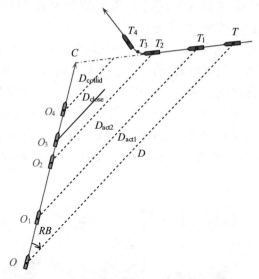

图 4 - 11　船舶紧迫局面前直航船向右大幅度转向

　　互见中,一艘机动船和一艘行动受限船交叉相遇,负有不应妨碍义务的机动船从行动受限船的右舷船头方向靠近,没有让路,如果行动受限船须要采取避让行动,更安全的做法是向右大幅度转向。特别是在白天,当不应妨碍船可能无法识别行动受限船所显示的号型时,更容易出现这种情况,这时,不应妨碍船很有可能向右转向,也就没有必要要求其避免横越行动受限船的船首了。

　　互见中,机动船改向或倒车时,必须用《避碰规则》第三十四条 1 款中规定的声号表示该行动,并允许用第三十四条 2 款中规定的灯光信号补充该声音信号。特别是,让路船和直航船在相对较晚的阶段采取行动时更要发出这种操纵信号,以减少另一船采取冲突行动的可能性。

由于可以确定单凭一船的行动不可能在安全距离上通过的两船距离,因此直航船最好在到达这一阶段之前采取行动。如果没有足够的时间避离,为避让从左舷船头方向靠近的让路船而向右转向可能是一种危险的操作。大海上,在交叉相遇情况下,直航船不应允许让路船在没有采取避碰行动的情况下,接近到小于其紧迫局面距离,该距离可以用自身船长的倍数表示,但并不总是 12 倍的船长。

允许直航船单独采取行动以避免碰撞的缺点是,可能会诱导让路船等待并希望直航船让路。《避碰规则》第十七条 4 款的目的是强调让路船舶并没有因《避碰规则》第十七条 1 款(2)项的规定而免除其及早采取大幅度行动以达到在安全距离上通过的义务。直到明显可见让路船没有按照规则采取适当行动为止,直航船舶不得独自操纵。让路船应在充足的时间内采取积极行动,使直航船能保持航向和航速。如果直航船按照《避碰规则》第十七条 1 款(2)项采取行动,仍不免除让路船及早避让并达到安全距离通过的义务。

当两船靠得太近,仅靠让路船无法避免碰撞时,直航船必须采取最有助于避免碰撞的行动。这时,《避碰规则》第十七条 3 款在此阶段不再适用,即允许直航船对位于左舷船首方向的让路船向左转向。图 4 - 12(a)为本船将与目标船正横后位置碰撞行动,图 4 - 12(b)为目标船将与本船正横后位置碰撞行动,均属于小角度交叉相遇情况,这时,本船朝着来船转向是近距离采取的最有助于避免碰撞的行动。同时,要求让路船大幅度向右转向,即朝着本船转向,由此产生斜碰的结果。

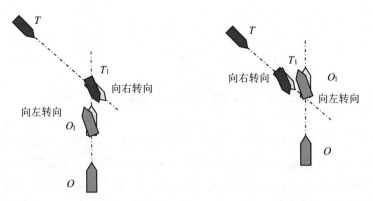

(a) 本船将碰撞目标船正横后位置　(b)目标船将碰撞本船正横后位置

图 4 - 12　近距离小角度交叉相遇避碰行动

图 4－13(a)为本船碰撞目标船正横后位置行动,图 4－13(b)为目标船碰撞本船正横后位置行动,均属于大角度交叉相遇情况,这时背离来船向右转向是该情况下近距离采取的最有助于避免碰撞的行动。同时,要求让路船大幅度向左转向,即背离本船转向,由此产生斜碰的结果。

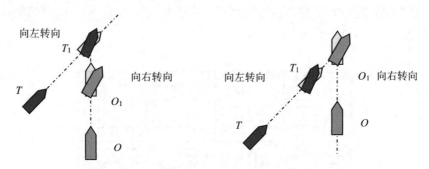

（a)本船将碰撞目标船正横后位置　（b)目标船将碰撞本船正横后位置

图 4－13　近距离大角度交叉相遇避碰行动

当认为不可避免与另一船发生碰撞时,驾驶员最关心的是如何不假思索地机械地操纵船舶,以尽可能减少碰撞后果。如果在船中附近以大角度与另一船碰撞,后果可能是最严重的。应停车用舵,以实现斜碰,而不是正碰。如果碰撞的部位在防撞舱壁前,损坏可能是最不严重的。当一船从左舷船头方向逼近时,向右转向将最薄弱的部位展现给对方很可能是最糟糕的做法。总结前面四张碰撞图,近距离两船碰撞不可避免时,最有助于避碰的行动是,小角度交叉朝着来船转向,大角度交叉背离来船转向,也就是使两船的航向线接近平行。

2. 碰撞案例

2012 年 1 月 14 日 17 时 33 分 47 秒,微风轻浪,能见度为 0.2～0.3 n mile,属于能见度不良。防城港籍"新海信 818"轮(以下简称"X 轮")钢质干货船,船长 52.8 m,装载煤 950 t,在钦州港以南 40 n mile 附近水域与"桂北渔 58013"轮(以下简称"G 轮")发生碰撞,"G 轮"木质单拖渔船,船长 28.8 m。"X 轮"航速为 6.5 kn,航向为 161°。"G 轮"航速为 7.97 kn,航向为 36°。事故造成"X 轮"右舷船舱中部破损进水沉没,"G 轮"艏柱水线附近部分凹陷,未造成人员伤亡及海域污染。事故等级为重大水上交通事故。

图 4－14 为近距离这两艘船舶的行动轨迹,根据两船的 AIS 数据,"X 轮"的轨迹是确定的,其旋回初径为其船长的 3～4 倍,即 160～210 m,图中大格的间距为 154.3 m,"X 轮"在碰撞点处还没有转过 90°。"G 轮"从位置 0 到位置 1,沿直线航行,航向为 034°,航速为 8 kn;到位置 2 的速度为 4.9 kn,经历 174 秒,直线距离为

236.5 m,平均航速为 2.6 kn。"G 轮"从位置 1 到位置 2 依靠舵和螺旋桨历时 174 秒走不出平滑的轨迹,中间一定有一个速度为 0 的点,该点不是靠其自身的车舵完成的,而是与货船的碰撞点,碰角为"X 轮"的正横后 10°左右。然后,"G 轮"退出,加速到位置 2,速度达 4.9 kn。碰撞点为 20°59′49.0″N,108°40′54.5″E。碰撞部位为"G 轮"船艏碰撞到"X 轮"右舷船舱中部,距船艏扶梯为 10～15 m 距离的位置。沉船位置为 20°59′54″N,108°40′58″E。

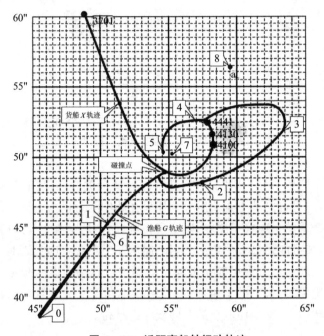

图 4‐14　近距离船舶行动轨迹

17 时 32 分 43 秒,"X 轮"位于 20°59′53.8″N、108°40′51.3″E,船艏向为 161°,对地航向为 161°,对地航速为 6.5 kn。此时"X 轮"船长用肉眼看到"G 轮"位于本船正前偏右 20°,相距约 270 m。当两船相距约 200 m 时,"X 轮"船长大角度向左转向避让(左满舵),同时鸣笛向"G 轮"告警。

17 时 33 分 47 秒,"X 轮"与"G 轮"发生碰撞,"G 轮"船艏约以 80°碰撞到"X 轮"右舷船舱中部。两船碰撞后大约 15 分钟,"X 轮"全部沉没。

17 时 33 分 00 秒,"G 轮"位于 20°59′45.37″N、108°40′50.43″E,航向为 36°,对地航速为 7.97 kn,"G 轮"用肉眼观测到"X 轮",继续保向、保速。

17 时 33 分 47 秒,"G 轮"与"X 轮"发生碰撞。"G 轮"船艏碰撞"X 轮"右舷中部,碰撞造成"G 轮"剧烈减速、震动,此时"G 轮"紧急倒车,船艉冒浓烟,脱离后,"G 轮"向右驶离。

经分析,事故调查组认为"X 轮"未积极地、及早地采取避碰行动,并未注意运用良好的船艺是本次事故的直接原因之一。当两船相距约 200 m 时,"X 轮"船长观测到"G 轮"位于本船正前偏右 20°左右,"X 轮"才采取左满舵的大角度转向措施,进行紧急避让,但此时两船已形成了紧迫局面,且采取了对正横前的船舶向左转的错误行动,导致碰撞发生。该轮该行为违背了《避碰规则》第八条 1 款以及第十九条 4 款的规定。海事法院判定"X 轮"承担 70% 碰撞责任,"G 轮"承担 30% 碰撞责任。

图 4-15 为本案例情况下两艘船舶近距离应采取的避碰行动,属于小角度交叉的情况。$V_{01}=12.9$ kn,$C_{01}=191.6°$,$D_{cpa}=+0.03$ n mile,对于"X 轮"来说最近会遇距离为"正"向右转向将有利于增加两船的通过距离,相距约 270 m 时,$T_{cpa}=0.7$ min。实际上,如果"X 轮"立刻机械地右满舵朝着来船转向停车、倒车,碰撞事故将不会发生。

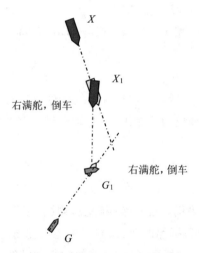

图 4-15　近距离应采取的避碰行动

3. 船舶避碰行动模式

在船舶紧迫局面距离和碰撞距离的基础上,根据不同船舶的旋回操纵特性,建立船舶避碰行动模式。

1）两船紧迫局面距离相同的情况

图 4-16 为互见中两艘机动船舶方位不变,相互接近,存在碰撞危险,根据《避碰规则》第二章驾驶和航行规则第二节船舶在互见中的行动规则,一船(O)须给另一船(T)让路。当两船的紧迫局面距离相同时,就是 $D_{close0}=D_{close1}$,两船同时进入紧迫局面,从此后,单凭任一船的行动都无法与目标船在安全距离驶过,行动模式如下:

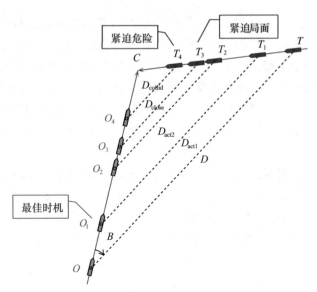

图 4-16 交叉相遇船舶距离关系

(1) 让路船(O)的行动模式。

① 在远距离,O 位置之前,也就是碰撞危险存在之前,可以自由采取行动。

② 到达 O 位置,碰撞危险开始出现,必须及早采取大幅度行动,以达到两船在安全的距离通过。

③ O_1 位置为采取避让行动的位置,到目标船的距离为 D_{act1}。

④ O_2 位置为紧迫局面前的位置,与紧迫局面位置大约为 1 min 的距离,到目标船的距离为 D_{act2}。如果仍然没有按照《避碰规则》采取适当行动,并不免除其避让的义务,要求其避免过目标船的船首,并尽可能大舵角向右转向。

⑤ O_3 位置为紧迫局面位置,仅靠让路船的行动已经无法在安全距离上通过,不免除让路船的避让义务,要求其避免过目标船的船首,并立即右满舵。

⑥ O_4 位置为紧迫危险位置,仅靠让路船的行动已经无法避免碰撞,仍然没有免除让路船的避让的义务,要求其立即停车、倒车、右满舵。

(2) 直航船(T)的行动模式。

① 在远距离,T 位置之前,也就是碰撞危险存在之前,可以自由采取行动。

② 到达 T 位置,碰撞危险开始出现,须保持航向和航速。

③ T_1 位置为让路船开始采取行动的位置,要求直航船保向保速,并密切关注让路船的动态,正确评估面临的风险。

④ T_2 位置为到达紧迫局面前的位置,当让路船显然没有按照《避碰规则》采取适当行动时,必须按照《避碰规则》第三十四条 4 款规定,发出声号和或灯光

信号。

⑤ 到达紧迫局面 T_3 位置前,单独采取行动,避免碰撞,但机动船不得向左转向,以避免让路船从其左舷通过。

⑥ T_4 位置为紧迫危险点,仅靠让路的行动已经无法避免碰撞,直航船应采取最有助于避免碰撞的行动。

从两船的避碰行动模式中可以看到,它们协调行动,相互补充,没有权利船之说,均尽不同阶段自己船舶的行动和义务,充分体现船舶航行的自律性,不给船舶碰撞留有机会,从条款本身和条款间的逻辑关系,以及条款的解读方面充分体现了规则的弹性避碰机制。目前的船舶驾驶员均懂避碰规则并持有适任证书,发生碰撞事故应当属于极特殊的情况。当然,不同阶段开始适用的距离会根据船舶会遇的状态有很大差异。对于高速船小角度交叉情况,该距离会很大,但都可以用数值表示出来,应该说数字避碰的时代已经到来。

2) 两船操纵性能相同的情况

选取两艘姊妹船为例,6.6 万吨散货船 Bulk Carrier 20 满载,船舶长度 $L_0=L_1=190$ m,速度 $V_0=V_1=12.4$ kn,互见中交叉相遇,最近会遇距离 $D_{cpa}=0$,本船(O)的航向 $C_0=0°$,目标船(T)的距离为 $D=5$ n mile,方位为 $B=10°$、$B=20°$、$B=30°$、$B=40°$、$B=50°$。本船和目标船的滞距均为 $R_e=0.306$ n mile,初始旋回半径均为 $R=0.232$ n mile,旋回周期均为 $T=13$ min。取最小安全会遇距离 $D_s=0.5$ n mile,计算两船的紧迫局面距离和碰撞距离见表 4 - 5。

表 4 - 5　船速比 $k_V=1$,本船和目标船的紧迫局面距离及碰撞距离

$B/(°)$	10	20	30	40	50
D_{close0}/n mile	1.75	1.72	1.67	1.56	1.42
$D_{collid0}$/n mile	0.95	0.89	0.81	0.72	0.59
$A_{C1}/(°)$	75.6	78.8	83.6	86.8	91.4
$A_{C2}/(°)$	34	33	32	32	31
$C_1/(°)$	200.0	220.0	240.0	260.0	280.0
T_{cpa}/min	12.3	12.9	14.0	15.8	18.8
V_{01}/kn	24.4	23.3	21.5	19.0	15.9
$C_{01}/(°)$	190.0	200.0	210.0	220.0	230.0
D_{close1}/n mile	1.65	1.55	1.5	1.3	1.1
$D_{collid1}$/n mile	0.96	0.92	0.9	0.8	0.7

表 4 - 5 中,B 表示目标船的方位;D_{close0} 表示本船的紧迫局面距离;$D_{collid0}$ 表示本船的碰撞距离;A_{C1} 表示本船在紧迫局面距离处采取行动后的最大转向角度;A_{C2} 表示本船在碰撞距离处采取行动后的最大转向角度;C_1 表示目标船的航向;

T_{cpa} 表示目标船到达最近会遇距离处的时间；V_{01} 表示本船相对于目标船的速度；C_{01} 表示本船相对于目标船的航向；D_{close1} 表示目标船的紧迫局面距离；$D_{collid1}$ 表示目标船的碰撞距离。

由于 $D_{close0} > D_{close1}$，表示让路船首先进入紧迫局面，直航船有足够的时间判断局势并可以在让路船进入紧迫局面后"独自采取操纵行动"，让路船的避碰行动需要在此"独操行动"之前完成。

图 4-17 为两船交叉相遇直航船单独采取避让行动模拟实验，直航船的航向为 $C_1 = 280°$，相对于让路船的方位为 $B = 50°$，直航船的紧迫局面距离 $D_{close1} = 1.1$ n mile，直航船的碰撞距离 $D_{collid1} = 0.7$ n mile。模拟实验结果表明，直航船在其紧迫局面距离处右满舵后，通过距离为 0.5 n mile，即设定的最小安全会遇距离；直航船在其碰撞距离处右满舵后，通过距离为 0.05 n mile，属于几乎碰撞(near miss)的情况。

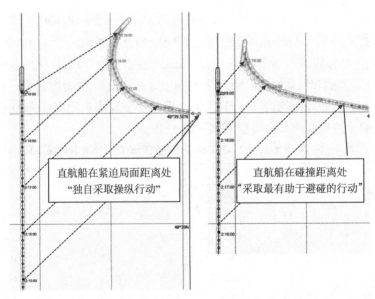

（a）直航船紧迫局面距离处右满舵　　（b）直航船碰撞距离处右满舵

图 4-17　交叉相遇直航船单独避让行动模拟

3）让路船操纵性能较差的情况

图 4-18 为互见中两条机动船交叉相遇，方位不变，相互接近，存在碰撞危险，属于慢速船让快速船的情况。

本船(O)为 6.6 万吨散货船 Bulk Carrier 20，长度 $L_0 = 190$ m，速度和航向分别为 $V_0 = 12.4$ kn 和 $C_0 = 0°$，目标船(T)的距离和方位分别为 $D = 5$ n mile、$B =$

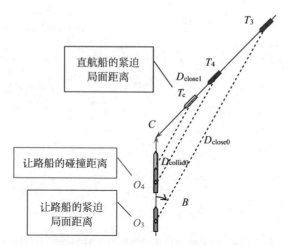

图 4-18 交叉相遇让路船操纵性能较差近距离行动

$30°$。目标船为 7 100 吨滚装客运渡轮 TRANSAS,长度 $L_1 = 120$ m,速度和航向分别为 $V_1 = 24$ kn 和 $C_1 = 225°$。本船的滞距为 $R_{e0} = 0.306$ n mile,初始旋回半径 $R_0 = 0.232$ n mile,旋回周期为 13 min。目标船的滞距为 $R_{e1} = 0.1$ n mile,初始旋回半径 $R_1 = 0.08$ n mile,旋回周期为 2.46 min。

取最小安全会遇距离 $D_s = 0.5$ n mile,本船的紧迫局面距离(D_{close})和碰撞距离(D_{collid})分别为 $D_{close0} = 2.46$ n mile、$D_{collid0} = 1.29$ n mile。目标船的紧迫局面距离(D_{close})和碰撞距离(D_{collid})分别为 $D_{close1} = 0.8$ n mile、$D_{collid1} = 0.3$ n mile。由于 $D_{close0} > D_{close1}$,目标船有足够的时间在 T_c 的位置"独自采取操纵行动",这时到本船的距离为 $D_{close1} = 0.8$ n mile,让路船的避碰行动需要在 O_3 位置之前完成,否则将进入紧迫局面,承担船舶碰撞的主要责任。

4) 让路船操纵性能较好的情况

图 4-19 为互见中两艘机动船交叉相遇,方位不变,相互接近,存在碰撞危险,属于快速船让慢速船的情况。

本船(O)为 7 100 吨滚装客运渡轮 TRANSAS,长度 $L_0 = 120$ m,速度和航向分别为 $V_0 = 24$ kn 和 $C_0 = 0°$。目标船(T)为 6.6 万吨散货船 Bulk Carrier 20,长度 $L_1 = 190$ m,速度和航向分别为 $V_1 = 12.4$ kn 和 $C_1 = 285.4°$。目标船(T)的距离和方位分别为 $D = 5$ n mile、$B = 30°$。本船的滞距为 $R_{e0} = 0.1$ n mile,初始旋回半径 $R_0 = 0.08$ n mile,旋回周期为 2.46 min。目标船的滞距为 $R_{e1} = 0.306$ n mile,初始旋回半径 $R_1 = 0.232$ n mile,旋回周期为 13 min。

取最小安全会遇距离 $D_s = 0.5$ n mile,本船的紧迫局面距离(D_{close})和碰撞距离(D_{collid})分别为 $D_{close0} = 0.71$ n mile、$D_{collid0} = 0.15$ n mile。目标船的紧迫局面距

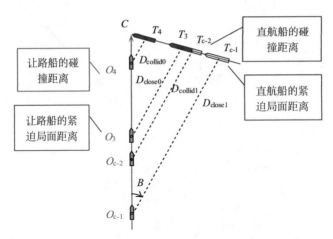

图 4-19　交叉相遇让路船操纵性能较好近距离行动

离(D_{close})和碰撞距离(D_{collid})分别为 $D_{\text{close1}}=1.4$ n mile、$D_{\text{collid1}}=0.9$ n mile。由于 $D_{\text{close0}} < D_{\text{close1}}$，目标船在 $T_{\text{C}-1}$ 的位置"独自采取操纵行动"，可以在安全的距离上驶过让路船，这时到本船的距离为 $D_{\text{close1}}=1.4$ n mile，较本船的紧迫局面距离(D_{close})提前了 0.7 n mile。

为了能够在最小安全会遇距离上通过，直航船需要在其紧迫局面距离 $T_{\text{C}-1}$ 处独自采取操纵行动，让路船可能同时或随后在 $O_{\text{C}-1}$ 到 O_3 处采取行动。这两个避碰行动并不冲突，可以分别进行，也可以同时进行，只要都是向右转向，就属于协调行动，均能达到避碰效果。

这种情况下，直航船的"独操行动"是在让路船的紧迫局面距离前完成，否则单凭直航船的行动将不能在安全会遇距离上通过。因此，要求让路船更应该提早行动，不要给直航船驾驶员太大的心理压力和更多的判断让路船是否"显然没有遵照本规则条款采取适当行动"的时间，也就是让直航船安心地直航，不致使其进入紧迫局面。

图 4-20 为前面两船交叉相遇时直航船单独采取避让行动的模拟实验，直航船为慢速船，航向为 $C_1=285.4°$，相对于让路船的方位为 $B=30°$，直航船的紧迫局面距离 $D_{\text{close1}}=1.4$ n mile，直航船的碰撞距离 $D_{\text{collid1}}=0.9$ n mile。模拟实验结果表明，直航船在其紧迫局面距离 $T_{\text{C}-1}$ 处右满舵后，两船通过距离为 0.5 n mile，即设定的最小安全会遇距离；直航船在其碰撞距离 $T_{\text{C}-2}$ 处右满舵后，两船通过距离为 0.05 n mile，属于几乎碰撞(near miss)的情况。

船舶避碰行动模式可以小结为，让路船在最佳避碰时机处"让路"，直航船在紧迫局面距离处"独操"，两船在碰撞距离处采取"最有助于避碰的行动"。如果两船都不采取行动发生碰撞，或让路船单方拒不采取行动几乎发生碰撞，则执行严格的

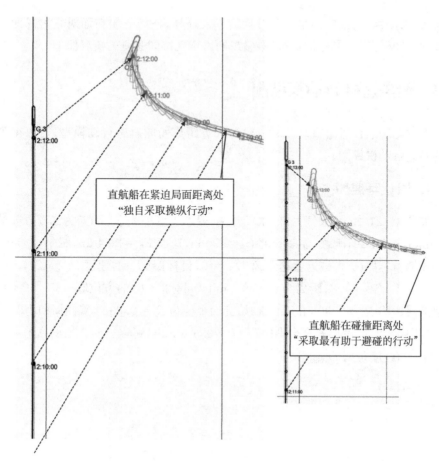

（a）直航船在紧迫局面距离处右满舵　　（b）直航船在碰撞距离处右满舵

图 4-20　交叉相遇直航船单独采取避让行动模拟

管控措施。

4. 关于船舶紧迫局面含义的思考

第 2 章给出的紧迫局面距离是指单凭一船的行动无法与目标船在安全距离驶过的两船之间的距离，是目前被航海界普遍接受的概念。实际上，概念中的"一船"指代并不明确，作为本船不知道来船的操纵特性，也就不知道来船的紧迫局面距离，因此，本船真的不知道什么时候单凭来船的行动无法在安全距离驶过。但是，本船知道自己的紧迫局面距离，因此，限定该"一船"为"本船"更合道理。这样，得到的结果是，两船会遇并不总是同时进入紧迫局面状态。操纵性能较差的船舶将提前进入紧迫局面，另一船应该知道这个结果，并据此给对方船舶留出足够的行动空间。

为了能够预知来船的紧迫局面距离，建议在播发 AIS 信息中包含本船的旋回圈参数,即滞距、初始旋回半径和旋回周期。这样,任何一船在面对紧迫局面时都可以做到知己知彼,更好地执行《避碰规则》,实现协同避碰的美好愿望。

4.4 船舶避碰行动操纵图

根据船舶最佳避碰行动与时机模型和近距离船舶避碰行动模型,可以得到本船的避碰行动操纵图。

1. 避让等速船

如图4-21所示,天气良好,水域开阔,船舶密度小。本船(O)为6.6万吨散货船 Bulk Carrier 20,满载,船舶长度$L_0=190$ m,速度$V_0=12.4$ kn,航向$C_0=0°$,互见中相遇目标船(T),最近会遇距离$D_{cpa}=0$,目标船(T)的速度$V_1=12.4$ kn,船速比$k_V=V_1/V_0=1.0$,距离为$D=8$ n mile,目标船(T)的方位取$-80°<B<80°$。本船的滞距为$R_e=0.306$ n mile,初始旋回半径为$R=0.232$,旋回周期为$T=13$ min。近距离时取最小安全会遇距离$D_s=0.5$ n mile,可以得到本船的紧迫局面距离D_{close}和碰撞距离D_{collid}。

$V_0=12.4$ $V_1=12.4$

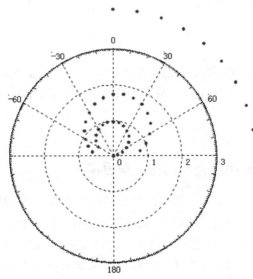

$RB(°)$:	-80	-70	-60	-50	-40	-30	-20	-10	0	10	20	30	40	50	60	70	80
D_{act}:	-	-	-	-	-	-	-	-	4.1	4.1	4.1	4.1	4.1	4.1	4.1	4.1	4.1
$A_c(°)$:	-	-	-	-	-	-	-	-	28	28	28	28	28	28	28	28	28
D_{close}:	0.62	0.77	0.92	1.09	1.25	1.4	1.55	1.65	1.72	1.75	1.72	1.67	1.56	1.42	1.23	1.01	0.8
D_{collid}:	0	0	0.5	0.65	0.76	0.85	0.92	0.96	0.96	0.95	0.89	0.81	0.72	0.59	0.45	0.29	0.13

图 4-21 本船避让等速船时操纵行动图

在这种航行环境和条件下,取转向避让角度变化率临界值 $C_{CR}=7.0(°/0.1\text{ n mile})$,远距离时可以取最小安全会遇距离 $D_s=1.0\text{ n mile}$,注意会遇距离 $D_{cpa-attend}=4.0\text{ n mile}$,船舶驾驶员的避碰经验水平系数 $\lambda=1.0$,本船过目标船船首的认可程度 $\alpha_0=0.6$,船舶旋回纵距系数 $k_1=5.24$,船舶旋回 $90°$ 所需要的时间 $k_2=4.0\text{ min}$,得到本船开始采取避让行动距离 D_{act}。

将以上 3 个距离 D_{act}、D_{close}、D_{collid} 用船首向上雷达图的方式显示见图 4-21,图中最外圈的粉红色圆点代表本船转向避让目标船时的最佳行动距离,中间圆点代表本船的紧迫局面距离,最里面的圆点代表本船的碰撞距离。A_c 表示在最佳避让行动距离处本船向右转向的角度。

表 4-6　避让等速船时操纵行动表($V_0=12.4\text{ kn}$,$V_1=12.4\text{ kn}$)

$RB(°)$	−80	−70	−60	−50	−40	−30	−20	−10	0	10	20	30	40	50	60	70	80
$D_{close}/$ n mile	0.62	0.77	0.92	1.09	1.25	1.40	1.55	1.65	1.72	1.75	1.72	1.67	1.56	1.42	1.23	1.01	0.8
$D_{collid}/$ n mile	—	—	0.50	0.65	0.76	0.85	0.92	0.96	0.96	0.95	0.89	0.81	0.72	0.59	0.45	0.29	0.13
$A_{c1}(°)$	12.0	22.0	31.0	40.0	47.2	54.4	61.2	66.0	70.8	75.6	78.8	83.6	86.8	91.4	95.6	99.8	106.8
$A_{c2}(°)$	—	—	45.0	41.8	38.0	37.0	36.0	35.0	34	34	33	32	32	31	30	28	25
T_{cpa}/min	69.7	35.4	24.2	18.8	15.8	14.0	12.9	12.3	12.1	12.3	12.9	14.0	15.8	18.8	24.2	35.4	69.7
$D_{act}/$ n mile	—	—	—	—	—	—	—	—	4.4	4.1	4.1	4.1	4.1	4.1	4.1	4.1	4.1
$A_c(°)$	—	—	—	—	—	—	—	—	28	28	28	28	28	28	28	28	28

2. 避让慢速船

图 4-22 为本船避让慢速船时操纵行动图,天气良好,水域开阔,船舶密度小。本船(O)为 6.6 万吨散货船 Bulk Carrier 20,满载,船舶长度 $L_0=190\text{ m}$,速度 $V_0=12.4\text{ kn}$,航向 $C_0=0°$,互见中相遇目标船(T),最近会遇距离 $D_{cpa}=0$,目标船(T)的速度 $V_1=9.9\text{ kn}$,船速比 $k_V=V_1/V_0=0.8$,距离为 $D=8\text{ n mile}$,目标船(T)的方位取 $-50°<B<50°$。本船的滞距为 $R_e=0.306\text{ n mile}$,初始旋回半径为 $R=0.232\text{ n mile}$,旋回周期为 $T=13\text{ min}$。近距离时取最小安全会遇距离 $D_s=0.5\text{ n mile}$,可以得到本船的紧迫局面距离 D_{close} 和碰撞距离 D_{collid}。

在这种航行环境和条件下,取转向避让角度变化率临界值 $C_{CR}=7.0(°/0.1\text{ n mile})$,远距离时可以取最小安全会遇距离 $D_s=1.0\text{ n mile}$,注意会遇距离 $D_{cpa-attend}=4.0\text{ n mile}$,船舶驾驶员的避碰经验水平系数 $\lambda=1.0$,本船过目标船船首的认可程度 $\alpha_0=0.6$,船舶旋回纵距系数 $k_1=5.24$,船舶旋回 $90°$ 所需要的时间 $k_2=4.0\text{ min}$,得到本船开始采取避让行动距离 D_{act}。

将以上 3 个距离 D_{act}、D_{close}、D_{collid} 用船首向上雷达图的方式显示见图 4-22，图中最外圈的粉红色圆点代表本船转向避让目标船时的最佳行动距离，中间圆点代表本船的紧迫局面距离，最里面的圆点代表本船的碰撞距离。A_C 表示在最佳避让行动距离处本船向右转向的角度。

V_0=12.4 V_1=9.9

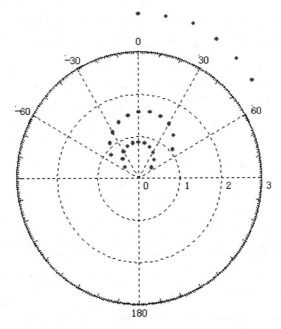

$RB(°)$:	-50	-40	-30	-20	-10	0	10	20	30	40	50
D_{act}:	—	—	—	—	—	3.9	3.9	3.9	3.8	3.7	3.6
A_c (°):	—	—	—	—	—	27	27	27	27	26	24
D_{close}:	0.87	1.09	1.26	1.41	1.51	1.57	1.6	1.56	1.48	1.32	1.07
D_{collid}:	0.43	0.61	0.73	0.81	0.85	0.86	0.85	0.79	0.7	0.58	0.4

图 4-22 本船避让慢速船时操纵行动图

表 4-7 避让慢速船时操纵行动表(V_0＝12.4 kn,V_1＝9.9 kn)

$RB(°)$	-50	-40	-30	-20	-10	0	10	20	30	40	50
D_{close}/ n mile	0.87	1.09	1.26	1.41	1.51	1.57	1.6	1.56	1.48	1.32	1.07
D_{collid}/ n mile	0.43	0.61	0.73	0.81	0.85	0.86	0.85	0.79	0.7	0.58	0.4
A_{c1}(°)	40	47.2	54.4	61.2	66	70.8	75.6	78.8	83.6	86.8	91.4
A_{c2}(°)	41.8	38	37	36	34	34	34	33	32	32	31
T_{cpa}/min	27.9	19.5	16.3	14.6	13.7	13.4	13.7	14.6	16.3	19.5	27.9
D_{act}/n mile	—	—	—	—	—	3.9	3.9	3.9	3.8	3.7	3.6
A_c(°)	—	—	—	—	—	27	27	27	27	26	24

3. 避让快速船

图 4-23 为本船避让快速船时操纵行动图，天气良好，水域开阔，船舶密度小。本船(O)为 6.6 万吨散货船 Bulk Carrier 20，满载，船舶长度 $L_0 = 190$ m，速度 $V_0 = 12.4$ kn，航向 $C_0 = 0°$，互见中相遇目标船(T)，最近会遇距离 $D_{cpa} = 0$，目标船(T)的速度 $V_1 = 14.9$ kn，船速比 $k_V = V_1/V_0 = 1.2$，距离为 $D = 8$ n mile，目标船(T)的方位取 $-110° < B < 110°$。本船的滞距为 $R_e = 0.306$ n mile，初始旋回半径为 $R = 0.232$ n mile，旋回周期为 $T = 13$ min。近距离时取最小安全会遇距离 $D_s = 0.5$ n mile，可以得到本船的紧迫局面距离 D_{close} 和碰撞距离 D_{collid}。

在这种航行环境和条件下，取转向避让角度变化率临界值 $C_{CR} = 7.0(°/0.1$ n mile$)$，远距离时可以取最小安全会遇距离 $D_s = 1.0$ n mile，注意会遇距离 $D_{cpa-attend} = 4.0$ n mile，船舶驾驶员的避碰经验水平系数 $\lambda = 1.0$，本船过目标船船首的认可程度 $\alpha_0 = 0.6$，船舶旋回纵距系数 $k_1 = 5.24$，船舶旋回 $90°$ 所需的时间 $k_2 = 4.0$ min，得到本船开始采取避让行动距离 D_{act}。

表 4-8　本船开始采取避让行动距离及相关参数表($V_0 = 12.4$ kn，$V_1 = 14.9$ kn)

$RB(°)$	0	10	20	30	40	50	60	70	80	90	100	110
V_0/kn	12.4	12.4	12.4	12.4	12.4	12.4	12.4	12.4	12.4	12.4	12.4	12.4
$C_0(°)$	0	0	0	0	0	0	0	0	0	0	0	0
V_1/kn	14.9	14.9	14.9	14.9	14.9	14.9	14.9	14.9	14.9	14.9	14.9	14.9
$C_1(°)$	180.0	198.3	216.5	234.6	252.3	269.6	286.1	301.4	315.0	326.3	335.0	341.4
D_{cpa}/n mile	0	0	0	0	0	0	0	0	0	0	0	0
T_{cpa}/min	11.0	11.1	11.6	12.4	13.6	15.4	18.1	22.2	28.1	36.3	47.0	59.5
V_{01}/kn	27.3	27.0	25.9	24.3	22.1	19.5	16.5	13.5	10.7	8.3	6.4	5.0
$C_{01}(°)$	0.0	10.0	20.0	30.0	40.0	50.0	60.0	70.0	80.0	90.0	100.0	110.0
D_{act}/ n mile	4.3	4.3	4.3	4.3	4.3	4.3	4.5	4.7	4.8	4.8	4.6	4.8
$A_c(°)$	30	30	30	30	31	32	32	33	37	45	59	73

将以上 3 个距离 D_{act}、D_{close}、D_{collid} 用船首向上雷达图的方式显示见图 4-22，图中最外圈的粉红色圆点代表本船转向避让目标船时的最佳行动距离，中间圆点代表本船的紧迫局面距离，最里面的圆点代表本船的碰撞距离。A_C 表示在最佳避让行动距离处本船向右转向的角度。

$V_0 = 12.4$　$V_1 = 14.9$

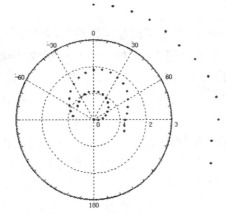

$RB(°)$:	-110	-100	-90	-80	-70	-60	-50	-40	-30	-20	-10	0	10	20	30	40	50	60	70	80	90	100	110
D_{act}:	—	—	—	—	—	—	—	—	—	—	—	4.3	4.3	4.3	4.3	4.3	4.3	4.5	4.7	4.8	4.8	4.6	4.8
$A_c(°)$:												30	30	30	30	31	32	32	33	37	45	59	73
D_{close}:	0	0	0	0.81	0.94	1.08	1.23	1.39	1.54	1.68	1.78	1.86	1.9	1.88	1.82	1.76	1.65	1.52	1.38	1.29	1.19	1.18	1.24
D_{collid}:	0	0	0	0	0	0.8	0.88	0.97	1.02	1.06	1.06	1.05	1.0	0.94	0.84	0.73	0.61	0.49	0.35	0.17	0	0	

图 4 - 23　本船避让快速船时操纵行动图

表 4 - 9　避让快速船时操纵行动表($V_0 = 12.4$ kn, $V_1 = 14.9$ kn)

$RB(°)$	-110	-100	-90	-80	-70	-60	-50	-40	-30	-20	-10	0
D_{close}/n mile	—	—	—	0.81	0.94	1.08	1.23	1.39	1.54	1.68	1.78	1.86
D_{collid}/n mile	—	—	—	—	—	0.8	0.88	0.97	1.02	1.06	1.06	1.06
$A_{C_1}(°)$	—	—	—	12	22	31	40	47.2	54.5	61.2	66	70.8
$A_{C_2}(°)$	—	—	—	—	—	41.8	38	37	36	35	34
T_{cpa}/min	59.5	47	36.3	28.1	22.2	18.1	15.4	13.6	12.4	11.6	11.1	11.0
$RB(°)$	0	10	20	30	40	50	60	70	80	90	100	110
D_{close}/n mile	1.86	1.9	1.88	1.82	1.76	1.65	1.52	1.38	1.29	1.19	1.18	1.24
D_{collid}/n mile	1.06	1.05	1.00	0.94	0.84	0.73	0.61	0.49	0.35	0.17	—	—
$A_{C_1}(°)$	70.8	75.6	78.8	82	86.8	91.4	95.6	99.8	106.8	112.4	120.6	131
$A_{C_2}(°)$	34	34	33	34	32	31	30	29	25	4	—	—
T_{cpa}/min	11.0	11.1	11.6	12.4	13.6	15.4	18.1	22.2	28.1	36.3	47	59.5

　　同理,可以求出其他船速比情况下本船的避碰行动操纵图,根据不同的来船方位,船舶驾驶员就可以在相应的距离处采取正确的避碰行动。

5

船舶避碰行动领域模型和避碰路径规划

分析船舶领域和动界的研究现状。在船舶碰撞危险度的基础上,建立动态避碰行动领域模型,该模型的领域边界随碰撞危险度阈值的不同而变化,碰撞危险度为 0 的船舶,该领域不存在,通过实例说明避碰行动领域模型在多船避碰实务中的应用。最后给出船舶避碰路径规划。

5.1 船舶领域和动界的研究现状

20 世纪 60 年代初,日本学者藤井弥平提出了船舶领域的概念和模型。随后,70 年代到 80 年代,英国学者古德温(E. M. Goodwin)和科德威尔(T. G. Cold-well)[72]等许多西方和日本学者对船舶领域理论进行了充实和完善。认为船舶周围存在一个领域界限,一旦有他船侵入,说明对本船构成碰撞危险,并且规定领域的范围左右不对称、前后不一致[82-88]。我国学者对其边界进行模糊化处理,认为在不同的情况下应该取不同的值[78]。

船舶领域概念的提出确实让航海人员大开眼界,在避碰理论的研究领域又开辟了一个新的天地。可是,得到的结论与实际情况却有出入。首先,并不是每艘船舶位于或进入本船的领域界限范围时都会对本船构成碰撞危险,这无形中夸大了船舶领域的界限范围。其次,有些没有进入领域界限的船舶对本船又确实构成相当的威胁,而我们还没有注意到。再次,船舶领域除了受到环境的影响外,还应随目标船的不同有所不同。也就是说,不能一概地考虑所有的目标船的情况来制定一个统一的界限范围,对于不同的目标船舶和外界环境应该分别对待。

为使船舶领域不被侵犯,英国学者戴维斯(P. V. Davis)等设计了被称为"动界(Arena)"的避让行动区域[4]。该区域是以某一点为中心的一个圆,需要和船舶领域同时使用,比较麻烦,也不太实用。

动界模型的逻辑是,本船动界被侵犯时,未来情况是本船领域也将受到目标船侵犯,本船采取转向避让行动,而这种行动的结果要导致目标船的最近会遇距离大于本船的领域范围;如果目标船侵犯本船的动界而未来情况是本船的领域不会被侵犯则无须采取任何转向行动[4,13]。

为此,本书提出一个动态避碰行动领域模型。在确定的航行环境下,对应于每艘目标船,在本船的周围都有一个与其相对应的领域界限。一旦这艘目标船进入该领域界限范围,就是本船开始采取避让行动的时机,并把这个领域界限定义为避碰行动领域界限。

5.2 避碰行动领域模型的确定

把船舶碰撞危险度的概念应用到避碰行动领域模型的研究中,是很容易被接受的。实际上,船舶开始采取避让行动的时机正是碰撞危险度达到规定阈值的时刻,也就是目标船进入领域界限的时刻,由此得到避碰行动领域模型[31]。

这里,本节研究的避碰行动领域模型和以前的船舶领域和动界模型在概念上不太一样[86-89]。第一,出发点不同,文中的模型是建立在船舶碰撞危险度基础上的,对于不同的船舶,不同的会遇态势,其碰撞危险度的大小不一样,应该适用于不同的避碰行动领域模型,因此,本书将为每条目标船都建立一个与其相对应的避碰行动领域界限;第二,在避碰行动领域模型的应用上,针对性比较强,对于那些碰撞危险度为0的船舶或者已经驶过让清的船舶,不建立它们的领域模型。

AIS能够提供目标船的速度和航向,于是可以计算出相对速度和相对航向,给定碰撞危险度临界值,D_{cpa} 取 $[-D_s,D_s]$,计算出对应的到目标船的距离,并把它们顺序连接起来,就得到避碰行动领域界限。

设本船的长度为 $L=130$ m,速度为 $V_0=16$ kn,航向为 $C_0=0°$,目标船的速度为 $V_1=18$ kn,航向 $C_1=240°$。天气良好,水域开阔,船舶密度大。

于是,本船相对于目标船的速度和航向分别是 $V_{01}=29.5$ kn 和 $C_{01}=31.9°$。根据航行环境和条件取转向避让角度变化率临界值 $C_{CR}=7.0(°/0.1$ n mile),最小安全会遇距离 $D_s=1.0$ n mile,注意会遇距离 $D_{cpa\text{-}attend}=4.0$ n mile,系数 $\lambda=1.0$,$k_1=4.0$,$k_2=2.0$ min,据此求出对于这个目标船的避碰行动领域如图5-1所示。

中心点 O 表示本船的位置。由图5-1可知,对应于这个目标船的避碰行动领域,其范围是在相对航向线上的一个狭长区域,左、右不对称。本书把它看作是一类目标船的领域界限,即具有相同速度和航向的一类船舶,对于这种类型的船舶其避碰行动领域在相同的航行环境下都是一个。当这类船舶进入该领域界限时,本船对其开始采取避让行动。

当然,在同一段时间内和本船会遇的船舶不止一个,相应的避碰行动领域也不止一个。为了讨论问题的方便,对于那些碰撞危险度为0的船舶或者已经驶过让清的船舶,不建立其领域界限。这样,在本船周围可能有几个领域界限同时存在,

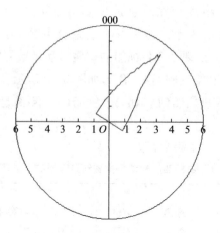

图 5-1　避碰行动领域界限

问题是如何区分不同的领域,以及如何运用这些领域协助船舶避碰。

5.3　避碰行动领域模型的应用

如图 5-2 所示为多船会遇情况下船舶会遇态势,中心点 O 表示本船的位置,$T_i(i=1,2,\cdots,6)$ 表示目标船的位置,T_i 上的线段表示目标船的相对运动矢量。

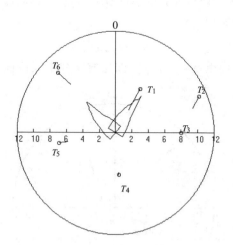

图 5-2　多船会遇态势

设本船的长度 $L=259$ m,速度和航向分别为 $V_0=17$ kn、$C_0=0°$。本船周围共有 6 条目标船(T_1,T_2,T_3,T_4,T_5,T_6)[32],它们的运动要素及相对于本船的运动参数见表 5-1。

取最小安全会遇距离和注意会遇距离分别为 $D_s = 1.0$ n mile、$D_{cpa\text{-}attend} = 4.0$ n mile，在 $|D_{cpa}|$ 小于注意会遇距离（$D_{cpa\text{-}attend}$）和 T_{cpa} 小于 30 min 的条件下，可以确定在本船的周围会出现 2 个目标船的避碰行动领域界限 D_1 和 D_6，它们分别对应第一艘船舶（T_1）和第六艘船舶（T_6），如图 5 - 3 所示。由于第二艘船舶（T_2）、第三艘船舶（T_3）、第四艘船舶（T_4）和第五艘船（T_5）不满足建立领域模型的条件，船舶 T_3、船舶 T_4 和 T_5 的 T_{cpa} 均太大，船舶 T_2 的 $|D_{cpa2}| > D_{cpa\text{-}attend}$，它们的碰撞危险度均为 0，不建立它们的领域界限。

表 5 - 1 目标船的运动数据资料及其避碰行动领域情况

船舶	项目								
	速度 /kn	航向 /(°)	距离 /n mile	方位 /(°)	相对速度 /kn	相对航向 /(°)	D_{cpa} /n mile	T_{cpa} /min	船舶领域
T_1	17	240	6	30	29.4	30	0	12.2	D_1
T_2	8	285.5	11	67	16.7	30.4	−7.0	30.4	—
T_3	20	328	8	90	10.6	89.8	0	45.3	—
T_4	20	0	5	175	3	180	0.4	99.6	—
T_5	22	30.5	7	260	11.3	260	0	37.1	—
T_6	17	80	10	315	21.9	310	−0.9	27.3	D_6

这样，就能非常直观地看清楚首先应该避让哪条目标船和采取怎样的避让模式、避让时机与行动了。航行 4 min 后，船舶 T_1 进入其避碰行动领域范围 D_1，本船采取向右转向 30° 后，取 $|D_{cpa}| < D_{cpa\text{-}attend}$，$T_{cpa} < 20$ min，避碰行动领域如图 5 - 4 所示。T_1 将过 D_1 的边界，D_6 消失，D_4 出现。

本书在前面曾经提出过一个问题，即如何区分不同目标船对应的避碰行动领

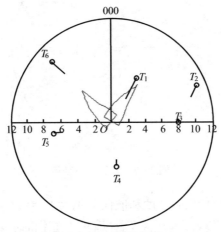

图 5 - 3 多船会遇态势及领域界限（$T_{cpa1} = 12.2$ min）

域界限。其实这个问题并不难,目标船的相对矢量线方向就是其避碰行动领域界限方向,因此,相对运动矢量线始终垂直于领域界限底端的线段。无论从图 5‑3还是图 5‑4 中都能看清这一点,另外,计算机的记忆比人类大脑强大清楚得多。图 5‑4 显示的是船舶 T_1 和船舶 T_4 的避碰行动领域模型 D_1 和 D_4。

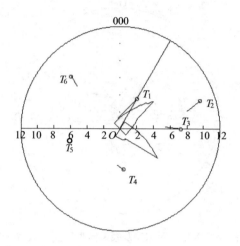

图 5‑4　多船会遇态势及领域界限($T_{cpal}=7.2$ min)

航行 8 min 后,船舶 T_1 驶离其领域范围 D_1,该领域界限消失,本船恢复原航向 0°后,取 $|D_{cpa}|<D_{cpa\text{-}attend}$,$T_{cpa}<20$ min,避碰行动领域如图 5‑5 所示。这时 D_4 消失,D_6 出现。

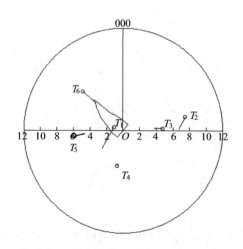

图 5‑5　多船会遇态势及领域界限($T_{cpal}=-0.88$ min)

航行 7 min 后,船舶 T_3 进入其领域范围 D_3,本船采取向右转向 35°后,取 $|D_{cpa}| < D_{cpa\text{-}attend}$,$T_{cpa} < 20$ min,避碰行动领域如图 5-6 所示。T_3 将过 D_3 的边界,D_2 和 D_4 出现。

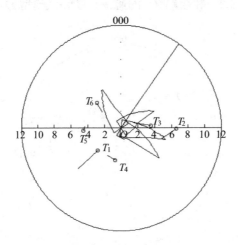

图 5-6 多船会遇态势及领域界限($T_{cpa3} = 10.0$ min)

航行 11 min 后,船舶 T_3 驶离其领域范围 D_3,该领域界限消失,T_4 的领域界限 D_4 消失。取 $|D_{cpa}| < D_{cpa\text{-}attend}$,$T_{cpa} < 20$ min,避碰行动领域只剩下 D_6 和 D_2。如图 5-7 所示。

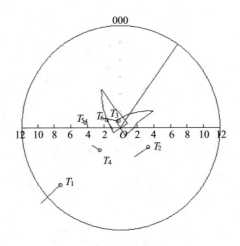

图 5-7 多船会遇态势及领域界限($T_{cpa3} = -0.99$ min)

图 5-7 中看到,船舶 T_6 就要驶离其领域边界 D_6,T_2 远离其领域边界 D_2,其他船舶碰撞危险度为 0,避碰行动领域界限没有出现。保向、保速就可以让清目标船 T_6。

继续航行 5 min 后,船舶 T_6 驶离其领域范围 D_6,恢复原航向 0°后,取 $|D_{cpa}|$ < $D_{cpa\text{-}attend}$,T_{cpa} < 20 min,避碰行动领域如图 5-8 所示,这时,可以说 6 艘目标船全部驶过让清。图中出现的领域界限是船舶 T_6 的避碰行动领域 D_6,由于恢复原航向使其再次出现,该目标船位于本船正横后,明显对本船没有太大的碰撞威胁了。

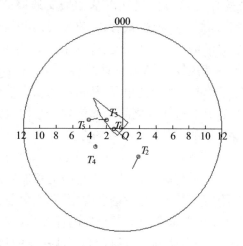

图 5-8　多船会遇态势及领域界限($T_{cpa6}=2.2$ min)

这样,经历了 4 次转向,共计 31 min 的避让过程,完成了这段时间内的船舶避碰任务。文献[32]中"智能避碰专家系统"给出的避让方案是,立即快速(全速满舵)操舵避让 055°,当航向转到 055°时,沿该航向航行 25 min 后,恢复至航向 018°,再沿该避让航向航行 16 min 后恢复至原航向。文献[32]的避让结果是,经历了 3 次转向,共计 41 min,而且最大转向角度达 55°。

两者分析比较可以看到:利用避碰行动领域模型协助避碰,不仅给船舶驾驶员感官上"碰不到目标船"的认识,而且给出了逼近目标船的程度、方向和范围,其航迹偏移量较小,而且转向的角度均在 30°左右,也比较适中。

5.4　分布式船舶避碰决策系统

船舶避碰决策系统面临的重要问题就是如何协调在同一个航行环境中多艘船舶的运动状态,以避免发生碰撞。我们不能简单地把《避碰规则》条款从两船会遇直接推广到多船会遇，《避碰规则》也没有规定多船会遇时应该遵守怎样的行为准则。分布式船舶避碰决策系统正好能够解决这个问题，包括系统的结构、船舶之间的通信和多船会遇推理规则集。本节会在这个方面解决多船之间协调避碰问题。

1. 概述

船舶避碰决策系统面临的一个重要的问题是如何协调在同一个航行环境中多艘船舶的运动状态，以避免相互之间发生碰撞或出现紧迫局面。传统上，人们通过在事故多发地点以及船舶拥挤海区建立岸基船舶交通服务系统（vessel traffic service，VTS）的方法来解决这个问题，或者在《避碰规则》中通过增加条款实行诸如"狭水道"和"分道通航制"的原则[82,83]，效果确实良好。问题是 VTS 的覆盖范围有限，系统结构复杂，维持费用较高，在某些地区难以生成和实现[84]。分布式人工智能的思想[85]，由各艘船舶本身的智能单元，从自身的动力学特性出发，依据任务与环境的变化，自主决策，并通过相互之间的通信和交互作用完成任务，将是解决多艘船舶之间协调避碰问题的一种行之有效的方法。

其实，航海人员一直从事的工作正是这方面内容，只是他们没有感觉到和没有被系统化罢了。海上每位船舶驾驶员都是一个高级的智能单元，他们能够根据收集到的目标船的信息、周围的航行环境、《避碰规则》和积累的避碰经验，独立调整自身的运动状态，做出正确的判断和决策。今后的任务是如何利用机器完全取代或部分取代人的这种智能劳动，达到安全航行和智能避碰的目的。在这里只作初步的分析，尝试用分布式方法解决这一问题。

2. 分布式多船避碰决策系统模型的结构

设在某个海域存在 n 艘船舶 $R = \{R_1, R_2, \cdots, R_n\}$，其中，$R_i(i=1, 2, \cdots, n)$ 的计划航线为 $O(s_i)$，R_i 在时刻 t 的位置为 $P[s_i(t)] = \{p_x[s_i(t)], p_y[s_i(t)]\}^T$，$d_i$ 为各船舶的最大几何尺寸，则船舶 R_j 经过船舶 R_i 的路径区域和时域分别为

$$D_{R_j \to R_i}(s_i) \underline{\underline{\Delta}} \{s_i \mid \| P[s_i(t)] - P[s_j(t)] \| \leqslant d_i + d_j, \forall t\} \qquad (5-1)$$

$$D_{R_j \to R_i}(t) \underline{\underline{\Delta}} \{t \mid \| P[s_i(t)] - P[s_j(t)] \| \leqslant d_i + d_j\} \qquad (5-2)$$

船舶 R_j 与船舶 R_i 发生碰撞的区域为

$$D_{R_j \to R_i}(s_i, t) \underline{\underline{\Delta}} D_{R_j \to R_i}(s_i) \times D_{R_j \to R_i}(t) \qquad (5-3)$$

分布式船舶避碰决策系统的目的就是求出适当的控制 $U = (U_1, U_2, \cdots, U_n)^T$，其中，$U_i(i=1, 2, \cdots, n)$ 是船舶 $R_i \in R$ 的控制向量，通过改变航向或改变航速等手段，使 $D_{R_j \to R_i}(s_i, t) = \Phi$，实现实时在线避碰。每艘船舶规划采取哪种策

略,要根据其在具体环境中的优先级来决定,低优先级的船舶为让路船,应该首先采取避让行动,高优先级的船舶配合低优先级的船舶,按照《避碰规则》的要求,在适当的时候采取协调动作或者最有助于避碰的行动,从而相互协调,保证各船舶的航行安全(见图 5-9)。

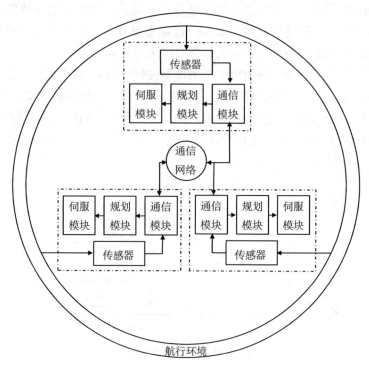

图 5-9　多船会遇避碰系统结构

分布式多船避碰决策系统 $R = \{R_1, R_2, \cdots, R_n\}$ 可以转化为由各船 $R_i (i=1, 2, \cdots, n)$ 单独构成的子系统的独立决策问题。每一个子系统都是一个二元组 $R_i (H_i, Q_i{}^t)$,其中,$Q_i{}^t (i=1, 2, \cdots, n)$ 表示船舶 R_i 在 t 时刻的运动状态向量,H_i 表示船舶 R_i 的规则集,并且 $H_i = \{w_i^1, w_i^2, \cdots, w_i^{k_i}\}$,其中,$k_i$ 表示规则集 H_i 中的规则条数,$w_i{}^j (j=1, 2, \cdots, k_i)$ 表示推理规则,有如下的形式

$$w_i{}^j = [\zeta_i^{j,1}, \zeta_i^{j,2}, \cdots, \zeta_i^{j,m}, (\xi_i, \eta_i)] \tag{5-4}$$

其中,$\zeta_i^{j,k} (k=1, 2, \cdots, m)$ 称为规则的条件,(ξ_i, η_i) 称为规则的推论,$\xi_i \in \{1, 2, \cdots, n\}$,称为多船系统的通信录,当 $\xi_i = l (l \neq i, l \geqslant 1)$ 时表示第 i 艘船舶与第 l 艘船舶进行通信,内容为 η_i。当 $\xi_i = i$ 时表示第 i 艘船舶根据所收到的信息进行推理以调整自身的运动状态,这时的 $\eta_i = \Phi$。上述规则也可以表述为

$$\text{IF} \quad \zeta_i^{j,1} \text{ and } \zeta_i^{j,2} \text{ and } \cdots \text{ and } \zeta_i^{j,m} \quad \text{THEN} (\xi_i, \eta_i) \tag{5-5}$$

每个 $R_i(H_i, Q_i')$ 构成一个子系统,称为多船会遇系统的成员。

多船会遇避碰决策系统的结构如图 5-9 所示。每艘船舶的内部由通信、规划和伺服三个模块,以及传感器构成。它们通过通信网络和传感器彼此交换信息和感应环境,共同工作在同一个航行环境中。

由此看到,分布式船舶避碰决策系统是在前面论述的单船避碰决策模型的基础上,加上现代通信网络构成的。要求每艘船舶都具有大致相同水平的智能行为和决策依据,是船舶避碰自动化发展的更高层次的目标。

规划模块是由规则库、碰撞危险预测模型、推理机和实时规划模型组成。碰撞危险预测模型是建立在船舶碰撞危险度基础上,一旦超过给定的阈值,则认为将不可能在最小安全会遇距离上通过,发生碰撞危险的程度达到需要采取行动的地步。各船规划模块内部的推理机在自身规则库的支持下,独立完成避碰决策和航行规划,如图 5-10 所示。

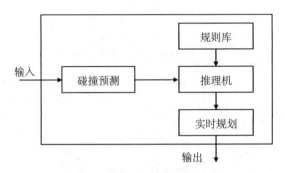

图 5-10　规划模块的结构

分布式船舶避碰决策系统是由各船舶子系统构成的。每个子系统利用自己的推理规则集和当前的会遇状态进行推理,并且,每艘船舶通过向其他船舶发送信息影响其推理过程,使各船舶协调动作,并行地完成各自的推理任务。

3. 船舶之间的通信问题

船舶通信是分布式避碰决策系统的关键问题之一。除利用 AIS 和近距离 VHF 通信外,船舶之间通过"黑板法"(blackboard)进行通信,各船不断地向"黑板"以打包(pack)的方式发出自己的状态信息(message),同时接收附近其他船舶传来的信息,并据此调整自身的运动状态。这是一个共享的、开放的知识结构,系统简单,可靠性好,以目前的通信手段很容易实现。

船舶 R_i 向外发送的信息包为一个三元组 $pack(s_i) = \{O(s_i), P_i, Q[s_i(t)]\}$。其中,$O(s_i)$ 为船舶 R_i 的目前一小段时间范围内的计划航线,比如取 30 min 内的航行计划完全满足对于避碰信息的要求;P_i 为其权力值,也就是船舶受《避碰规则》保护的程度；$Q(s_i(t))$ 为其当前的运动状态。

根据《避碰规则》中第十八条（船舶之间的责任），确定不同类型船舶之间的避让关系，给出各种特殊类型船舶的权值见表 5-2。

表 5-2　特殊类型船舶的权值

船舶 R_i	权值 P_i
水上飞机,地效翼船	0
机动船	1
帆船	2
从事捕鱼的船舶	2.5
限于吃水的船舶	3
失去控制的船舶和操纵能力受到限制的船舶	5

互见中会遇多艘机动船的情况是比较普遍的，相对于本船 R_j 的权值 $P_j=1$，根据目标船的运动状态可以确定目标船权值的变化见表 5-3。

表 5-3　不同方位船舶的权值变化

船舶 R_i	权值 P_i
追越船	0.6
左舷交叉船	0.8
对遇船	1.0
右舷交叉船	1.2
被追越船	1.4

对于船舶 R_j 而言，由目标船 R_i 的运动状态 $Q[s_i(t)]$ 和本船的运动状态 $Q[s_j(t)]$ 可以首先计算出与船舶 $R_i(i\in\{1,2,\cdots,n\},i\neq j)$ 的发生碰撞的区域为

$$D_{R_i\to R_j}(s_j,t)\triangleq D_{R_i\to R_j}(s_j)\times D_{R_i\to R_j}(t)$$

然后计算碰撞危险度（$CRI_{i\to j}$），确定危险船舶集合 $D(s_j,t)$，再根据 $O(s_i)$ 和 P_i 决定做出怎样的避让措施。

4. 多船会遇推理规则集

本船定义为 R_0，运动状态为 $Q[s_0(t)]$，权力值为 P_0，计划路径为 $O(s_0)$，推理规则集为 H_0，R_0 进入某海域会遇到多艘目标船 $R_i(i=1,2,\cdots,n)$ 后，采取如下动态避碰策略达到避碰的目的，如图 5-11 所示。

目标船定义为 $R_i(i=1,2,\cdots,n)$，运动状态为 $Q[s_i(t)]$，权力值为 P_i，计划路径为 $O(s_i)$，与本船 R_0 的碰撞危险度为 $CRI_{i\to0}$，碰撞危险度超过设定阈值

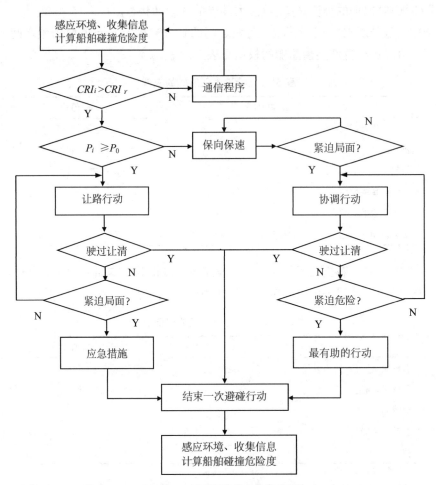

图 5-11　船舶避碰决策流程图

$(CRI_\gamma=0.5)$ 的危险船舶的集合为 $D(s_0,t)$。H_0 中包含下面规则：

H_0^1：IF $D(s_0,t)=\Phi$，THEN 以时间间隔 $\tau(s_0)$ 发送信息包 $\mathrm{Pack}(s_0)$，同时接收信息包 $\mathrm{Pack}(s_i)(i=1,2,\cdots,n)$，实现船舶之间的实时交互，ELSE 使用规则 H_0^2。

H_0^2：感应环境、收集信息、计算碰撞危险度。

H_0^3：IF $P_i\geqslant P_0$ and $CRI_{i\to0}\geqslant CRI_\gamma$，THEN 扩充危险船舶集 $D(s_0,t)$，选择最危险的船舶 $R_j=\max\limits_{i=1}^{n}(CRI_{i\to1})$，使用规则 H_0^4，ELSE 使用规则 H_0^{21}。

H_0^4：实施避让行动

H_0^5：IF 生成新的运动状态，THEN 更新危险船舶集 $D(s_0,t)$，令 $D(s_0,t)$

$=\Phi$。

$H_0{}^6$：IF 驶过让清，THEN 更新危险船舶集 $D(s_0,t)$，令 $D(s_0,t)=\Phi$，使用规则 $H_0{}^1$。

$H_0{}^7$：IF 形成紧迫局面，THEN 使用规则 $H_0{}^8$，ELSE 使用规则 $H_0{}^4$。

$H_0{}^8$：采取应急措施。

$H_0{}^9$：IF 碰撞，THEN 程序结束，"Stop Engine"

$H_0{}^{10}$：IF 驶过让清，THEN 更新危险船舶集 $D(s_0,t)$，令 $D(s_0,t)=\Phi$，使用规则 $II_0{}^1$。ELSE 使用规则 $H_0{}^8$。

$H_0{}^{21}$：扩充危险船舶集 $D(s_0,t)=D(s_0,t)\bigcup R_i$，保向、保速，观察 R_i 船舶的动态，确定紧迫局面距离。

$H_0{}^{22}$：IF 形成紧迫局面，THEN 使用规则 $H_0{}^{23}$，ELSE 使用规则 $H_0{}^{21}$。

$H_0{}^{23}$：采取协调避碰行动。

$H_0{}^{24}$：IF 碰撞，THEN 程序结束，"Stop Engine"

$H_0{}^{25}$：IF 驶过让清，THEN 更新危险船舶集 $D(s_0,t)$，令 $D(s_0,t)=\Phi$，使用规则 $H_0{}^1$，ELSE 使用规则 $H_0{}^{23}$，判断紧迫危险。

$H_0{}^{26}$：IF 形成紧迫危险，THEN 使用规则 $H_0{}^{27}$，ELSE 使用规则 $H_0{}^{23}$。

$H_0{}^{27}$：采取最有助于避碰的行动。

$H_0{}^{28}$：IF 碰撞，THEN 程序结束，"Stop Engine"

$H_0{}^{29}$：IF 驶过让清，THEN 更新危险船舶集 $D(s_0,t)$，令 $D(s_0,t)=\Phi$，使用规则 $H_0{}^1$，ELSE 使用规则 $H_0{}^{27}$。

船舶通过相互之间传递消息和感应环境获取他船运动状态，一旦发现可能产生碰撞则会在规则库的作用下开始避碰规划，产生新的运动状态。

规则库中还包含以下几条规则：

$H_0{}^{41}$：IF 水域狭窄，THEN 采取减速避让。

$H_0{}^{42}$：IF 水域开阔，THEN 采取变向避让。

$H_0{}^{43}$：IF $D_{\text{cpa}}<-\alpha_0\times D_s$，THEN 向左转向。

$H_0{}^{44}$：IF 接近渔船群 AND 水域开阔，THEN 绕航。

$H_0{}^{45}$：IF $CRI_{i\to0}=CRI_{j\to0}\geqslant CRI_\gamma$，THEN 警报，采取人工避碰行动。

5.5　人工鱼群算法的避碰路径规划

据调查，80%以上的碰撞事故都与人为因素有关。随着航运技术不断进步，驾驶台上的航行设备能够提供的航行信息越来越多，如果船舶驾驶员没有得到充分训练,当大量的航行信息交织在一起时,可能会导致船舶驾驶员做出不正确的判断和决策。能够有效减少人为因素导致的碰撞事故的方法是依靠科技技术提高船舶自动化航行水平,以减少船舶驾驶员的主观判断,减轻船舶驾驶员的负担,并实现自动避碰。因此,研究船舶自动避碰决策系统对于保障船舶安全来说具有实际意义[90]。

虽然自动雷达标绘仪能解决船舶避碰中信息处理的部分问题,但其不是一个完全的自动避碰系统。使用该系统时,船舶驾驶员必须依据自身经验和专业技能进行主观判断,容易发生严重的错误。电子海图显示与信息系统(ECDIS)通过与其他设备(如雷达、罗经、计程仪等)连接获取航行信息并与之进行数据和信息交流,现已成为一种船舶导航和辅助决策系统,并逐渐成为船舶驾驶台的信息核心。船舶避碰策略是一个复杂的决策过程,包括有关航行数据的收集、数据的预处理、船舶会遇态势的划分、碰撞危险度的计算、避碰方法的选择、避碰行动的优化和复航选择。船舶避碰决策很难用精确的数学模型来描述,即使有非常精确的数学模型,也不可能用于需要实时采取避碰决策的环境。近年来,学者们开始将人工智能的方法(如人工神经网络、模糊逻辑、基因算法、蚁群算法等算法)引入船舶避碰领域,开启了运用软计算代替纯粹数学模型的研究领域。

船舶避碰路径的决策是一个多指标、非线性规划问题,既要保证安全又要求经济消耗最小。因此,采用不同于数学模型的人工鱼群混合优化算法,模仿鱼群的觅食、聚群及追尾行为,搜寻最优解。结合国际海上避碰规则和船舶安全领域相关知识,利用该算法推荐合理的船舶避碰路径。通过研究将该算法实现,并将其与电子海图平台相结合,实现船舶自动避碰决策支持系统。

1. 船舶领域和会遇态势划分

船舶领域为一艘船舶周围的有效区域,该船驾驶员将其他船舶和静止目标保持在该区域外,并认为此领域是任何一艘船舶保证航行安全所需的水域。船舶领域是海上交通工程中的一个重要概念,广泛应用于船舶避碰和危险评估。此处研究的避碰支持决策系统产生的避碰路径需保证目标船在本船的领域外驶过。根据避碰规则,会遇态势分为 3 种,如图 5-12 所示。

(1) 对遇:目标船从图 5-12 中 F 区接近。本船与目标船在相反或接近相反的航向上相遇,有碰撞危险时,双方应各自向右转向,从他船的左舷驶过。

(2) 交叉:目标船从 A 区、B 区和 E 区接近。本船与目标船交叉相遇,有碰撞危险时,有他船在本船右舷者,本船应给他船让路。

(3) 追越:目标船从 C 区和 D 区接近。当一船正在从他船正横后大于 22.5°的方向后接近,认为正在追越他船。追越船给被追越船让路。

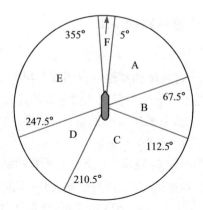

图 5 - 12　船舶会遇态势划分

2. 避碰路径规划的决策模型

会遇开始时,本船与目标船保持原航向和航速。当目标船进入观测距离内时,将开始计算相对运动方向、最近会遇距离(D_{cpa})和到达最近会遇距离的时间(T_{cpa})。根据《避碰规则》建立的知识库判断两船会遇态势,判定本船是否为让路船。如果本船为让路船,且与目标船存在碰撞危险,决策支持系统将执行避碰路径规划,以推荐一条安全且经济的路径。实际上,路径可能不是最可行的航路,但至少能保证理论上安全和经济,并有助于预警和辅助决策。因此,船舶驾驶员能将航路作为避碰方案的参考。根据不同的任务阶段,避让路径分为 3 个阶段。

1)预警阶段

当目标船进入观测和跟踪阶段时,判定本船与目标船的会遇态势。根据目标船的 D_{cpa} 是否小于本船的安全领域距离判断是否存在碰撞危险。如果存在碰撞危险且本船为让路船,则避碰路径规划算法开始执行。此阶段,该算法将给出最迟的转向避碰点、保持原航向和航速航行的可持续时间。船舶驾驶员可将其作为制定避碰决策的参考。

2)避碰航行阶段

本船转向避让后进入避碰航行阶段,此时转向避让角度不能太小,如果太小,目标船不能有效觉察本船的操纵意图;如果太大,将导致本船偏离原航路太远。但是,该角度必须保证目标船能在本船的安全领域外通过。当本船转向避让后,应在新的航向上航行一段时间后再开始复航航行阶段。

3)复航航行阶段

复航时机和复航转向角应能保证在复航阶段不会有新的危险情形出现。同时,采用最优的复航时间和角度,尽可能地减少船舶在偏航上的经济损失。

3. 人工鱼群算法的避碰路径规划

(1) 人工鱼群算法的原理。

在一片水域中,鱼能自行或尾随其他鱼找到营养物质丰富的地方,因此鱼生存数目最多的地方一般就是本水域中营养物质最丰富的地方。人工鱼群算法就是根据这一特点,通过构造人工鱼来模仿鱼群的觅食、聚群和追尾,以及鱼群之间的相互协助等行为,从而达到全局寻优的目的。

一般情况下,鱼为了更大范围地寻找食物点或身边的伙伴,会在水中自由游动;当发现食物时,会向食物逐渐增多(适应值增大)的方向快速游去。其在游动过程中,为保证生存和躲避危害会自然地聚集成群,向群体的中心游动,此时不仅要尽量避免与邻近伙伴过于拥挤,还要保持与邻近伙伴的平均方向一致。当鱼群中的一条或几条鱼发现食物时,其邻近的伙伴会尾随其快速到达食物地点。因此,觅食是一种个体极值寻优过程,属于自学过程,而聚群与追尾是鱼和外界环境相互交互的过程。

人工鱼群算法通过人工鱼个体的觅食、聚群以及追尾 3 种行为进行迭代计算,最终获取最优解[91]。可见,这也是一种仿生智能全局优化方法,每条人工鱼都能根据自身和周围环境信息自适应调整搜寻方向,最终使人工鱼群体达到食物中心(全局极值)。因此,与其他传统优化方法相比,该算法在解决复杂优化问题时具有独特的优越性能。

(2) 人工鱼个体的编码方案。

避碰路径规划决策模型主要用于求解 T_S、ΔC_0、T_a 和 ΔC_b 等四个参数,具体含义为:

① T_S 为本船从当前位置航行到避让转向点所需要的时间。本船必须在 T_S 时刻内转向,即船舶最迟要在避让转向点处进行转向,否则存在碰撞风险。

② ΔC_0 为避让航向改变量,表示本船的船首向改变 ΔC_0 后,能够保持最小安全距离通过目标船。实际避让角度应大于 ΔC_0,否则存在碰撞风险。

③ T_a 为本船从采取避让转向措施到复航开始时所经历的时间,本船转向后至少沿新航向航行 T_a 时间后才可以再启动复航行动。

④ ΔC_b 为复航时航向改变量,为返回计划航线,本船转向角应小于 ΔC_b,以防新的危险情况出现。

基于人工鱼群算法的避碰航路优化决策的四个参数变量可以使用人工鱼个体进行编码,其中 θ_i 对应第 i 条人工鱼个体,$\theta_i = [T_S, \Delta C_0, T_a, \Delta C_b]$。

(3) 决策目标函数。

从采取转向避让措施开始,到复航至初始航线,本船航行的距离可衡量避碰路径规划的优劣,因此可将其作为决策目标函数(也称自适应函数)。采用人工鱼群优化算法获取最短的避碰路径,并使其满足目标函数和相应约束条件。为此,本船应满足以下几点:

① 避碰航行距离应该是最小的。

② 碰撞危险最小且目标船保持在本船避碰安全领域以外。

③ 在保证目标船在安全领域外通过的情况下,避让角度应该是最小的。

④ 在最少时间的迂回航行后,本船返回初始航线上。

⑤ 当不会出现新的会遇态势或其他紧迫局面时,转向角度应该是最小的。

假设目标船航向为 C_T,航速为 V_T,相对于本船的方位为 Q,距离为 D,本船的航向为 C_0,航速为 V_0,本船采取避碰行动后的新航向为 C_0',决策目标函数表示为

$$J = \min\{D_n, D_r\} \tag{5-6}$$

式中:D_n——本船采取避让行动后到复航时的航行距离;D_r——复航阶段本船的航行距离。

$$D_n = T_a \cdot V_0 \tag{5-7}$$

$$D_r = T_a \cdot V_0 \cdot \frac{\sin C_0'}{|\sin C_b|} \tag{5-8}$$

式中:C_0'——本船采取避碰行动后的转向角度;C_b——复航阶段的转向角度;T_a——本船采取避碰行动后的航行时间。

模型的约束条件为

$$30 \leqslant C_0' \leqslant 90; -60 \leqslant C_b \leqslant -30; T_{cpa1} \leqslant T_a \leqslant 60; (D_{cpa1} \leqslant D_s) \text{ and } (D_{cpa2} \geqslant D_s) \tag{5-9}$$

式中:C_0' 数值为正表示向右转向,数值为负表示向左转向;C_b 数值为正表示向右转向,数值为负表示向左转向;复航时间 T_a 不超过 60 min 且至少要大于采取避碰行动后新的最近会遇时间 T_{cpa1};D_{cpa1} 和 D_{cpa2} 分别为避碰后和恢复原航向时新的最近会遇距离;D_s 表示安全通过距离。

最近会遇距离 D_{cpa} 和最近会遇时间 T_{cpa} 是满足目标函数限制条件的关键因素。图 5-13 所示是避让转向后新的 D_{cpa1} 和 T_{cpa1},可用下面方法计算

$$\begin{cases} D_{cpa1} = D \cdot \sin \theta \\ T_{cpa1} = D \cdot \cos \theta / V_R' \end{cases} \tag{5-10}$$

式中:θ——本船相对运动线和目标船方位线的夹角;D——本船与目标船的距离;B——本船的相对航线与本船转向后的航线的夹角;C_{0T}'——本船转向后,本船航向与目标船航向的夹角;V_R'——本船转向后的相对速度。

$$C_{0T}' = C_0' - C_T \tag{5-11}$$

$$V_R' = (V_T^2 + V_0^2 - 2 \cdot V_T V_0 \cos C_{0T}')^{1/2} \tag{5-12}$$

若 $C_{0T}' \geqslant 0°$，则 $\theta = B + C_0' - Q$；

$$B = \cos\left[\frac{(V_0^2 + V_R^2 - V_T^2)^2}{2V_0 V'_R}\right] \qquad (5-13)$$

若 $C_{0T}' \leqslant 0°$，则 $\theta = -(B + C_0' - Q)$；

$$B = -\cos\left[\frac{(V_0^2 + V_R^2 - V_T^2)^2}{2V_0 V'_R}\right] \qquad (5-14)$$

式中：D_s——安全通过距离圈的半径，即新的 D_{cpa} 应至少大于安全通过距离圈的半径。该值的大小取决于海上交通环境和船型。

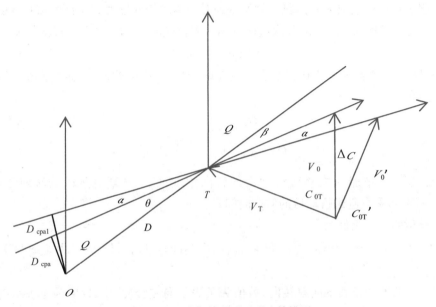

图 5-13　本船转向后避碰决策模型

（4）算法步骤。

① 初始化人工鱼群体。在变量可行域内随机生成 N 条人工鱼，形成初始鱼群。人工鱼的可视域设定为 Visual，鱼个体的最大游动步长设为 step，拥挤度因子为 δ，鱼个体每次移动时的最大试探次数为 trynumber，初始公告板中人工鱼群最优状态连续不变化或变化极小时的迭代次数 Beststep 设为 0，初始迭代次数 Num 设为 0。

② 公告板赋初值。计算初始鱼群各人工鱼的目标函数值并比较大小，取最优的人工鱼状态及其值传递给公告板。

③ 行为选择。行为选择是指选择最优的仿生行为，对人工鱼个体分别执行追尾行为和聚群行为的模拟计算，并比较目标函数，默认为觅食行为。

④ 更新公告板。每条人工鱼将自身的目标函数值与公告板的值进行比较,如优于公告板的值则取代之,否则公告板的值不变。

⑤ 引入遗传算法的条件判断。若 Beststep 已达到预先设定的连续不变化次数的阈值 Maxbest,则执行⑥遗传算法的交叉、变异操作,否则转到⑦终止条件判断。

⑥ 遗传算法的交叉、变异操作。除公告板中最优人工鱼个体外,对其他所有人工鱼执行以下操作。

第一,根据交叉概率 P_c 随机从人工鱼群中选择出若干个体,然后将其分组,并对两两人工鱼个体执行交叉操作,计算形成的新个体的目标函数值后与公告板中的最优值相比,若比公告板中的值更优,则将其取代,并以新个体取代旧个体。

第二,根据变异概率 P_m 随机从鱼群中选择若干条人工鱼个体,并对其进行变异操作。计算新形成的鱼群中各人工鱼的目标函数值,并与公告板中的最优值相比,若优于公告板中的值,则以自身取代之。

第三,置 Beststep=0。

⑦ 终止条件判断。重复步骤③至⑥,直到公告板上的最优解达到满意的误差界内为止。

⑧ 算法终止。输出最优解,即公告板上的人工鱼状态及其目标函数值。

4. 仿真实验结果

设计该算法的决策支持系统设置,船舶动态信息来自 AIS,本船速度设为 14 kn,初始航向为 0°,仅在需要执行避碰决策时才改变航向;目标船速度设定为 15 kn。根据避碰规则,船舶避碰分为对遇、追越和交叉 3 种会遇态势。通过下面 3 种典型案例对算法进行模拟:

(1) 本船与右前方目标船交叉相遇。

(2) 本船与右后方目标船交叉相遇。

(3) 船舶对遇。

表 5-4 为上述 3 个案例的模拟结果和路径规划数据。其中,D_{cpa} 和 T_{cpa} 为初始状态下,本船与目标船的最近会遇距离和最近会遇时间。$D_{cpa} > 0$,表示目标船通过本船船首;$D_{cpa} < 0$,表示目标船通过本船船尾。T_1 为转向时机,表示从观测时刻开始计算,当到达 T_1 时转向;C_1 为向右避让转向角,其限制在 $[30°, 60°]$ 范围内,如果避让角度小于 C_1,则存在碰撞危险;T_2 表示避让转向后至少按新航向航行 T_2 min,才能保证目标船安全通过;C_2 为复航时转向角度,如果复航转向角太大,将会引起新的目标船靠近危险。

仿真实例说明,运用基于改进的人工鱼群算法解决船舶避碰路径规划问题时,能给出最优的避碰路径,该路径既安全又经济。与 ECDIS 连接后,能在电子海图平台上动态显示避碰参数,为 ECDIS 提供避免碰撞的决策支持,可有效减轻值班人员的工作负担、提高海上交通安全。

表 5-4　人工鱼群算法提供优化避碰路径参数

目标船航向/(°)	D_{cpa}/n mile	T_{cpa}/min	T_1/min	C_1/(°)	T_2/min	C_2/(°)	初始方位/(°)	初始距离/n mile	路径长度/n mile
246	0.74	73	67	47	13	−46	41	28	5.85
286	−0.22	80	61	53	15	−55	80	23	6.78
190	0.42	66	52	45	13	−37	2	33	6.32

将船舶安全领域和国际海上避碰规则相结合,采用人工鱼群优化模型,对避碰决策模型中关键参数进行优化,并开发避碰决策支持系统。该系统能快速为船舶驾驶员提供一条安全、经济的避碰路径。一旦与驾驶台航海仪器及 ECDIS 相结合,将给海上船舶避让和水域 VTS 监控提供一定的安全保障和支持。

6

船舶海上弹性避碰机制

《避碰规则》一定要满足船舶海上避碰实务,并具有必要的弹性机制。规则中的弹性条款和条款间的逻辑搭配是规则发挥弹性机制的首要内容,规则的保守弊端会得以纠正,规则的稳定性与适应社会发展要求也得以有机地协调。弹性条款本质上体现了规则在反映和建构船舶避碰实务时,对社会发展留有的空间,使规则具有较大的包容性。如果在规则中没有这些弹性条款,或者虽有弹性条款但力度不够,有些规定过于具体,有些规定缺乏可操作性,那么当规则与避碰实务的关系较为紧张时,就只能用修改规则来解决这一矛盾和冲突了。

规则解释是指有权解释规则的机构依照一定的程序对规则的含义所作的解释和说明。规则解释也是规则所具有的主要的弹性机制之一。规则本身的原则性特点使规则解释更容易采取扩大或限制规则条文字面含义的办法来使规则适用于特定的事实,从而有利于规则在具体环境中得以实施。规则的这种扩大或限制性解释并不是随意的,其目的在于使规则更好地适应新的情况,解决新的问题,增强规则的社会适应性。因此,真正的规则解释在本质上是体现规则对社会现实所具有的弹性机制。这种规则解释制度是规则给自己预设了更新机制,巧妙地协调了稳定性与适应性的关系,从而保证了规则能够面对不断出现的现实挑战,适应不断发展变化的实务需求。

在航运经济快速发展、自主船很快出现的背景下,船舶避碰机制面临再构的需求,同时也对海上交通体系提出新的要求。因此,亟须建立海上船舶弹性避碰机制,从战略层面寻求面向过程的船舶弹性避碰体系。

海上船舶避碰的第一要务是避免紧迫局面,提倡"双让协同理念"的弹性避碰机制,本章从《避碰规则》中某些概念的含义出发,探讨船舶双让协同理念的弹性避碰机制,研究双让协同行为及具体做法。认为"及早"行动也适用于直航船,只要第十七条1款(2)项中规定的情况出现,直航船就应该首先独自采取操纵行动。最后给出双让协同避碰行动的时机与大小。

6.1 关于"遵守规则条款的任何疏忽"

防止"遵守规则条款的任何疏忽"可以从源头上解决安全避让目标船的问题。根据湛江辖区海上交通安全 38 年 1973—2010 年海事统计与研析的研究报告数据可知,船舶碰撞事故特别突出,占 44.3％,是第二位搁浅触礁事故的 2.6 倍,38 年中有 15 年的碰撞事故占比超过 50％,最高达 66.7％。[92]

船舶碰撞事实突显出船舶驾驶员对"遵守规则条款的疏忽"(以下简称"遵规疏忽")是引发和酿成船舶碰撞事故的基本性和源头性的因素。根据湛江海域七百宗船舶碰撞事故统计,没有一例不涉及"遵规疏忽"的,事实充分说明有必要对"遵规疏忽"的问题给予特别的关注。

1.《避碰规则》第二条 1 款"疏忽条款"

疏忽是百碰之源,应该从"预防为主"的高度来理解和执行《避碰规则》第二条 1 款。该条款的正面表述为:"本规则条款并不免除任何船舶或其所有人、船长或船员由于遵守本规则条款的任何疏忽,或者按海员通常做法或当时特殊情况所要求的任何戒备上的疏忽而产生的各种后果的责任。"即不免除任何因疏忽产生的后果的责任。该条款本质与核心是防止任何疏忽,即不发生疏忽,至少尽可能少发生疏忽。因此,第二条 1 款也称为"防止疏忽"条款。该条款是《避碰规则》的总则之一,应把"防止疏忽"条款作为海上避碰行动的方针。防止疏忽可以从源头上消除隐患,及时止住一时疏忽,砍断事故链,是船舶安全避让的必要条件和根本保障。

关于《避碰规则》第二条 1 款的理解和运用,注意力往往偏重于"按海员通常做法或当时特殊情况所要求的任何戒备上的疏忽",反而将"遵守本规则条款的任何疏忽"以在后面会逐条学习为由轻置一旁,未能运用该"遵规疏忽"条款将《避碰规则》各章节、各条款的适用性、排他性、关联性、互补性、制约性等相辅相成的关系做一系统分析,以避免在遵守《避碰规则》时只顾及某一方面而不管其他条款。会遇各方都只强调对于自己有利的某一条款,甚至是某一个词语,从而构成严重疏忽发生碰撞。

在涉及"遵规疏忽"的产生原因时,大多归结于船长和船舶驾驶员对《避碰规则》的误识、误解、经验少、责任心差、法规意识不强、疲劳驾驶或迫于船期和效益的压力而冒险等。但有一个重要的原因是对《避碰规则》某些条款理解不到位、不确切。

疏忽指马虎大意,没有注意到。没有按照合理的专业知识和需要的谨慎注意,按当时环境情况和通常作法,采取合理的防范措施。没有实施正确的行为,或没有按照有关规定和要求，未能正确实施该行为，或行为不当，产生了损害后果。疏忽通常可理解为：①粗心大意；②忽略、疏漏；③玩忽、漫不经心，玩忽职守、懒散失责；④轻忽、藐视，过于自信、侥幸心理，使得虽然预见到的、本可避免的危险未能避免；⑤不懂《避碰规则》或一知半解，或在某些说法的误导下，未能正确遵规行动；⑥缺乏海上经验，不懂海员通常做法，也不懂得如何应对特殊情况，而发生戒备疏忽；⑦失察、错判，对目标动向和当前情势观察不周密，根据不充分的信息作推断，对会遇局面和碰撞危险估计不充分，导致避碰行动不当。

过失是指因疏忽而犯的错误，是疏忽的衍生义。《避碰规则》第二条 1 款的疏忽可看作与过失同义。

2. 对"避免紧迫局面"条款的疏忽

1）"避免紧迫局面"为海上避碰实务中的首要任务和中心环节

两船会遇，从碰撞风险（risk of collision）的出现，到碰撞危险（danger of collision）达到某一数值，再到两船陷入紧迫局面（a close—quarters situation），这是一个快速变化、动态逼近的过程，因此，紧迫局面出现前是实施避碰行动的关键点。《避碰规则》最基本的标准是避免碰撞，但是，根据第八条 4 款，其更高的目标是"应能导致在安全距离驶过"。《避碰规则》通过避免紧迫局面的一系列操纵行动，使正在形成的紧迫局面不得形成，从而化解碰撞危险，避免船舶碰撞。

避免紧迫局面是海上船舶避碰实务的中心环节，是具有决定性意义的环节，是第一要务，其他的避碰举措都围绕该环节进行。所谓良好船艺，首先体现在避免紧迫局面的形成，避免紧迫局面也是"早、大、宽、清"行动的出发点和落脚点，是在安全距离上通过的检验标准。

目前并没有将避免紧迫局面作为避碰实务中的一个至关重要的课题看待，只是将其作为一般性的问题处理。大量的碰撞事实可以证明"避免紧迫局面"十分重要。因此，确立"避免紧迫局面"在海上避碰实务中的中心地位具有决定性的意义，应该从理论上和实务上作深入研究，并得到普遍的认识。

2）谁造成紧迫局面，谁将负责碰撞主要责任

"谁造成紧迫局面，谁将负责碰撞主要责任"的说法已经成为业内的共识，从一个侧面突出了"避免紧迫局面"在避碰中的关键作用。因此，在避碰实务中必须首先解决造成紧迫局面的判定依据，也就是按照前面章节给出紧迫局面的数值表示。大量的碰撞纠纷案中，双方均不遗余力地指责对方造成了紧迫局面，对此，感触颇深，反复思考此问题后，感觉还需要把握以下两点：

（1）对遵守规则的疏忽可以分为两类：一类是对于特定会遇局面、特定会遇船舶的针对性的特别适用条款的疏忽，另一类是对于普遍适用条款的疏忽，"特适效

力"总是大于"普适效力"。违反责任规定重于违反操作条款。如有让路船的情况，一般重点追究让路船的责任，但若在交叉局面中让路船已右转让路，直航船不保向、保速，并违反了第十七条 3 款向左转向的规定导致碰撞，则将认定直航船负碰撞的主要责任。对于狭水道航行违反第九条 1 款的情况，重点追究左航左让船舶的责任。对于雾航舵让发生碰撞的情况，将根据第十九条 4 款重点追究以下船舶的责任：①除对被追越船外，对正横前的船舶采取向左转向的船舶；②对正横或正横后的船舶采取朝着它转向的船舶。

（2）看疏忽的程度和疏忽对产生船舶碰撞所起的作用，进行双方过失对比分析。双方互有过失造成船舶碰撞，一般的原则是按各自的过失比例分担损失。如果双方过失比例相当或过失比例难以确定，则各承担 50％ 的碰撞责任。

3. 对运用良好船艺的疏忽

这里的良好船艺是指船舶驾驶员在长期的海上避碰实践中总结、积累、传承、不断丰富而形成的精湛的操船技艺和驾驶技术，在避碰行动中实施，确保双方在安全距离上通过。

1）良好船艺的运用

（1）把握《避碰规则》并熟练运用，不能只顾某一条款或某一字句而不管其他条款。船舶驾驶员应该正确处置《避碰规则》条款的排他性/相关性、法规性/实效性，起相辅相成，相反相成的作用。

（2）当对危险和局面有怀疑，处于避碰责任模糊地带时，坚持按危险原则和把本船作认让路船主动采取避碰行动，决不推责，不迟疑观望，等待对方让路，坚持以"双让协同"为避碰基石，并在行动中顾及对方的困难。

（3）遵规采取的避碰行动，坚持一切行动从实际出发，并取得适应当时环境和情况需要的效果。

（4）戒备不懈，时时处处防止疏忽，善守海员常规，平时坚持远离危险的原则。一旦紧迫危险来临，沉着果断、应对有方，能够利用当时环境和情况下的一切可用手段，采取最有助于避碰的行动，必要时果断"背离"，力争脱险，若不可避免碰撞，也尽一切可能将损害减至最小。

（5）从避碰的本质上说，采取能确保避免紧迫局面的行动，使正在形成的紧迫局面不得形成，从而导致在安全距离通过。

2）良好船艺的问题

关于良好船艺有一种说法是，良好船艺不包括《避碰规则》中已规定的避让操纵行动，似乎只适用于《避碰规则》以外的情况。也有船舶驾驶员认为，良好船艺就是指在遇到紧迫危险时，不惊慌失措，力挽狂澜。

这种说法显然过于片面,良好船艺主要体现在遵守《避碰规则》的行动而不发生任何疏忽,船舶驾驶员的水平主要体现在安全防范上,融于正常的避免紧迫局面的行动中,将正在形成的紧迫局面及早化解,最终在安全会遇距离上通过。良好船艺的运用放在第八条 1 款,是在遵循《避碰规则》第 2 章各款规定采取避碰行动中提出的要求,这一点容易被疏忽,应当将运用良好船艺的重点转变过来。良好船艺运用不搞"危态化",而转为常态化(当然也包括危态时),用于防止疏忽,是避免紧迫局面,而不是单纯用于应急状况。

运用良好船艺的时机,主要体现在日常的避碰行动中,化解正在形成的紧迫局面,是良好船艺运用的主体部分。

4. 对《避碰规则》条款间的关联性的疏忽

(1) 一般认为,互见中追越、对遇、交叉三者仅有一种局面成立;互见规则与能见度不良规则也不能同时适用。这就是所谓规则条款的排他性。汉语词典中对排他性解释为一事物不容许另一事物与自己在同一范围内并存的性质。但现实情况往往要复杂得多,有时在会让格局的技术构成上出现并存。为避免碰撞确保安全,此时最重要的是,双方船舶驾驶员都应把本船认作让路方,及早采取适应当时环境和情况的行动,并紧紧盯住对方的反应和动向,注意双方良好协调动作。避免在《避碰规则》的模糊地带,双方都把自己认作直航船,等待对方避让,把避碰责任完全推给了对方,这样的事故有很多,典型案例如 1987 年南通"5.8"惨案。

1987 年 5 月 8 日 11 时,南通市轮船运输公司的"江苏 0130"小型客渡轮与武汉"长江 22033"拖轮(顶推)船队相撞,船上 121 人全部落水,仅 7 名旅客被救。经调查,这是一起由于双方严重违章操作造成的重大责任事故。事发水域船舶密集,情况复杂,值班人员疏忽瞭望,未能尽早避让,且快车行驶,严重违章是事故发生的直接原因。

(2) 事物之间总是具有相对的独立性和与其他事物的区别性,但事物之间及事物内部诸要素之间又总是相互联系的。"联系"具有客观性和普遍性,因此,既要重视事物的独立性、区别性,又要把握事物的关联性,这样才能在处理复杂的避碰事物中,本着事物的根本属性,采取有效的举措,推动事物向预期的方向发展。

在海上船舶《避碰规则》中,各条款具有相对的独立性,存在一定的排他性,但各款之间有紧密的关联性,相互依存,相互补充,相互制约,相互影响。在运用《避碰规则》条款时,既要严格把握适用条件,重视排他性,不可以胡乱套用,又要充分注意条款间的关联性,对《避碰规则》条款的内涵精神实质要有深刻全面的认识,避免片面理解,避免只顾一点,不及其余,重视《避碰规则》法规性的同时,坚持《避碰规则》的实效性,以有效行动避免碰撞。坚持一切从实际出发,本着"双让协同"的原则,坚决采取适合当时环境和条件的避让行动,在安全距离上驶过。若过分强调"排他性",则容易简单化和教条化,处置不当而造成碰撞,这是一种危害深且易于发生的疏忽,应当给予重视。

5. 对直航船行动条款的理解

1) 关于保向、保速

(1) 第十七条 1 款(1)项的"保向、保速"不被列属第八条 1 款的"为避免船舶碰撞所采取的任何行动"是欠妥当的,特别是 2001 年对《避碰规则》第八条 1 款的修订中增加了"必须遵循本章各条规定"之后,这个任何行动就显然包括"直航船的行动"。首先就是第十七条 1 款(1)项的"保向、保速",因此,应当确认这是规定直航船必须采取的一种特定模式的避碰行动。

(2) 只要承认"保向、保速"是第八条 1 款中的一种避碰行动,那么,现在流行的说法"及早行动"不适用任何局面中的直航船,也就不合适了。直航船与让路船互依互存,让路船开始履行让路责任之时,也是直航船应履行"保向、保速"的重要时刻。

2) 关于允许直航船独自采取操纵行动

第十七条 1 款(2)项允许直航船独自采取操纵行动(简称"独操")是《避碰规则》对 1960 年规则修订的一条具有变革性的条款。但是,因为条文用的是 May,所以被人们理解为不具有强制性,是一条可供选择的、可执行也可不执行的建议性条款。大量碰撞事实表明,一些船舶驾驶员对此"独操"的规定不予理会,他们依据《海上避碰规则指南》(以下简称《指南》)的说法(第五版第 111 页):在让路船显然没有采取适当行动时,现在并未特别规定直航船即应采取行动以避免碰撞,而是允许直航船可以保持航向和航速,直至单凭让路船的动作不能避免碰撞为止。[39,40]也就是不独操并不违反规则条款。其实,这条"独操"条款应该是权利义务复合性条款,在当第十七条 1 款(2)项规定的条件成立时,是不能以其"可"字中的所谓"权利"为由而随意选择不独操的。在第十七条 1 款(2)项规定的情况出现,即施行独自采取操纵行动以避免碰撞是《避碰规则》给予直航船的一种责任,若未在充分时间内遵行这个"独操"而发生碰撞,直航船对此需要承担"遵守规则条款的任何疏忽"的责任。

这里的"充分时间内",应当是在紧迫局面正在形成但未形成前独自采取操纵行动,若如此,则很有可能避免紧迫局面,有可能在安全距离上通过。如果在直航船采取独操行动时,让路船也采取了让路行动(虽然是迟了),双方配合就更有可能在安全距离上通过。《指南》在对第八条 4 款的安全距离通过的解释中认为:互见中,要求两船中一艘船舶给另一艘船舶让路时,显然,采取行动以确保在安全距离通过的义务几乎只适用于让路船。这一观点限制了直航船的"独操"行动,在紧迫局面距离可知的情况下,直航船是不会被动地接受的,对于船舶避碰实务来说可能没有什么好处。

3) 提升直航船在避碰中的主体地位

纵观海上船舶避碰,目前似乎仍然维持着 1960 年规则的那种单纯依靠让路船的单让独行的避碰模式,虽然有《避碰规则》中第十七条 1 款(2)项规定的条款,也有 2001 年对于第八条 1 款的修订,但是,这些条款并未被人们正确的理解和执行,在避碰实务中也没有真正调动直航船的积极性和主观能动性,使许多本可以避免的船舶碰撞事故未能避免。这种教训应当警醒人们:一定要考虑将原来诸多隐患的"单让独行"的做法,改变为能够调动会让双方避碰积极性、能够激活直航船避碰原动力的"双让协同"的弹性避碰机制。

6. 对其他条款的疏忽

(1)《避碰规则》第五条的"充分的估计"是瞭望的目的所在。但有些船舶驾驶员将之忽略,使其成为执行瞭望条文中的最大疏忽。为了保持正规的瞭望,值班驾驶员或负责瞭望的人员必须注意本船设备的工作情况,检查操舵装置,使船舶保持航向的设备正常运行。只有全面细致、见微知著、知己知彼、认真负责,才能对局面和碰撞危险做出充分的估计。

(2) 关于瞭望手段,宜将第八条 5 款"如需为避免碰撞或留有更多的时间来估计局面,船舶应当减速或者停止或倒转推进器把船停住。"作为瞭望的可用手段之一,这个手段是其他瞭望手段不能代替的。

(3)《避碰规则》第九条 1 款的尽量靠右外缘行驶,不以有碰撞危险或左侧航道有目标船为条件,船舶驾驶员对此要养成一种习惯。《避碰规则》对此有个"安全可行"限制。《指南》提了"两个不希望":但也不希望船舶太近滩边行驶而把本船置于危险之中,或者为了尽量靠近水道的每一部分的外缘行驶而使本船做经常性的转向。这个安全提示很好,但需要注意的是,当船方被指责不靠右侧外缘行驶时,常常会以"不安全可行"及"两个不希望"(而且多是以假设的危险,虚拟性的转向)来抗辩。事故统计数据表明有九成案件,涉及一船偏入左侧航道或双方均挤在中央航道上。

(4)《指南》对《避碰规则》第十九条 1 款"不在互见中"有如下解释:在能见度不良的水域中或在其附近航行的船舶,一经相互看到,即应遵守第二节各条规则。若在充分时间内互见,此说法正确。若是雾航中近距离互见时已陷入紧迫局面或面临紧迫危险,让路船没时间采取适当让路行动,而突然要其负起让路责任确实勉为其难。如果说是互见,不再是第十九条 1 款的"不在互见中"了,按第十七条则要求直航一方也要采取最有助于避碰的行动,但第十七条 4 款却是不免除让路船的让路责任,还是把避碰责任突然加给了让路船。再则,这种理解还可能纵容某些船舶驾驶员,从雷达上可判断互见后本船处于直航船地位时,就可完全不理会第十九条的规定了,因为碰撞前总会"互见"的,互见了就该由对方负责给本船让路。此类碰撞虽是发生在互见后,但却是在互见前就造成了紧迫局面,因此,此类碰撞案例还必须追究双方"不在互见期间"违反第十九条的过失责任,并以此为追究双方责任的重要依据。

7. 结论

(1) 提升"防止疏忽"为船舶安全避让的行动方针。从源头上,防止会遇过程中一切疏忽与过失,特别强调要全面、正确地理解和把握住《避碰规则》条文的本质内涵及条款间的排他性、关联性与互补性,在实务中严格遵守《避碰规则》,包括当"背离"时的果断"背离",不发生"遵守规则条款的任何疏忽"。

(2) 提升直航船的避碰主体地位,激活直航船的协同避让的原动力和巨大潜能。避碰是典型的"福祸与共",需要双方良性互动才能确保"在安全距离驶过"。单纯依靠让路船一方的"单让独行"极不合理,应改变"单让独行"为能调动双方避碰积极性并充分发挥良好互动作用的"双让协同"。"双让协同"是海上船舶避碰的本质属性和核心理念。

(3) 提升"避免紧迫局面"为海上避碰实务中的首要任务与中心环节,以确保在安全距离上通过。

6.2　关于直航船的行动规则

海上船舶碰撞案例让我们深刻地认识到正确理解《避碰规则》条款的重要性。有 90% 以上的碰撞事故是由双方共同的过失造成的[92],在让路船与直航船的碰撞事故中,虽然让路船负主要责任,但有 90% 以上的事故都是由于直航船没有正确执行《避碰规则》第十七条 1 款(2)项(简称"独操"条款)的规定促成的。究其原因,大多出自对该条款的理解不足。

1. 关于"独操"是"允许说"

"允许说"是指在让路船显然没有采取适当行动时,允许直航船可以保持航向和航速,该说法出自《指南》[39] 和英文版《A Guide to the Collision Avoidance Rules》[40]:在让路船显然没有采取适当行动时,现在并未特别规定直航船即应采取行动,以避免碰撞,而是允许直航船可以保持航向和航速,直至单凭让路船的行动

不能避免碰撞为止。对此,我们认为:

(1) 这段表述是对第十七条 1 款(2)项"独自采取操纵行动,以避免碰撞"规定不当理解的一个源头。在此类碰撞事故中,直航船当事人经常援引《指南》中这个"允许说",表明对碰撞的发生不负责任。正是避碰实务中反映出来的这种负面倾向,才引起著者对本问题的长期关注与思考。我们认为,指出其要害是必要的,将有助于正确理解和执行第十七条 1 款(2)项全新条款的重要规定。

(2) 须知"应保持航向和航速,直至单凭让路船的行动不能避免碰撞"是旧规则,修订的《避碰规则》以全新的第十七条 1 款(2)项"允许直航船独自采取操纵行动"将其破除。而这个"允许说"却要让旧规则借"可以"之名混入新规则,企图借用既可独操也可继续保向、保速,而使其变成合法的避碰行动,并在避碰实务中喧宾夺主地废弃"独操"。

(3) 第十七条 1 款(2)项新规定中没用"Shall"(应)而用"May"(允许、可以),说的是"允许直航船独自采取操纵行动,以避免碰撞",这显然是针对旧规则第二十一条不合理的规定的修正,即对已陷入紧迫危险的直航船,强令其"也应采取最有助于避碰的行动"。而此时直航船采取的所谓"最有助"的行动实际上大多是不能避免碰撞的。由此可知,第十七条 1 款(2)项规定的立法意图十分明确,是独自采取操纵行动,是打破旧规则对直航船避碰操纵不合理的禁锢,是要求直航船避免继续保向、保速直接进入紧迫危险之中。因此,《避碰规则》在第十七条 2 款规定的情况出现前,特别增添了这个 1 款(2)项"允许直航船独自采取操纵行动"条款,是《避碰规则》中一条重要的具有弹性特征的条款。新规则中没有"直航船可以保持航向和航速,直至单凭让路船的行动不能避免碰撞为止"这种与"独操"对立的、虚假的所谓"允许",况且"保向、保速"只有在让路船遵守规则让路时,才是直航船应该做的避碰行动。第十七条 1 款(2)项的规定明确了直航船的行动在此时发生了转折,由保向、保速转为"独自采取操纵行动",因此,"允许说"违背第十七条 1 款(2)项立法本意。

(4) 第十七条 1 款(2)项之所以用"May",一是在法规语境中"May"相当于"Shall""Must"之意,用"May"能完成该项规定的立法目的。二是用"May"能有利于直航船适时、有效地采取避碰操纵行动。如果一经发觉让路船显然没有采取适当行动时,就特别规定直航船即应采取行动,以避免碰撞。这种"直航船独自采取操纵行动"的准确时刻很难把握,就会使直航船感到难以执行。若勉为其难而动,就可能易生仓促而失利。因此,这里用"May"可使直航船依据当时的环境条件、会遇态势,可以稍早一点或稍迟一点实施操纵行动,以取得当时情况下最好的避让效果。因此,不宜脱离法规语境和立法意图,过分看重"May"字的表面意思,特别防止在执行第十七条 1 款(2)项规定时偏离本意,甚至让"直航船独自采取操纵行动"

有名无实。

（5）"允许说"应该是典型的断章取义的说法，《指南》对"直航船独自采取操纵行动"规定还作了若干解读。例如，"直航船在充分时间内如没有独自采取操纵行动，以避免碰撞，若碰撞万一发生，则往往被判有过失""要求直航船应保持航向和航速，直至让路船显然没有及早采取行动，也没有采取足够的行动，以达到一个安全的驶过距离为止"。请注意，这个安全的驶过距离意在避免紧迫局面。实际上就是对"允许说"中的"为止"做了一个补正。我们对"直航船独自采取操纵行动"的理解和运用都取自这后两种说法。它和"允许说"相对是两个完全不同的概念，对避碰行动的指导具有截然不同的效果。

2. 关于"直航船独自采取操纵行动"是建议性而非强制性规定

受"允许说"的影响，有观点认为，《避碰规则》中"对直航船独自采取操纵行动的要求是'可以（May）'，而不是'应（Shall）'，因此可以表明直航船独自采取操纵行动并不是强制性的，而是建议性的。"对此，我们认为：

（1）在船舶驾驶员培训教材中没必要特别提出这些说法，其一，不符合条文本意；其二，模棱两可，容易引起船舶驾驶员认识混乱。所谓非强制性的规定，就是这个规定不一定是要执行的，就是说可以按规定去做，也可以不按规定去做。在避碰实务中，将这个第十七条 1 款（2）项"直航船独自采取操纵行动"的规定客气地废除了。大量的船舶碰撞案例事实表明，这种似是而非的说法，易使船员误解、误行，对船员在海上避碰实操中会产生很大的负面作用。

（2）"May"多用于正式场合，表示请求允许或允许他人，在表示请求允许时往往含有尊重之意。按照英国人的文化背景理解"May"为许可某人做某事，实际上是告诉某人要做某事，第十七条 1 款（2）项就是告诉直航船此时要"独自采取操纵行动"以避免碰撞，这才符合条文本意和《避碰规则》的宗旨。

3. 关于"直航船独自采取操纵行动"是可选择性条款、是权利而非责任

在有直航船的碰撞案例中常有以下观点：①第十七条 1 款（2）项的规定是《避碰规则》给直航船自由行动的一种权利，不是义务或责任。②直航船独自采取操纵行动的规定有选择性，既可选择独自操纵，也可选择保向、保速，两者均无可指责，直航船有这种选择权利。例如，在评价 2003 年 5 月"富山海轮"与"格丁尼亚（GDYNIA）轮"的碰撞案例中，就有以下观点：直航船"富山海轮"不存在任何因避碰行动的过失所承担的责任；此时的行动具有选择性，作为直航船既有行动的权利，又有继续保向、保速的权利，此规定使直航船具有避碰上的主动权……对此，我们认为：

（1）直航船应该从旧规则中解放出来，不再作为让路船的附庸，而是以避碰主

体的资格出现,积极主动地执行新规则的权利与义务。同时清除旧规则中遗留下来的所谓权利船的概念,以及与特权意识。下面就是一个很好的被追越船避碰行动的案例[93]:2005 年 5 月 12 日,某船船长为 98 m,航速为 11 kn,航向为 270°,能见度良好,1117 时,船长听到本船汽笛 5 短声后跑上驾驶台,见右正横方向有一油船,船长约为 80 m,空载,距离约为 300 m,航向约为 250°,船速为 13 kn,欲过船头,已形成紧迫局面,该船左前有几条正在从事拖网作业的渔船,船舶驾驶员认为油船追越本船,等其让路。船长立即命令后退三,把稳舵,并鸣汽笛三短声。油船通过该船船首后,突然大幅度左转约 20°,通过距离仅几十米。

(2) 认为"直航船独自采取操纵行动"条款具有可选择性,实质上是个伪命题,祸根是以"可保向、保速"废掉了"直航船独自采取操纵行动",使第十七条 1 款(2)项的规定成为废文。因此,在避碰实务中,直航船一定别无选择,必须按照第十七条 1 款(2)项规定的立法本意,在规定的情况出现时,在发出警告信号后仍不见让路船采取适当行动时,"即独自采取操纵行动,以避免碰撞"。在此情况下,直航船已经失去了应该保向、保速的必要条件,就不宜再继续保向、保速了。因此,能否正确遵守"独操"的规定,是此时避让成败的关键。

(3) "独操"条款是兼具权利和义务双重属性的复合性条款,这里的权利是不允许当事船舶随意选择或放弃的,因此,又具有义务的属性。如果直航船在允许其独自采取操纵行动时不独操,就是对权利的不当放弃,要为此承担过失责任。

(4) "富山海轮"在碰撞前 5 min 对于向右转向准备过其船尾的让路船实行停车操作,致使以 100°~110°的碰角被撞沉没,属于没有及时独自采取正确的避让行动,也没有采取最有助于避碰的行动,其采取避碰行动的时机和方法均存在过失,作为直航船在避碰行动上未行使主动权,是典型的反面案例。

4. 船舶避碰试题例

下面是海船船员适任证书考试题库中的一例单选题,下列说法正确的是:

A. 让路船的责任是应及早采取行动,以避免紧迫局面的形成。

B. 让路船与直航船的共同责任是应及早采取行动,以保证两船能在安全的距离驶过。

C. 若让路船拒不履行让路的责任与义务,则直航船就负有避免紧迫局面形成的责任与义务。

(1) 原题给出的答案是 A,这点无争议。让路船应及早采取行动,避免形成紧迫局面。

(2) B 项应当是正确的。共同责任不等于相同责任,让路船负主要责任,直航船负配合的次要责任,安全驶过是《避碰规则》对避碰船舶双方的共同要求。"及早采取行动"当然是指第八条 1 款的"为避免碰撞所采取的任何行动"。2001 年《避碰规则》修订中特别增加了"应根据本章各条规定",当然包括第十七条,首先是第十七条 1 款(1)项的"保向、保速",这个"保向、保速"正是直航船此时的一种特定模式的避碰行动,而且与让路船的让路责任同时生效。在让路船的让路行动中,若得不到直航船遵守规则行动的配合,仅靠让路船的独让单行,是不能保证两船在安全的距离上驶过的。特别是在《避碰规则》明确了"应根据本章各条规定"后,不应再将"为避免碰撞所采取的任何行动"仅限于变向、变速的操纵行动,而应将第十七条 1 款(1)项的"保向、保速"包含在内。"及早行动"也不应仅限于让路船,直航船一旦发觉让路船显然没有依规采取适当行动时,也就是不能在安全距离上通过时,就应该尽可能及早独自采取操纵行动。避碰中的"积极"是要求双方主动、坚决、果断地作为,也适用于直航船。第十七条 1 款(1)项的"保向、保速"不是单纯的、消极的不作为,也不是不得变向、变速,而是有目标、有要求的一种特定模式的积极作为。因此,按 B 项行动,双方依规尽责,同心协力,良好配合,体现《避碰规则》的精神,是安全驶过的必要保证。

(3) C 项说法也是正确的。因为让路船不让路以致紧迫局面即将形成时,若直航船不执行第十七条 1 款(2)项的规定,即不执行独自采取操纵行动,可能紧接着会出现紧迫危险,进而发生碰撞。因此,直航船不论是按《避碰规则》宗旨的要求,还是按第十七条 1 款(2)项规定的立法本意——避免碰撞,或是按船舶驾驶员的通常做法——良好船艺,直航船此时此刻都应当担负避免碰撞的责任,在鸣笛示警后,独自采取操纵行动,以使紧迫局面不得形成。须知《避碰规则》是通过避免紧迫局面的形成来实现避免碰撞的。克拉克法官曾说过:"制定《避碰规则》的目的是要确保:只要有可能,船舶不会接近到紧迫局面的状态……"[39,40]。因此,在 C 项情况下,并不解除让路船的让路义务,直航船负起避免紧迫局面形成的责任和义务是正当的。

(4) 直航船行动规则的核心是正确认识与对待"保向、保速"和"独自采取操纵行动"。若不能正确对待"保向、保速",则往往是坚持保向、保速不执行"独自采取操纵行动"从而促成船舶碰撞。

5. 结论

在船舶碰撞案例中,存在受旧规则所限,直航船非到紧迫危险不采取行动,但等到采取最有助于避碰的行动时,大多不能避免碰撞而发生惨案的;直航船死守保向、保速不独自采取操纵行动,使可以避免的碰撞未能避免的;在灰色地带,对会遇局面、避碰关系双方认识不一,双方均自认是直航船,互等对方让路而发生碰撞的;本是对等互让船却谁都不愿首先采取行动,总想人让己,不愿己让人的。大量的船舶碰撞事实表明,"可独操/也可不独操""直航船可以保向、保速,直至单凭让路船的行动不能避碰为止"等不当理解具有相当大的负面影响。

6.3 《避碰规则》中 May 字含义探讨

《避碰规则》中"May"字条款共计 39 项,船舶驾驶员在理解和使用这些条款时经常感到困惑,发生船舶碰撞时又存在争议,特别是第十七条 1 款(2)项的"May"助动词,绝大多数文本都将其理解成"可以",既可以做也可以不做。这种理解与《避碰规则》本意和海上避碰实践有矛盾,让船舶驾驶员无所适从。英语"May"助动词因有其法律上的特殊意义,使用时应特别注意,避免引起误解,造成不必要的损失。[94]

英语"May"助动词在法律合同条文中可用作表示权利(right)、权限(power)或特权(privilege)。使用"May"时表示这些权利可以通过法律的强制来保障,如果没有这种保障则用"to be entitled"表述。

在法律语境中,"May"与"Shall"具有大体相同的含义,用"May"来表达设立特权,泛指法律赋予某人或某类人的特别权利或豁免。

1.《避碰规则》中"May"字的使用

《避碰规则》正文中有 39 项条款使用了"May"助动词,在不同的上、下文中其含义不同。

1) 用于表达期待性"可能"

"May"用作期待性"可能"解的条款共计 7 条 10 项:

① 第二条 1 款,本规则条款并不免除任何船舶……或者按海员通常做法或当时特殊情况所要求的任何戒备上的疏忽而产生的各种后果的责任。

② 第六条 2 款(4)(6)项,雷达可能探测不到小船等。

③ 第七条 4 款(2)项可能存在这种危险。

④ 第八条 3 款,如有足够的水域,则单用转向可能是避免紧迫局面的最有效行动,倘若这种行动是及时的、大幅度的,并且不致造成另一紧迫局面。

⑤ 第八条 6 款(2)项,应充分考虑本章条款可能要求的行动。

⑥ 第九条 6 款、第三十四条 5 款,可能有其他船舶被居间障碍物遮蔽和可能听到。

⑦ 第二十七条 4 款(2)项可能通过。

2) 用于表达选择性"可以"

用于表达选择性"可以"的"May"共计 7 条 14 项:

① 第十条 4 款(1)(2)项,可以使用沿岸通航带。

② 第二十三条 1 款、4 款的(1)(2)(3)项,机动小船号灯的可代替。

③ 第三十三条 1 款,号钟、号锣可用声音特性相同的其他设备代替,如果用原规定设备,不代替当然是可以的,若要代替,就要遵守此项规定。

④ 第二十一条 2 款,可以合并成一盏号灯。

⑤ 第二十五条 2 款、3 款、4 款(2)项,可以显示规定的号灯。

⑥ 第二十六条 2 款(2)项,长度小于 50 m 的船舶,则不要求显示该桅灯,但可以这样做。

⑦ 第三十条 2 款、3 款,长度小于 100 m 的锚泊船可以使用工作灯照亮甲板。

3) 用于表达授权性"允许"

用于表达授权性"允许"的"May"共计 2 项:

① 第一条 4 款,为实施本规则,本组织允许采纳分道通航制,规定了 IMO 有采纳权。

② 第三十八条,在本规则生效之前安放龙骨或处于相应建造阶段的任何船舶(或任何一类船舶)只要符合 1960 年国际海上避碰规则的要求,则允许有如下豁免……

4) 用于表达确定性"应该"

这些"May"字条款赋予行为人权利,同时要履行该权利下的义务,可理解为条件满足时的"允许""需要""应该"。条款中规定之事,并非可做也可不做的事,只要条款规定的情况出现,该做之事的条件具备,则条款规定之事就是"首先应这样做"了。且看这些条款中规定的该做之事,当条件满足、情况出现时一定选择必须这样做。用于表达确定性"应该"的"May"字条款共计 8 条 13 项:

① 第二条 2 款,……(这些危险和特殊情况)需要背离本规则条款以避免紧迫危险。

② 第九条 4 款、5 款(1)项,有怀疑时应鸣放…的声号。

③ 第二十条 3 款,本规则条款所规定的号灯,如已设置,也应在能见度不良的情况下从日出到日没时显示,并需要在一切其他认为必要的情况下显示。若不显示则认为是疏忽。

④ 第二十八条,限于吃水船还允许……显示三盏环照红灯或一个圆柱体号型。不显示此信号,就不被认作限于吃水船。

⑤ 第三十四条 2、4 款,需要用灯号补充笛号。对此不做,出现事故就是对该条款和海员通常做法的疏忽,特别是晚上用声号不能提醒对方注意时,使用号灯补充最有效。

⑥ 第三十五条 7、8、11 款,7. 锚泊中的船舶,还允许连续鸣放三声……8. ……

搁浅的船舶还允许鸣放合适的笛号。11. 引航船……,还允许鸣放……识别声号。

⑦ 第三十六条,如需招引他船注意,允许任何船舶发出灯光或声响信号……,或者允许用不致妨碍任何船舶的方式把探照灯的光束朝着危险的方向。若不这样做被他船误会而导致碰撞,则要承担对此疏忽的责任。

⑧ 第十七条 1 款(2)项,当保持航向和航速的船一经发觉……时,该船即独自采取操纵行动,以避免碰撞。这个"May"是条件满足时的"允许",不是"可做也可以不做"的"可以"。只要条款中规定的情况出现,"独操"行动的条件满足,就首先要不失时机地"独自采取操纵行动"。此时的"独自采取操纵行动"若仍可不"独自采取操纵行动",无异于放弃该条款,不是《避碰规则》的立法本意。

2. 案例

案例 1　在"科希切日纳"轮与"韩进新加坡"轮碰撞案件中,韩轮从正后以相同的航向追越科轮,韩轮速度为 21 kn,科轮速度为 10.5 kn。两船碰撞前均未采取任何避碰行动。1995 年上诉法院裁决韩轮负主要责任,但科轮在两船距离降到 1 n mile 时应最好向左转向 20°~30°。科轮为此负 15%的责任。

案例 2　在"洛克维维克"轮与"共同冒险"轮(The Lok Vivek[1995] 2 Lloyd's Rep. 230[40])碰撞案件中,海事法庭法官克拉克(Clorke)首先判定交叉局面中的让路船未采取让路行动对碰撞负责,然后转到直航船应负的责任。为此,法官向航海顾问提出这样的问题:本案中的直航船按照第十七条 1 款(2)项、第十七条 2 款和良好船艺的要求应采取什么行动。航海顾问回答:按照第十七条 1 款(2)项的规定,当两船相距 2~3 n mile 时,直航船应采取大幅度右转行动。法官接受了航海顾问的建议,说:"在我的判决中,按《避碰规则》第十七条 1 款(2)项和良好船艺的规定,直航船应采取大幅度的右转行动"。

上述两个案例清楚地表明直航船必须,而不是可以,按照《避碰规则》第十七条 1 款(2)项和良好船艺的要求,采取大幅度的避碰行动。由此也看到,英、美法令的某些条款中的"May",相当于"Shall"或"Must"。

3. "May"字条款的立法本意

May 字在某些语言环境中已失掉了"可能""或许"的词汇意义,只剩下语法意义(起加强让步的作用)和语体意义(在正式庄严语体中),是说话人认为自己的陈述是真实的,而绝不是一种"可能性"。

就像中国的法律文字中将"必须"用"应当"表述,"应当"就被理解为"必须"一样,英美法院经常将 May 解释为 Shall 或 Must,便约定俗成。《布莱克法律词典第 6 版》(《Black's law dictionary》)中的 May 词条有如下解释:loosely, is required to;shall,must … In dozens of cases,courts have held may to be synonymous with shall or must,usu. in an effort to effectuate legislative intent. 大意是需要;在许多案件中,为了实现立法意图,法院通常裁定 may 是 shall 或 must 的同义词。

理解法规条款意义,需要从条款涉及的事物和条款的立法本意去把握其实质性的内涵。比如考查备受争议的第十七条 1 款(2)项直航船"独自采取操纵行动"条文,自从有旧规则:两船中的一艘船按规定为他船让路时,另一艘船应当保向、保速,直至单凭让路船的动作不能避免碰撞时,也应当采取最有助于避碰的行动的规定以来,全球发生了大量碰撞事故,旧规则中这条被让路船行动规则,存在严重的缺陷和不合理,必须加以修正。于是在修改旧规则的报告中,特别提出了"在义务船单独操纵不能充分避免碰撞之前,应要求权利船采取行动"的重大修改意见。经过反复讨论,得以增订《避碰规则》第十七条 1 款(2)项允许直航船"独自采取操纵行动"的全新条款。其中的"May"字,在语气上比"Shall"字弱,也完全能表达出授权允许的含义。该条款确实调动了直航船的避碰积极因素,符合海上船舶避碰实务,当单凭让路船的行动不能导致在安全距离上通过时,直航船必须不失时机地"独自采取操纵行动"化解正在形成的紧迫局面,从而避免碰撞。因此,"独操"条款是在船舶避碰机制上做的一项重大变革,具有化险为夷的作用。我们在理解和执行该条款时,需要剖析条款本意,不要将"May"条款理解成"可做可不做"的建议性条款。

4. 结论

May 单词在《避碰规则》不同语境中的含义不同,应该对直航船的"独自采取操纵行动"的"May"字条款有一个正确的、符合其立法本意的理解。May 的这些用法,均约定俗成,特别是在法规文件中,其本义是许可,赋予权利,同时要求权利主体承担起该权利下的义务。《避碰规则》中的这些"May"用"可以"移译,完全是由于两种不同的语言存在巨大差异所致。"May"在《避碰规则》条款中可以是"is empowered to"的含义,解释成"必须"比较合适。在法条规定的情况出现或设定的条件满足时,必须行使权力,才能维护正义和公正,达到安全航行、避免碰撞的目的。《避碰规则》中的这些"May"相当于"Shall",同样具有强制性的含义。

6.4 双让协同理念的弹性避碰机制

"及早"、直航船的"保向航速"与"独自采取操纵行动"在船舶避碰实践中较难把握。自从定义了让路船和直航船,海上船舶避碰机制一直沿用"单让理念",即一艘船需给另一艘船让路。船舶避碰的第一要务是避免紧迫局面,海上避碰机制应该提倡"双让协同理念"[95]。本节从《避碰规则》中某些概念的含义出发,探讨双让协同理念的弹性避碰机制,研究双让协同行为及具体做法[96]。

1. 避免碰撞的行动

2001 年国际海事组织(IMO)第 22 届大会通过了《避碰规则》的修正案,在第八条 1 款的"为避免碰撞所采取的任何行动"之后,特别增加了"应根据本章各条规定"进行。该"任何行动"绝非仅指让路船、对等互让船(负有同等避碰责任与义务的船舶)所采取的变向/变速行动,也不限于第八条各款中规定的"避免碰撞的行动",而是《避碰规则》第二章共 3 节 16 条规定的避碰行动,包括采用避免发生碰撞危险的方法航行,减少碰撞危险的行动,避免紧迫局面形成的行动,避免紧迫危险的应急避碰行动等。

从行为方式上讲,这个"任何行动"包括让路船航向/航速的改变,还必须包括第十七条 1 款(1)项中规定的直航船应采取的保向、保速的行动,此时的保向、保速是直航船的避碰行动的一种特定模式,相对于让路船的航向/航速的改变,是一种特定的避碰行为,应该说也是在履行一项法定的避碰义务。"任何行动"还应包括为了避免碰撞的常规性和辅助性动作。如:保持正规的瞭望,判定碰撞危险,使用安全航速,遵守航路规则,备车、备舵,改用人工舵,备锚、抛锚,适时和正确使用雷达等航海仪器,正确施放/显示信号,适时发放航行信息等。

第八条 4 款规定为避免与他船碰撞而采取的行动,应能导致在安全的距离驶过。也就是使两船相对运动按预期改变,使新的 DCPA 满足安全会遇距离的要求。对于对等互让船来说,是指双方所做的航向/航速的改变达到预期的效果。对于让路船的让路行动与直航船的保向、保速行动来说,两者是互相依存、协同共生。如果让路船按章让路,而直航船随意改变航向/航速,让路船的行动可能达不到导致在安全距离通过,甚至两者行动抵触而发生碰撞。所以,此时直航船的保向、保速是导致双方在安全距离通过的十分重要的避碰行动,而直航船在保向、保速期间应谨慎驾驶,密切注意查核让路船的行动效果和势态变化。如果让路船显然没有按照规则采取适当行动,即第十七条 1 款(2)项规定适用时,直航船当然不要继续保向、保速,须独自采取避碰行动。因此,认为第八条 4 款不适用于直航船的观点确实欠妥。

第八条 1 款规定避免碰撞的行动"应根据本章各条规定"进行,自然包括第十七条规定的直航船的全部行动,首先就是第十七条 1 款(1)项的保向、保速这个特定的避碰行动模式。可以说,《避碰规则》为船舶双方规定了不同的行为模式,以避免发生碰撞,可见,协同双让的理念已经略见端倪。

2016 年 10 月,中国航海学会海洋船舶驾驶专业委员会开展了有关《避碰规则》实际适用情况的问卷调查,涉及中国远洋海运集团有限公司的 255 名船长和驾驶员。其中,第9项针对"直航规则"和"双让规则"做了调查,提出的问题是"在一个区分让路船和直航船的局面中,您希望自己处于哪一艘船的位置?"其中,12.6％的受访者(32 人)回答:我希望自己是直航船,让来船让路;63.1％的受访者(161人)回答我希望自己是让路船,具有主动性;其余 24.3％(62 人)回答:无所谓。直航船曾长期被称为权利船。从上述调查结果可以看出,占明显多数的船舶驾驶员已经认识到直航船并非权利船,而是被动船。船舶驾驶员这一认识上的转变是以"双让规则"取代"直航规则"的群众愿望[46]。

2. "及早"行动与"直航船独自采取操纵行动"

第八条 1 款"及早"行动的下限是使正在形成的紧迫局面不得形成。规定"直航船独自采取操纵行动"的核心是使本船不陷入紧迫局面,从此以后,直航船不得继续直航,必须承担独自采取操纵行动避免紧迫局面发生的义务,因此说,双让协同理念在《避碰规则》的反复修正中已经明确地显露出来,只是我们在条文的理解上有所滞后。

让路船与直航船互配共生,《避碰规则》既规定让路船应及早采取让路行动,又同时规定了直航船此时应保向、保速,两者应该同时适用生效。因此说第八条 1 款的"及早"行动仅适用于一方而不适用于另一方的道理说不通,因为此时的保向、保速是直航船尽法定避碰义务的一种特定行动模式。

第十七条 1 款(2)项"直航船独自采取操纵行动"不等同于其"自由行动"阶段中的航向/航速的可变,两者有完全不同的法律内涵。《指南》等均强调了"May"字,解释为既可采取此"独操行动",也可以不采取这个"独操行动",仍保向、保速直至单凭让路船的动作不能避免碰撞时为止。这样的解释表面看似乎符合"May"的字面意思,但实质上所起的作用或所强调的恰恰是虽然"一经发觉规定的让路船显然没有遵照本规则条款采取适当行动时",直航船仍可以保向、保速,即可以不采取"独操行动",放任危险发展。虽然《指南》也接着做了补正,但"直航船独自采取操纵行动"的规定成了可做也可不做的可选性的或建议性的条款,在避碰实务中产生了严重的负面影响。从处理的海上船舶碰撞案件中,对此有深刻的认识,也是本章所以要阐述双让协同理念的主要原因之一。为此,我们强调并推荐的是《指南》中的另一段叙述:"要求直航船应保持航向和航速,直至让路船显然没有及早采取动作,也没有采取足够行动,以达到一个安全的驶过距离时为止。"这里不是要求直航船保向、保速至单凭让路船的行动不能避免碰撞时为止,而是要求直航船保向、保速至单凭让路船行动难以达到安全距离驶过时为止。这才符合"直航船独自采取操纵行动"条款的精神,也是《避碰规则》增订这一变革性条款的精髓所在。可惜该精髓被前面的"也可不独操"的解释遮盖,因其突显出来的是"可选择"不"独操",从而容忍并放任碰撞危险的发展。

3.　"直航船独自采取操纵行动"是权利义务复合条款

"可"（May）字和"应"（Shall）字，用在法条里表示要求严格的程度的确不同。参考交通运输部颁布的标准，做了如下说明：

（1）表示很严格，非这样做不可的：正面词用"必须"，反面词用"严禁"。

（2）表示严格，在正常情况下均应这样做的：正面词用"应"，反面词用"不应"或"不得"。

（3）对表示允许稍有选择，在条件许可时首先应这样做的：正面词用"宜"或"可"，反面词用"不宜"。

理解法律条文须考虑条款涉及的事物之间的联系，从条款的立法本意把握实质性内涵。权利义务复合规则兼具授予权利和设定义务双重属性，此种权利在一定条件下不允许当事人选择或放弃，因此具有义务属性。《避碰规则》第十七条 1 款（2）项条款具有权利义务双重属性，我们必须与时俱进，在享受权利的同时，执行应尽的义务，条件许可时独自采取操纵行动，避免紧迫局面发生。

《避碰规则》生效至今，经过 40 多年的再实践、再认识，已经有条件和理由对"独自采取操纵行动"条款作出符合其立法本意的解释—允许直航船独自采取操纵行动，即没有绝对的、单纯的权利船与义务船之分，只规定会遇船舶各自的行为模式，施行双让协同理念的弹性避碰机制，发挥直航船的潜力并充分调动其避碰过程的积极性和主动性，当单凭让路船的行动不能导致在安全会遇距离上通过时，直航船应不失时机地"独自采取操纵行动"，化解正在形成的紧迫局面，从而避免船舶碰撞发生。

4.　践行"双让协同"为核心的海上弹性避碰机制

1）双让协同理念与遵规尽责相结合

（1）世界上第一个成型的海上避碰规则是 1840 年英国伦敦引航公会（Trinity House，London）起草的 1840 年《汽船航行规则》（*Navigation of Steam Vessel*）。1846 年英国议会就此颁布 1846 年《汽船航行规则法令》（*Act for the Regulation of Steam Navigation*）。后来，逐渐强化为一种海上避碰机制，对让路船的让路要求更明确，对被让路船的行动规范也加以严格的限制。在 1863 年英法等国商定的规则中，规定在一艘船为另一艘船让路时，另一艘船应保持航向；在 1889 年华盛顿会议上修改为应保向、保速；继之在 1960 年规则中修改为保向、保速直至单凭让路船动作不能避免碰撞时也应采取最有助于避碰的行动，也就是直到面临碰撞，直航船才能终止保向、保速。直至 1972 年《避碰规则》，才在直航船行动中增订了"独自采取操纵行动"这一重要条款。该条款是新旧避碰机制的分水岭，是区别新旧规则的一条标志性条款。

以 1960 年及以前的避碰规则为母体的旧避碰机制,其核心为"单让本位"理念。基点之一是将互见中的会遇两船,按几何学规则或按操纵能力规则分为让路船和被让路船(对遇中各自右转互以左舷驶过),将让路责任、让路行动,使两艘船能在安全距离驶过的要求,都交给了让路船来承担和完成。直航船只保向、保速,以使让路船的行动不会受到直航船意外行动的干扰。基点之二是信赖让路船会按规则的要求行动,因此要求直航船保向、保速一直坚持到最后一刻(单凭让路船动作不能避免碰撞)才能进行改变航向/航速的操纵行动。

事实证明,让路船及让路行动的规定,结束了世界航海史上海上航行无序的局面,在保障航海安全上发挥了重要的作用。但事实也充分证明,旧规则、旧机制中的"单让本位"理念,对直航船的过分限制,非要等到单凭让路船的行动不能避免碰撞之时,才允许直航船采取变向/变速的操纵行动,此时的行动,名之为"最有助于避碰的行动",而实际上,多成为无助于避碰的行动。其要害就是以单让本位的旧机制,压制了直航船的作用和避碰积极性,允许直航船操纵行动的时间太晚了。如此晚的行动,有极大的盲目性,甚至可能会带来更多的危害。

(2) 从《避碰规则》的历史沿革中能够看到,这种单让本位的避碰机制,产生于帆船、小船、慢船的年代,还可以相互适应。但当世界经济从二次世界大战的创伤中恢复过来以后,全球经济和科学技术发展迅速,海运业也得到了长足的发展,航海技术、造船技术铸就了万吨、数万吨、数十万吨的大型、超大型,以及高速且日益壮大的世界海运船队和现代渔船队。在这种全球"大、快、密"的航海环境中,比之"帆、小、慢"的航海环境,确实发生了质的变化。若再强调直航船保向、保速非到最后一刻不可的规定,就是跟不上时代的发展了。1960 年规则的被让路船条款即第二十一条条款到了非改不可的时候了。

1970 年海协工作小组关于修改 1960 年规则的报告中与本议题直接相关的意见列举了以下三条:①海上实际情况变化多端,不能确定,采用一个简单的操纵原则不大可能。②当一艘船被指定负主要责任时,其他船不能采取会抵消负有主要责任船所采取的行动的任何行动。③在两艘船太接近,致使义务船单独操纵不能充分避免碰撞之前,应要求权利船采取行动。于是,在 1972 年《避碰规则》中,增订了"直航船行动"的第十七条 1 款(2)项条文,一条具有避碰机制变革意义的标志性条文:然而,当保持航向和航速的船一经发现规定的让路船显然没有遵照本规则条款采取适当行动时,该船即独自采取操纵行动,以避免碰撞。该条款意味着要改变原避碰机制的单让理念,而倡导和推行新的弹性避碰机制的双让协同理念。

(3) 本来,《避碰规则》新增这条具有变革意义的条款,其核心价值就在于发挥直航船的避碰积极性,允许直航船不必等到单凭让路船动作不能避免碰撞这种面临紧迫危险的极端困窘之时,而是提前到一经发觉让路船显然没有遵照本规定条款采取适当行动——让路船迟迟不采取变向/航速的避让行动,或采取了错误的行动,或没有采取足够的行动,不能导致在安全距离驶过时,亦即如 IMO 小组报告所称的:义务船(让路船)单独操纵不能充分避免碰撞之前,即要求直航船独自采取操纵行动,使正在形成的紧迫局面得以化解。

在此想特别提请注意的是,这个"不能充分避免碰撞之前"与原来的"不能避免碰撞之时"有一个本质差别,前者是要在紧迫局面形成前行动,后者是避免紧迫危险阶段的行动。因此应将这个"独操"新规定,认知为以双让协为本位的避碰新机制对避免紧迫局面形成的一道新设防。

可惜的是,这道新设防尚未实现真防。法条本身固然重要,而让法条发挥作用,还需要正确的理解和有力地执行。将"独自采取操纵行动"条款理解为可独操,也可不独操仍保向、保速,直到须采取最有助于避碰的行动就抽掉了第十七条 1 款(2)项"独操"条款的灵魂,虚化了该条款,也从实质上废弃了"独操"行动本来应具有的立法所赋予的期待和功能。

(4) 在反复研读"独操"条款中,觉得是否疏忽了"然而"(However)这个不引人注意的副词所表示转折意思?因为第十七条 1 款(1)项是保向、保速,而第十七条 1 款(2)项是"独操",这是在同一款中的两项,不是分成两款,可见其内在的密切联系,而(1)项与(2)项的内容,是用"然而"(However)相连的。表明(2)项的"独操行动"是对(1)项的保向、保速的一个转折。一本英汉四用辞典在"but"条做辨义时,对此做了一个很有参考价值的解释,特录如下:"However,但,于前面的记事之外,更加上一件事情的时候,该用 However,换言之,它所表示的是,不管前面的记事如何,总以后面所记的为是,惟后面的记事,是不容疑义的记事。"因此,只要(2)项规定的情况,即"独操"的条件满足,则"独自采取操纵行动",就是首先应该这样做,且不要怀疑,不失时机,按照条文的要求,立即采取操纵行动。

2) 双让协同理念与协同行动相结合

(1) 避免碰撞是当事船舶双方的事情,九成以上的碰撞事故是由双方的过失导致的。虽然大多数判让路船负主要过失责任,但直航船也很少有免责。往往表现为双方缺失依规履责的积极性而错过了最有利的行动时机,以及双方不能良好协同行动。要让路船的行动能导致在安全距离通过,当然离不开直航船保向、保速的良好配合。若让路船由于种种原因没有采取足够的避碰行动,如果直航船在保向、保速同时一直注视让路船的动向,就能很好地把握"独操"的时机,并果断改变航向/航速,就能化解因让路船的过失造成的正在形成的紧迫局面,从而避免碰撞。湛江海域 30 年间共发生了 500 多起船舶碰撞事故,作者强烈地意识到推行避碰新机制的迫切性,更深刻地认识到双让协同至关重要。在运用"双让协同"中,要把握其中的内涵:除了已经判定不存在碰撞危险外,每一艘船都必须依据《避碰规则》的"驾驶和航行规则"及当时的环境和情况,积极采取避让行动,并注重双方的配合,不出现紧迫局面,确保本船不进入紧迫局面就是对"良好船艺"的最好诠释。在对等互让船之间,任一方都无航路权,都必须采取行动,改变原来的运动状态,以使双方能在安全的距离上通过,任何一方都不可拖延、推诿,亦不能仅采取了一点不充分的避让动作就认为"我已经让过了"。在不应妨碍和不得被妨碍的船舶之间,前者应履行不妨碍义务,即使在存在碰撞危险处于直航船地位,仍有此义务,不得被妨碍船大多是大吨位船舶,在存在碰撞危险后如果处于让路船的地位,当然应及早采取大幅度的让路行动,而即使是处于直航船的地位,却往往难以能够保向、保速,此时多数是在狭水道或港内航道中,特别是应充分考虑不应妨碍船多是小船,对《避碰规则》不熟悉,不懂大船的操纵特性,及其沿袭下来的爱抢大船头的陋习,渔船冲向大船护渔网的职业反应等,更不可以完全依赖小船让你,而必须操船在我,主动避开,只要条件许可,不妨大船让小船,有理让无理,往往及时减速就可以让过。在让路船和直航船之间,自应严格要求让路船早大宽清的让路。而直航船亦不可完全依赖让路船,一要认真执行保向、保速,二要掌控局势,绝不放任危险发展,一旦"独自采取操纵行动"的条件出现,就首先应这样做—独自采取操纵行动,争取将正在形成的紧迫局面化解,使本船不进入紧迫局面。当然应注意避免与让路船的行动(即将采取的行动)发生抵触,本船独操前鸣放五短声。此外,在对碰撞危险有怀疑,对局面有怀疑,对追越或横越处于模糊地带时,更要及早认知危险,每一方都要主动积极履行避让责任,并及早沟通,在依规履责的同时,根据当时环境和情况协调行动,重双让,得同安。我们强调"双让协同",目的是安全通过,只要行为有错,并与碰撞有因果关系,作为船舶避碰的操作者,就是失败者。避碰不搞"零和",每一方的避碰行动都必须全力以赴,实现双赢。

(2) 日本的一项事故调查资料显示,属于人为因素中,安全技能不足占50.6%,安全知识缺乏占3.8%,安全态度不好占19.2%,素质及心理原因占11.5%,身体状态占0.7%……[95]。实操中技能比理论知识重要,安全技能不足是造成事故的第一大原因,第二大原因是安全态度与责任心。将"态度"划分为负责任的态度/不负责任的态度;重视安全的态度/重生产轻安全的态度;积极进取的态度/消极推诿应付的态度,……生活经验告诉我们,以不同的态度对待工作,效果是大不一样的。用负责任的认真的重视的积极进取的态度,能促进安全技能的学习、掌握和充分发挥。用马虎的轻视的消极推诿应付的态度,将会制约、阻碍对安全技能的学习、掌握而不能正确运用,更不能很好地发挥应有的技能,且往往因此造成事故。

"态度"是指人们在心理上表现出来的对于某对象的接受、赞成、拒绝和反对等评价倾向,支配着人们对观察、记忆、思维的选择,也决定着人们听到什么、看到什么、想些什么和做些什么。是对人们对于某对象的看法和在言行中的表现，是人们在行动前的一种心理准备状态，包含认知、情感和行动意向。通过正反两方面经验的学习和在实践中的感悟，"态度"是可以从不够重视向重视，从马虎不负责向认真负责，从消极推诿应付向积极进取方面转化的。因此，通过践行"双让协同"的避碰机制，能够促进这种积极的转化。社会心理学研究显示，人们越来越认识到调动个体积极性和发挥群体效能在推动组织有效运转中的作用。在海上船舶避碰的实务中，用认真负责、积极进取、有所作为的态度处理碰撞危险，遵规尽责，坚持双让协同、操控自主，就可以及时化解正在形成的紧迫局面，消除碰撞危险。船舶避碰学的研究，会用事实说明，通过强化"双让协同"的避碰机制，激发船员的积极性和责任感，必将提高船舶避碰的观察力、判断力、决策力和采取有效行动的能力以及双方的协调能力。无疑，将有效地改善海上碰撞事故易发、多发的局面，使航行更安全，海洋更清洁。

（3）其实《避碰规则》对此也有明文要求，第八条 1 款中为避免碰撞所采取的任何行动，应是"积极的"（Positive），要求船舶驾驶员以积极主动的态度进行避让操作。以前曾经对这个"Positive"有过不全面的认识，害怕直航船过分积极行动而不保向、保速。实际上，直航船若以积极的心态进行保向、保速，有助于克服其依赖性和懒惰性，能与让路船的让路行动有效地配合，若让路船"显然没有遵照本规则条款采取适当行动"而不能导致在安全距离通过时，保持积极心态的直航船能更好地把握时机，鸣五短声仍未见其行动，就果断地独自采取操纵行动，化解正在形成的紧迫局面。这个"Positive"是对船舶避让的积极主动态度，在避碰行动中起着重要作用。今后应该对"Positive"给予应有的重视和正确的理解。

（4）直航船从"保向、保速"向"独自采取操纵行动"的这种"转化"符合唯物辩证法思想。《矛盾论》称"有许多的矛盾存在，其中必有一种是主要的矛盾"，要"着重于捉住主要的矛盾""矛盾着的两方面中，必有一方是主要的，他方是次要的"。然而，在一定条件下，主次矛盾会发生转化。船舶在海上航行中，周围可能有数艘来船，这就必须分清主次及注意下一步某个非主要避让目标可能变为主要避让目标。在让路船与直航船的会遇中，让路船是这对矛盾中的主要方面，《避碰规则》规定让路船为主要责任船，给直航船让路。但是一经发现让路船显然没有遵照本规则条款采取适当行动时，处于保向、保速配合地位的直航船，则要把握这个"转化"时机，只要条件满足，就要立即独自采取操纵行动，化解正在形成的紧迫局面。关于这个转化，一要勿错失时机，二要"独操"行动不与主要责任船（仍不解除其让路义务）的行动，包括即将可能采取的行动相抵触。《避碰规则》以一项全新的条文来倡导和期待着这种"转化"，符合唯物辩证法思想。在该"独操"时不"独操"，最终发生船舶碰撞，应该认定直航船存在不遵守第十七条 1 款(2)项规定的过失，其目的也是更好地践行"双让协同理念"为核心的弹性避碰机制。

3）双让协同理念与避免紧迫局面相结合

避免紧迫局面是践行海上船舶避碰的第一要务，《避碰规则》正是通过避免紧迫局面来实现避免船舶碰撞的。双让协同理念必须首先建立责任意识，紧密结合紧迫局面的概念，使其成为避碰行动的底线。《避碰规则》自然是以避免碰撞为目标，但"避免碰撞"应不仅仅是不发生碰撞这一基本目标，而是应该达到"充分避免"的要求，即两船行动能够导致在安全的距离上驶过。

在船舶碰撞会遇的过程中，从远距离自由行动→存在碰撞危险→紧迫局面→紧迫危险→发生碰撞，紧迫局面是船长和船舶驾驶员必须掌控的关键的中心环节。在碰撞危险后期至紧迫局面出现前，是"紧迫局面正在形成"的阶段，是直航船独自采取操纵行动的关键时期。当然，如果环境许可，让路船和对等互让船在判定局面和碰撞危险后，应该及早大幅度采取避碰行动，特别是应该在此关键时期之前"遵照本规则条款采取适当行动"。无论如何，经过双方协调行动后，在紧迫局面出现前将其化解，使正在形成的紧迫局面不得形成，并能导致在安全距离上驶过他船，也就能够充分地避免船舶碰撞了。若因一方或双方的疏忽陷入了紧迫局面，当事船舶将很快面临紧迫危险，这时仍需全力采取行动，包括最有助于避碰的行动、"背离"行动，但效果难以预测，碰撞往往不可避免。所以，当事船舶必须通力协作，避免紧迫局面发生。

5. 船舶避碰行动模式

船舶避碰行动模式是指正常情况下的避让操作，直航船在最初阶段的保向、保速也属于避碰模式中的一种。根据具体的会遇态势、可航水域、船舶性能以及水文气象条件确定避碰行动模式。对于让路船来说，大洋航行周围有宽阔的可航水域时，只采取转向避让；狭窄水道航行转向行动对本船构成新的危险或无法采取转向避让行动时，采取变速避让或变速变向避让。

1）让路船的行动

设本船(O)的长度 $L=160$ m，速度和航向分别为 $V_0=16$ kn，$C_0=0°$，目标船(T)的速度和航向分别为 $V_1=18$ kn，$C_1=240°$，本船到目标船的距离为 $D=8.0$ n mile，方位为 $B=30°$，如图 6-1 所示。天气良好，水域开阔，船舶密度小。

本船相对于目标船的速度和航向分别是 $V_{01}=29.5$ kn 和 $C_{01}=32.0°$，本船的相对运动线过目标船左舷，相对航向大于目标船的方位，D_{cpa} 和 T_{cpa} 分别是 $D_{cpa}=+0.3$ n mile 和 $T_{cpa}=16.3$ min。

在这种航行环境和条件下，取转向避让角度变化率临界值 $C_{CR}=7.0$(°/0.1 n mile)，最小安全会遇距离 $D_s=1.0$ n mile，D_{cpa} 达到一定值后目标船不再会对本船有碰

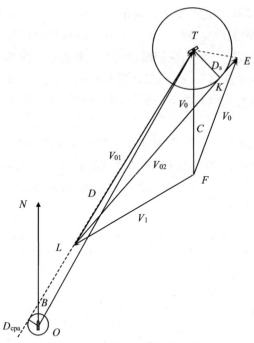

图 6 - 1　船舶转向避让相对运动

撞威胁的注意会遇距离 $D_{\text{cpa-attend}}=4.0$ n mile,船舶驾驶员避让经验水平系数 $\lambda=1.0$,左让的认同系数 $\alpha_0=0.6$,船舶旋回纵距系数 $k_1=4.0$,船舶旋回 $90°$ 所需要的时间 $k_2=2.0$ min,得到注意距离 $D_{\text{attend}}=10.0$ n mile,开始采取避让行动距离 $D_{\text{act}}=3.8$ n mile,紧迫局面距离 $D_{\text{close}}=1.2$ n mile,碰撞距离 $D_{\text{collid}}=0.83$ n mile,碰撞危险度曲线如 6 - 2 所示。

$V_0=16$ kn	$V_1=18$ kn	$V_{01}=29.5$ kn	$D=8$ n mile	$D_{\text{cpa}}=0.3$ n mile	$D_{\text{attend}}=10$ n mile
$C_0=0°$	$C_1=240°$	$C_{01}=32°$	$B=30°$	$T_{\text{cpa}}=16.3$ min	$D_{\text{collid}}=0.83$ n mile

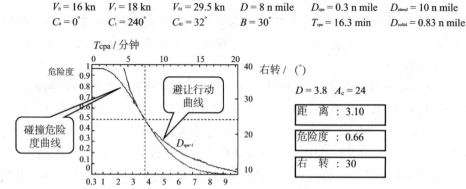

图 6 - 2　让路船转向避碰决策图

为了使目标船能够在最小安全会遇距离 1 n mile 距离上通过,避碰时机安全量取 2 min,相当于两船距离变化 1 n mile,向右转向的时机在 4.8~2.2 n mile,开始向右转向避让的角度为 24°。系统能随时给出碰撞危险度和避碰行动的大小,其中,避碰行动曲线表示在图 6-2 中,如距离目标船 $D = 3.10$ n mile 时,碰撞危险度为 $CRI = 0.66$,避碰行为模式为向右转向,行动大小为右转 30°。

2)直航船的行动

设本船(前例中的目标船 T)的长度 $L = 160$ m,速度和航向分别为 $V_0 = 18$ kn, $C_0 = 240°$,目标船(前例中的本船 O)的速度和航向分别为 $V_1 = 16$ kn, $C_1 = 0°$,到目标船的距离为 $D = 8.0$ n mile,方位为 $B = 210°$,如图 6-3 所示。天气良好,水域开阔,船舶密度小。

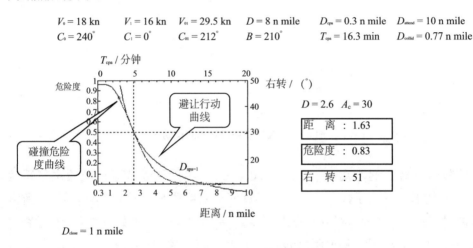

| $V_0 = 18$ kn | $V_1 = 16$ kn | $V_{01} = 29.5$ kn | $D = 8$ n mile | $D_{cpa} = 0.3$ n mile | $D_{attend} = 10$ n mile |
| $C_0 = 240°$ | $C_1 = 0°$ | $C_{01} = 212°$ | $B = 210°$ | $T_{cpa} = 16.3$ min | $D_{collid} = 0.77$ n mile |

图 6-3　直航船转向避碰决策图

本船相对于目标船的速度和航向分别是 $V_{01} = 29.5$ kn 和 $C_{01} = 212.0°$,本船的相对运动线过目标船左舷,相对航向大于目标船的方位,D_{cpa} 和 T_{cpa} 分别是 $D_{cpa} = +0.3$ n mile 和 $T_{cpa} = 16.3$ min。

在这种航行环境和条件下,因为属于直航船保向、保速后的"独操"的避让行动,应该稍稍拖后,等待第十七条 1 款(2)项规定的情况出现。取转向避让角度变化率临界值 $C_{CR} = 11.0$(°/0.1 n mile),最小安全会遇距离 $D_s = 1.0$ n mile,注意会遇距离 $D_{cpa-attend} = 4.0$ n mile,船舶驾驶员避让经验水平系数 $\lambda = 1.0$,左让的认同系数 $\alpha_0 = 0.6$,船舶旋回纵距系数 $k_1 = 4.0$,船舶旋回 90° 所需要的时间 $k_2 = 2.0$ min,得到碰撞危险度曲线如图 6-3 所示。其中,注意距离 $D_{attend} = 10.0$ n mile,开始采取避让行动距离 $D_{act} = 2.6$ n mile,紧迫局面距离 $D_{close} = 1.0$ n mile,碰撞距离 $D_{collid} = 0.77$ n mile。这里的紧迫局面距离和碰撞距离非常接近,相差为 0.23 n mile,相当于 28 s,船舶驾驶员需果断采取行动,否则,将难以避免碰撞。

为了使目标船能够在最小安全会遇距离 1.0 n mile 上通过,考虑 2 min 或 1 n mile 的提前量,向右转向的时机在 3.6～2.0 n mile,开始向右转向避让的角度为 30°。系统也能随时给出碰撞危险度和避碰行动的大小,其中,避碰行动曲线也表示在图 6‐3 中,如距离目标船 $D=1.63+1=2.63$ n mile 时,碰撞危险度为 $CRI=0.83$,避碰行为模式为向右转向,行动大小为右转 51°。

直航船独自采取操纵行动的时机,即直航船最晚应在多远的距离上采取行动。关于这个问题,学术界和司法界较为一致的看法是,应根据两船的会遇格局、两船间的距离、相对运动速度的大小,以及本船操纵性能等因素决定[97−107]。必要时这个“独操”距离可以大于让路船必须采取避让行动的两船间的最小距离,特别是对于操纵性能较差的船舶来说更是这样。如果直航船未能在充分的时间内独自采取行动,则往往会被认为存在过失。

6.5　船舶自律行为

海上船舶避碰行动确实需要遵循必要的行动规则,但船舶彼此之间还需要保持一定的相互尊重,体现出内在固有的弹性而不是在规则的文字上较劲,避免不必要的概念上的冲突同样重要。因为,在船舶避碰协同中经常会出现新的情况,进一步的互动会发现彼此需要多元适应。如果说弹性机制存在着相当的风险,那么,正需要我们在开拓进取中体现出一种担当的精神。这种担当不是豪赌,更不是将此作为减轻应有责任的借口,相反是为了给新的避碰实践提供较为完备的行为准则。

从自律的角度看,弹性机制不是钻空子,而属于严于律己的另一方面——宽以待物,表现为韧性、包容和妥协。在应对海上船舶航行新情况时,多一些开放和柔性,协同避让就会更加融洽一些。当然,包容和妥协不等同于苟且,目的完全是船舶安全航行的达成和避免碰撞事故的发生。

船舶一方在宽以待物中所做的暂时让步,目的是保证船舶能够持续航行。弹性在物理学中是指物体在外界力的作用下,能够做出反应并且维持自身稳定性的能力与特性:一方面能够有所变化,如伸缩变形;另一方面自身的本质属性又不至于被破坏,一旦外力撤走即恢复自身原本面目,后一种特质称之为“回原性”。假如没有这种“回原性”,则往往会导致合作危机或失败。

可以看出,避碰规则的弹性机制对于船舶双方的自律提出了更高的要求,需要有更多细节的体察和相对宽泛尺度的把握。以直航船“独自采取操纵行动”的时机为例,这个“独操”距离是可以大于让路船必须采取避让行动的两船间的最小距离的。否则,在面对由于某种原因坚持不让路的、机动性能更好的让路船的情况下,直航船将不会再有机会避免与其碰撞，更不用说能在安全的距离上通过了，这是每一个直航船船长或船舶公司都不愿意接受的事实。

自律行为永远是最低成本的管理。对于船舶碰撞来说，《避碰规则》是允许背离其条款的，即允许《避碰规则》具有必须的弹性。自律的行为并非保守，而是在两船避碰协作中获得最大自由度的同时，将风险降至最低。有人认为，自律的本质是建立生活的"体系感"，即在船舶避碰协作中知道自己应该做什么，需要怎么做，从而产生对于船舶航行实时掌控的安全感。否则就会在无意识中失控，陷入不确定性，直接面对安全风险，对于参与协作的各方来说，如果能够形成一个良好的协作机制，在沟通不完备、不充分时，将有助于构建"自愈"的功能。当然，其流程不能过于复杂，否则就会加大运作成本，最终会以失败告终。

海上每艘船舶均负有保证航行安全和保护海洋环境的义务，均是该义务主体。《避碰规则》对直航船和让路船的划分仅仅是对避碰义务的分工，并未免除直航船遵守上述义务的责任。确立海上避碰实务以避免紧迫局面为核心举措和第一要务，提倡"双让协同理念"的海上弹性避碰机制的时机已经成熟。明确"及早"行动也适用于直航船，只要第十七条 1 款（2）项中规定的情况出现，直航船就应该首先"独自采取操纵行动"，该条款是权利义务复合条款。利用本书提出的船舶避碰决策模型避让目标船，船舶驾驶员再也不会为何时采取避让行动困惑了，也不会为所采取的行动是否有效，以及采取行动的时机是否恰当担忧了，这无疑增加了船舶驾驶员避碰操纵的自信心，也增加了船舶航行的安全性，是船舶驾驶员具体分析某一会遇态势和决定采取避碰行动决策的工具。

转向避让行动与时机曲线图

附录 1 为一组本船转向避让行动与时机曲线，B 表示目标船的方位，三条曲线分别代表最小安全会遇距离取 $D_s=0.5$ n mile、$D_s=1.0$ n mile 和 $D_s=2.0$ n mile 时转向角度或航向改变率随两船距离变化的曲线，曲线上的 3 个圆点表示转向避让行动的时机，转向避让角度变化率分别为 5.0、9.0 和 13.0，单位是"°/0.1 n mile"。分析本船对于这些具有不同船速比和不同方位目标船的避让行动与时机曲线，发现它们形状相似，但是转向避让角度变化率在曲线上的变化情况并不均匀。在采取避碰行动时，为体现《避碰规则》中"早"和"大"的概念，取转向避让角度变化率明显增大时 $C_R=5.0\sim9.0$（°/0.1 n mile）作为"最佳"避让时机比较合适。

1. 转向避让快速船

1）船速比 $k_V=V_1/V_0=2.0$

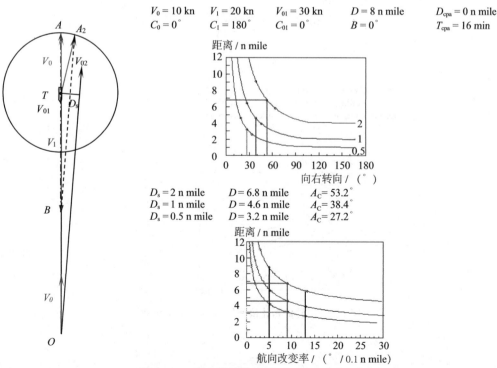

图 F1-1　转向避让快速船，$k_V=2.0$，$B=0°$

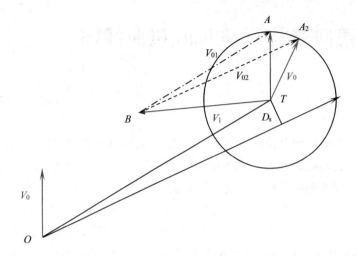

| $V_0 = 10$ kn | $V_1 = 20$ kn | $V_{01} = 23.1$ kn | $D = 8$ n mile | $D_{cpa} = -0.1$ n mile |
| $C_0 = 0°$ | $C_1 = 265°$ | $C_{01} = 59.5°$ | $B = 60°$ | $T_{cpa} = 20.8$ min |

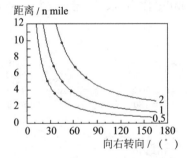

$D_s = 2$ n mile	$D = 6.8$ n mile	$A_C = 62.2°$
$D_s = 1$ n mile	$D = 5$ n mile	$A_C = 45.8°$
$D_s = 0.5$ n mile	$D = 3.6$ n mile	$A_C = 35.8°$

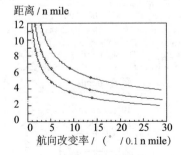

图 F1-2　转向避让快速船，$k_V = 2.0, B = 60°$

188

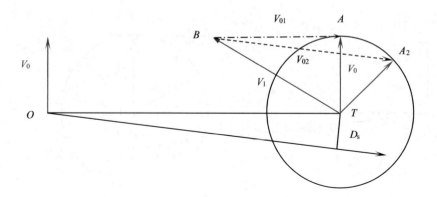

$V_0 = 10$ kn	$V_1 = 20$ kn	$V_{01} = 19.1$ kn	$D = 8$ n mile	$D_{cpa} = 0.1$ n mile
$C_0 = 0°$	$C_1 = 290°$	$C_{01} = 80.5°$	$B = 80°$	$T_{cpa} = 25.2$ min

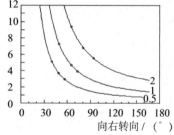

$D_s = 2$ n mile	$D = 6.6$ n mile	$A_C = 71°$
$D_s = 1$ n mile	$D = 4.7$ n mile	$A_C = 52.2°$
$D_s = 0.5$ n mile	$D = 3.2$ n mile	$A_C = 38.2°$

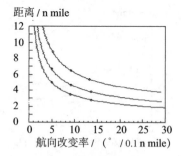

图 F1-3　转向避让快速船, $k_V = 2.0, B = 80°$

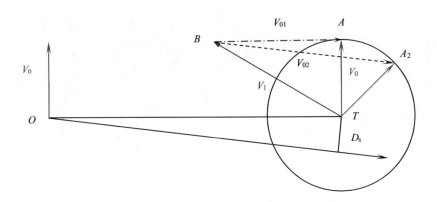

$V_0 = 10$ kn	$V_1 = 20$ kn	$V_{01} = 17.3$ kn	$D = 8$ n mile	$D_{cpa} = 0$ n mile
$C_0 = 0°$	$C_1 = 300°$	$C_{01} = 90°$	$B = 90°$	$T_{cpa} = 27.7$ min

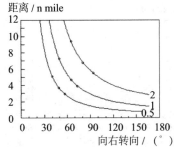

$D_s = 2$ n mile	$D = 6.8$ n mile	$A_C = 80.6°$
$D_s = 1$ n mile	$D = 4.7$ n mile	$A_C = 64.8°$
$D_s = 0.5$ n mile	$D = 3.7$ n mile	$A_C = 48.6°$

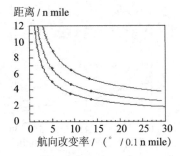

图 F1-4　转向避让快速船，$k_V = 2.0, B = 90°$

190

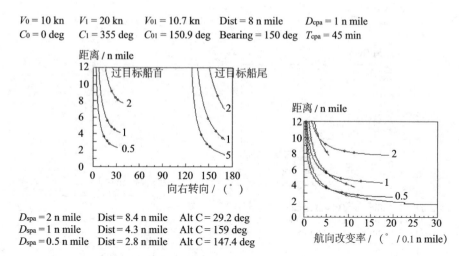

$V_0 = 10$ kn $V_1 = 20$ kn $V_{01} = 10.7$ kn Dist $= 8$ n mile $D_{cpa} = 1$ n mile
$C_0 = 0$ deg $C_1 = 355$ deg $C_{01} = 150.9$ deg Bearing $= 150$ deg $T_{cpa} = 45$ min

$D_{spa} = 2$ n mile Dist $= 8.4$ n mile Alt C $= 29.2$ deg
$D_{spa} = 1$ n mile Dist $= 4.3$ n mile Alt C $= 159$ deg
$D_{spa} = 0.5$ n mile Dist $= 2.8$ n mile Alt C $= 147.4$ deg

图 F1－5　转向避让快速船，$k_V = 2.0, B = 150°$)

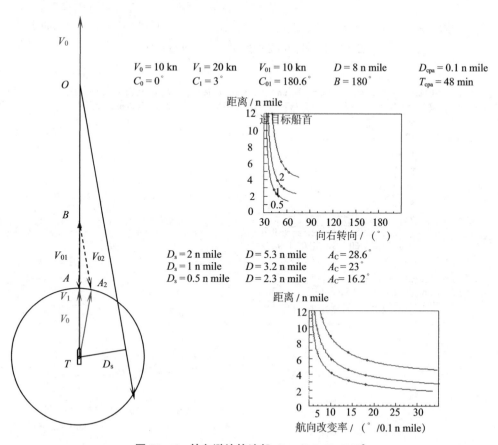

$V_0 = 10$ kn $V_1 = 20$ kn $V_{01} = 10$ kn $D = 8$ n mile $D_{cpa} = 0.1$ n mile
$C_0 = 0°$ $C_1 = 3°$ $C_{01} = 180.6°$ $B = 180°$ $T_{cpa} = 48$ min

$D_s = 2$ n mile $D = 5.3$ n mile $A_C = 28.6°$
$D_s = 1$ n mile $D = 3.2$ n mile $A_C = 23°$
$D_s = 0.5$ n mile $D = 2.3$ n mile $A_C = 16.2°$

图 F1－6　转向避让快速船，$k_V = 2.0, B = 180°$

191

$V_0 = 10 \text{ kn}$ $V_1 = 20 \text{ kn}$ $V_{01} = 10.7 \text{ kn}$ $D = 8 \text{ n mile}$ $D_{cpa} = -0.1 \text{ n mile}$

$C_0 = 0°$ $C_1 = 15°$ $C_{01} = 209.1°$ $B = 210°$ $T_{cpa} = 45 \text{ min}$

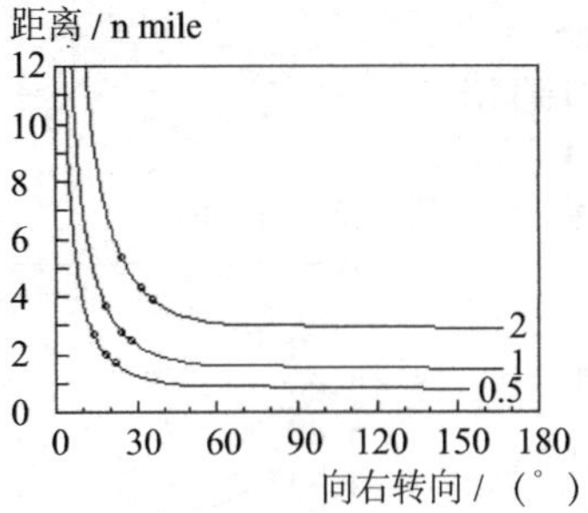

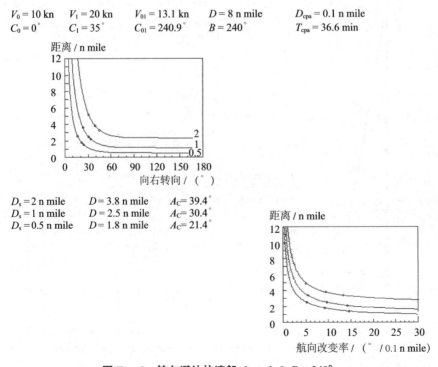

$D_s = 2 \text{ n mile}$ $D = 4.3 \text{ n mile}$ $A_C = 31.2°$

$D_s = 1 \text{ n mile}$ $D = 2.8 \text{ n mile}$ $A_C = 24.2°$

$D_s = 0.5 \text{ n mile}$ $D = 2 \text{ n mile}$ $A_C = 18.4°$

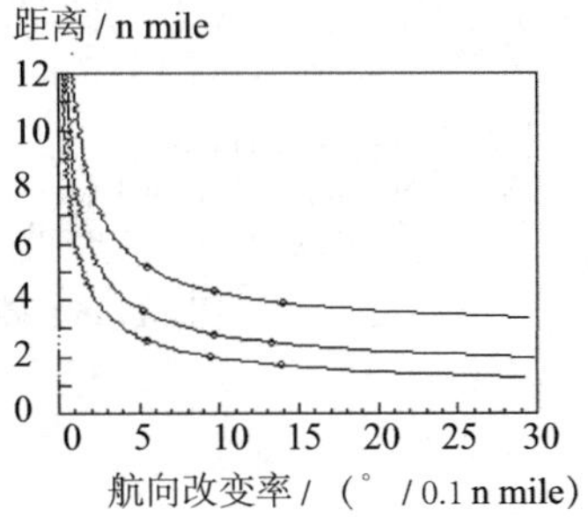

图 F1 - 7   转向避让快速船，$k_V = 2.0, B = 210°$

$V_0 = 10 \text{ kn}$ $V_1 = 20 \text{ kn}$ $V_{01} = 13.1 \text{ kn}$ $D = 8 \text{ n mile}$ $D_{cpa} = 0.1 \text{ n mile}$

$C_0 = 0°$ $C_1 = 35°$ $C_{01} = 240.9°$ $B = 240°$ $T_{cpa} = 36.6 \text{ min}$

$D_s = 2 \text{ n mile}$ $D = 3.8 \text{ n mile}$ $A_C = 39.4°$

$D_s = 1 \text{ n mile}$ $D = 2.5 \text{ n mile}$ $A_C = 30.4°$

$D_s = 0.5 \text{ n mile}$ $D = 1.8 \text{ n mile}$ $A_C = 21.4°$

图 F1 - 8   转向避让快速船，$k_V = 2.0, B = 240°$

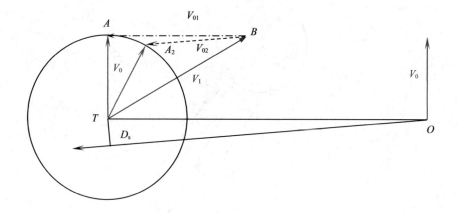

$V_0 = 10$ kn	$V_1 = 20$ kn	$V_{01} = 17.3$ kn	$D = 8$ n mile	$D_{cpa} = 0$ n mile
$C_0 = 0°$	$C_1 = 60°$	$C_{01} = 270°$	$B = 270°$	$T_{cpa} = 27.7$ min

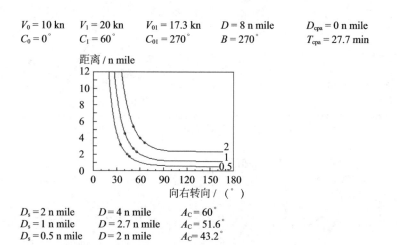

$D_s = 2$ n mile	$D = 4$ n mile	$A_C = 60°$
$D_s = 1$ n mile	$D = 2.7$ n mile	$A_C = 51.6°$
$D_s = 0.5$ n mile	$D = 2$ n mile	$A_C = 43.2°$

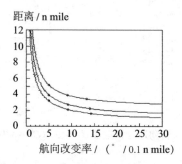

图 F1 - 9　转向避让快速船，$k_V = 2.0, B = 270°$

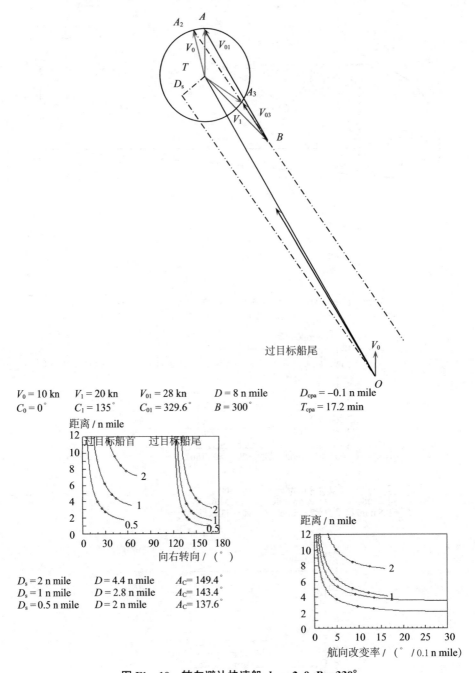

$V_0 = 10$ kn　　$V_1 = 20$ kn　　$V_{01} = 28$ kn　　$D = 8$ n mile　　$D_{cpa} = -0.1$ n mile

$C_0 = 0°$　　　$C_1 = 135°$　　$C_{01} = 329.6°$　　$B = 300°$　　　$T_{cpa} = 17.2$ min

$D_s = 2$ n mile　　$D = 4.4$ n mile　　$A_C = 149.4°$

$D_s = 1$ n mile　　$D = 2.8$ n mile　　$A_C = 143.4°$

$D_s = 0.5$ n mile　$D = 2$ n mile　　$A_C = 137.6°$

图 F1 - 10　转向避让快速船，$k_V = 2.0, B = 330°$

2）船速比 $k_V = V_1/V_0 = 1.5$

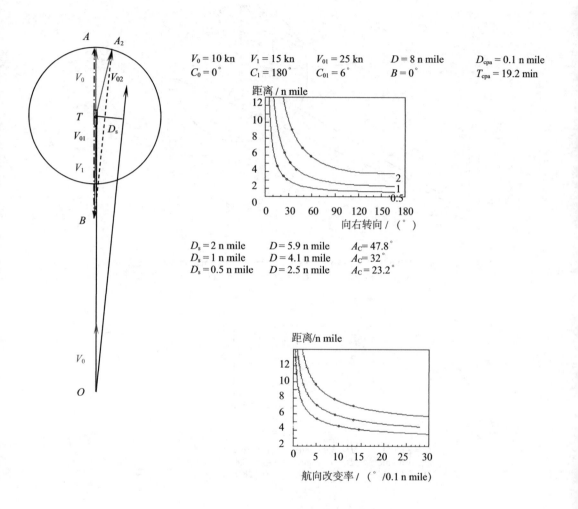

$V_0 = 10$ kn	$V_1 = 15$ kn	$V_{01} = 25$ kn	$D = 8$ n mile	$D_{cpa} = 0.1$ n mile
$C_0 = 0°$	$C_1 = 180°$	$C_{01} = 6°$	$B = 0°$	$T_{cpa} = 19.2$ min

$D_s = 2$ n mile	$D = 5.9$ n mile	$A_C = 47.8°$
$D_s = 1$ n mile	$D = 4.1$ n mile	$A_C = 32°$
$D_s = 0.5$ n mile	$D = 2.5$ n mile	$A_C = 23.2°$

图 F1 - 11　转向避让快速船，$k_V = 1.5, B = 0°$

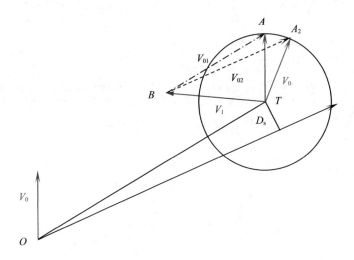

$V_0 = 10$ kn	$V_1 = 15$ kn	$V_{01} = 17.3$ kn	$D = 8$ n mile	$D_{cpa} = 0$ n mile
$C_0 = 0°$	$C_1 = 27.5°$	$C_{01} = 59.8°$	$B = 60°$	$T_{cpa} = 27.8$ min

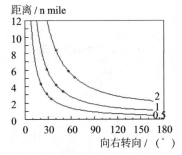

$D_s = 2$ n mile	$D = 5.9$ n mile	$A_C = 56.2°$
$D_s = 1$ n mile	$D = 4.2$ n mile	$A_C = 40.4°$
$D_s = 0.5$ n mile	$D = 3.1$ n mile	$A_C = 28.2°$

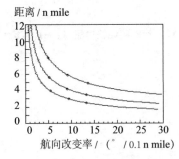

图 F1-12 转向避让快速船，$k_V = 1.5$，$B = 60°$

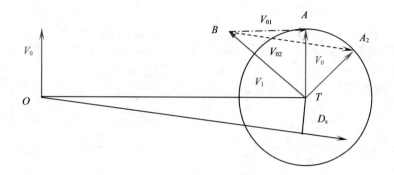

$V_0 = 10$ kn　　$V_1 = 15$ kn　　$V_{01} = 11.5$ kn　　$D = 8$ n mile　　$D_{cpa} = -0.2$ n mile

$C_0 = 0°$　　　$C_1 = 310°$　　$C_{01} = 88.2°$　　$B = 90°$　　　　$T_{cpa} = 47.8$ min

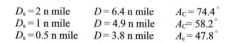

$D_s = 2$ n mile　　$D = 6.4$ n mile　　$A_C = 74.4°$
$D_s = 1$ n mile　　$D = 4.9$ n mile　　$A_C = 58.2°$
$D_s = 0.5$ n mile　　$D = 3.8$ n mile　　$A_c = 47.8°$

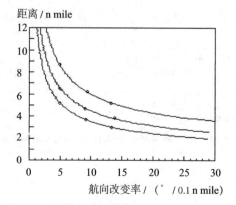

图 F1 - 13　转向避让快速船,$k_v = 1.5, B = 90°$

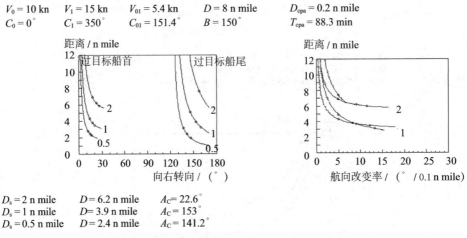

$V_0 = 10$ kn $V_1 = 15$ kn $V_{01} = 7.3$ kn $D = 8$ n mile $D_{cpa} = -0.1$ n mile
$C_0 = 0°$ $C_1 = 33.5°$ $C_{01} = 119.6°$ $B = 120°$ $T_{cpa} = 65.9$ min

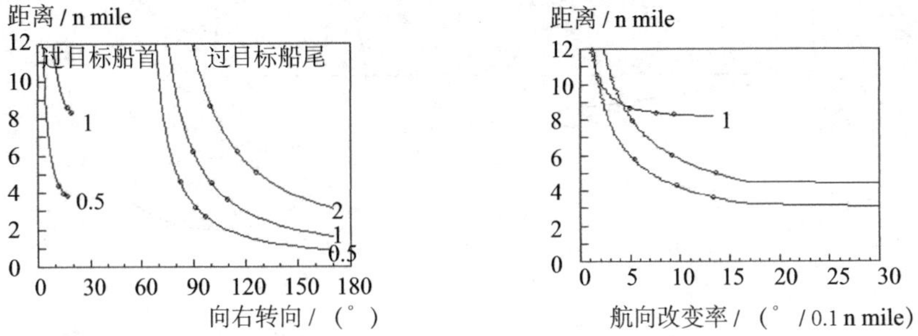

$D_s = 2$ n mile $D = 6.2$ n mile $A_C = 115.2°$
$D_s = 1$ n mile $D = 4.5$ n mile $A_C = 100.4°$
$D_s = 0.5$ n mile $D = 3.2$ n mile $A_C = 91.4°$

图 F1 - 14   转向避让快速船,$k_V = 1.5, B = 120°$

$V_0 = 10$ kn $V_1 = 15$ kn $V_{01} = 5.4$ kn $D = 8$ n mile $D_{cpa} = 0.2$ n mile
$C_0 = 0°$ $C_1 = 350°$ $C_{01} = 151.4°$ $B = 150°$ $T_{cpa} = 88.3$ min

$D_s = 2$ n mile $D = 6.2$ n mile $A_C = 22.6°$
$D_s = 1$ n mile $D = 3.9$ n mile $A_C = 153°$
$D_s = 0.5$ n mile $D = 2.4$ n mile $A_C = 141.2°$

图 F1 - 15   转向避让快速船,$k_V = 1.5, B = 150°$

$V_0 = 10$ kn　　$V_1 = 15$ kn　　$V_{01} = 5$ kn　　$D = 8$ n mile　　$D_{cpa} = 0.1$ n mile
$C_0 = 0°$　　$C_1 = 3°$　　$C_{01} = 180.9°$　　$B = 180°$　　$T_{cpa} = 9.6$ min

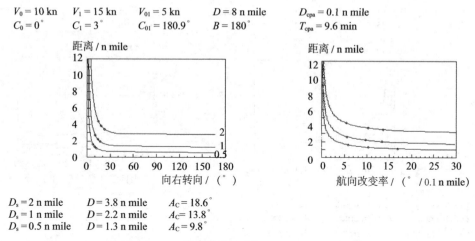

$D_s = 2$ n mile　　$D = 3.8$ n mile　　$A_C = 18.6°$
$D_s = 1$ n mile　　$D = 2.2$ n mile　　$A_C = 13.8°$
$D_s = 0.5$ n mile　　$D = 1.3$ n mile　　$A_C = 9.8°$

图 F1 - 16　转向避让快速船，$k_V = 1.5, B = 180°$

$V_0 = 10$ kn　　$V_1 = 15$ kn　　$V_{01} = 5.4$ kn　　$D = 8$ n mile　　$D_{cpa} = -0.2$ n mile
$C_0 = 0°$　　$C_1 = 10°$　　$C_{01} = 208.6°$　　$B = 210°$　　$T_{cpa} = 88.3$ min

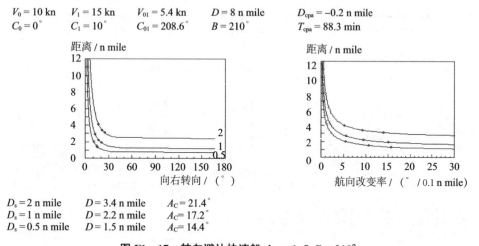

$D_s = 2$ n mile　　$D = 3.4$ n mile　　$A_C = 21.4°$
$D_s = 1$ n mile　　$D = 2.2$ n mile　　$A_C = 17.2°$
$D_s = 0.5$ n mile　　$D = 1.5$ n mile　　$A_C = 14.4°$

图 F1 - 17　转向避让快速船，$k_V = 1.5, B = 210°$

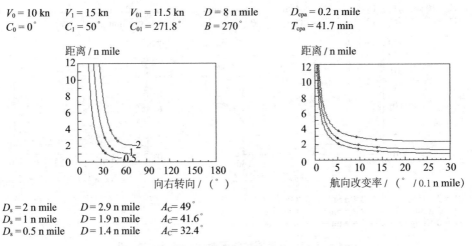

$V_0 = 10$ kn $V_1 = 15$ kn $V_{01} = 7.3$ kn $D = 8$ n mile $D_{cpa} = 0.1$ n mile
$C_0 = 0°$ $C_1 = 25°$ $C_{01} = 240.4°$ $B = 240°$ $T_{cpa} = 65.9$ min

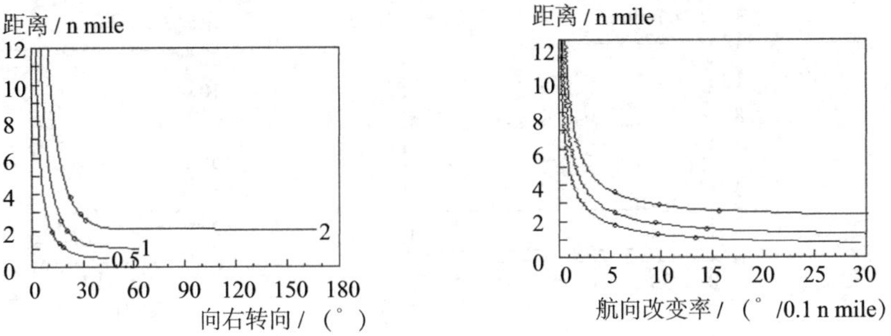

$D_s = 2$ n mile $D = 2.9$ n mile $A_C = 28.2°$
$D_s = 1$ n mile $D = 2$ n mile $A_C = 20.8°$
$D_s = 0.5$ n mile $D = 1.3$ n mile $A_C = 16°$

图 F1-18　转向避让快速船，$k_V = 1.5, B = 240°$

$V_0 = 10$ kn $V_1 = 15$ kn $V_{01} = 11.5$ kn $D = 8$ n mile $D_{cpa} = 0.2$ n mile
$C_0 = 0°$ $C_1 = 50°$ $C_{01} = 271.8°$ $B = 270°$ $T_{cpa} = 41.7$ min

$D_s = 2$ n mile $D = 2.9$ n mile $A_C = 49°$
$D_s = 1$ n mile $D = 1.9$ n mile $A_C = 41.6°$
$D_s = 0.5$ n mile $D = 1.4$ n mile $A_C = 32.4°$

图 F1-19　转向避让快速船，$k_V = 1.5, B = 270°$

$V_0 = 10$ kn　　$V_1 = 15$ kn　　$V_{01} = 14.1$ kn　　$D = 8$ n mile　　$D_{cpa} = 0$ n mile
$C_0 = 0°$　　　$C_1 = 65°$　　　$C_{01} = 285.1°$　　$B = 285°$　　　$T_{cpa} = 34.1$ min

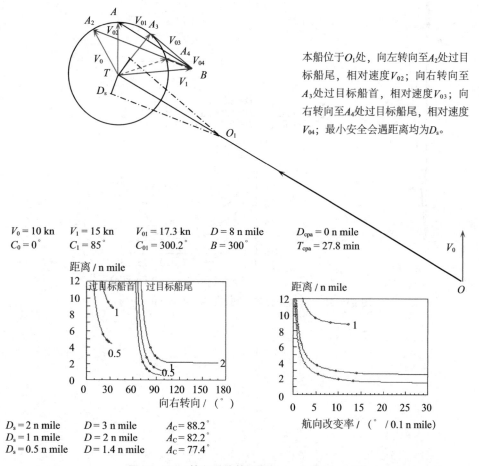

$D_s = 2$ n mile	$D = 2.9$ n mile	$A_C = 66.6°$
$D_s = 1$ n mile	$D = 1.9$ n mile	$A_C = 60.6°$
$D_s = 0.5$ n mile	$D = 1.5$ n mile	$A_C = 53.6°$

图 F1-20　转向避让快速船，$k_V = 1.5$，$B = 285°$

本船位于O_1处，向左转向至A_2处过目标船尾，相对速度V_{02}；向右转向至A_3处过目标船首，相对速度V_{03}；向右转向至A_4处过目标船尾，相对速度V_{04}；最小安全会遇距离均为D_s。

$V_0 = 10$ kn　　$V_1 = 15$ kn　　$V_{01} = 17.3$ kn　　$D = 8$ n mile　　$D_{cpa} = 0$ n mile
$C_0 = 0°$　　　$C_1 = 85°$　　　$C_{01} = 300.2°$　　$B = 300°$　　　$T_{cpa} = 27.8$ min

$D_s = 2$ n mile	$D = 3$ n mile	$A_C = 88.2°$
$D_s = 1$ n mile	$D = 2$ n mile	$A_C = 82.2°$
$D_s = 0.5$ n mile	$D = 1.4$ n mile	$A_C = 77.4°$

图 F1-21　转向避让快速船，$k_V = 1.5$，$B = 300°$

2. 转向避让等速度船

船速比 $k_V = V_1/V_0 = 1.0$

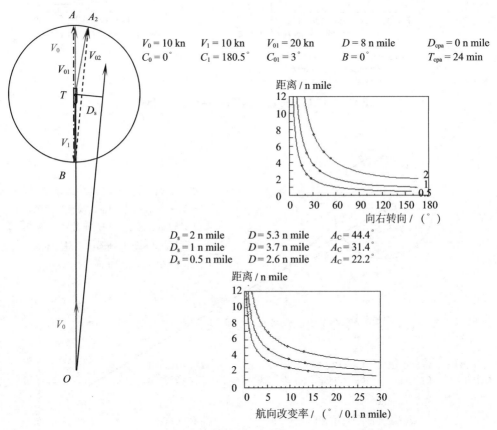

$V_0 = 10$ kn	$V_1 = 10$ kn	$V_{01} = 20$ kn	$D = 8$ n mile	$D_{cpa} = 0$ n mile
$C_0 = 0°$	$C_1 = 180.5°$	$C_{01} = 3°$	$B = 0°$	$T_{cpa} = 24$ min

$D_s = 2$ n mile	$D = 5.3$ n mile	$A_C = 44.4°$
$D_s = 1$ n mile	$D = 3.7$ n mile	$A_C = 31.4°$
$D_s = 0.5$ n mile	$D = 2.6$ n mile	$A_C = 22.2°$

图 F1 - 22   转向避让等速船,$k_V = 1.0, B = 0°$,对遇

$V_0 = 10$ kn　　$V_1 = 10$ kn　　$V_{01} = 3$ kn　　　$D = 8$ n mile　　　$D_{cpa} = -0.1$ n mile
$C_0 = 0°$　　　$C_1 = 358°$　　$C_{01} = 89°$　　　$B = 90°$　　　$T_{cpa} = 1375$ min

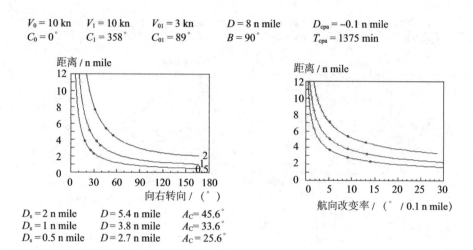

$D_s = 2$ n mile　　　$D = 5.4$ n mile　　　$A_C = 45.6°$
$D_s = 1$ n mile　　　$D = 3.8$ n mile　　　$A_C = 33.6°$
$D_s = 0.5$ n mile　　$D = 2.7$ n mile　　　$A_C = 25.6°$

图 F1 - 23　转向避让等速船，$k_V = 1.0$，$B = 60°$

$V_0 = 10$ kn　　$V_1 = 10$ kn　　$V_{01} = 10.3$ kn　　$D = 8$ n mile　　　$D_{cpa} = -0.1$ n mile
$C_0 = 0°$　　　$C_1 = 298°$　　$C_{01} = 59°$　　　$B = 60°$　　　$T_{cpa} = 46.6$ min

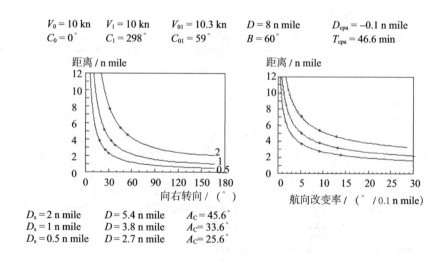

$D_s = 2$ n mile　　　$D = 5.4$ n mile　　　$A_C = 45.6°$
$D_s = 1$ n mile　　　$D = 3.8$ n mile　　　$A_C = 33.6°$
$D_s = 0.5$ n mile　　$D = 2.7$ n mile　　　$A_C = 25.6°$

图 F1 - 24　转向避让等速船，$k_V = 1.0$，$B = 90°$

$V_0 = 10$ kn $\quad V_1 = 10$ kn $\quad V_{01} = 6.5$ kn $\quad D = 8$ n mile $\quad D_{cpa} = -0.1$ n mile
$C_0 = 0°$ $\quad C_1 = 38°$ $\quad C_{01} = 289°$ $\quad B = 290°$ $\quad T_{cpa} = 73.7$ min

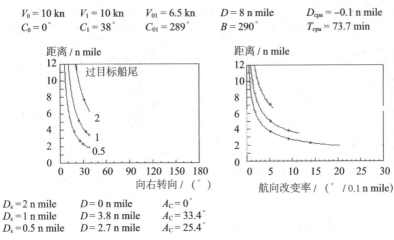

$D_s = 2$ n mile $\quad D = 0$ n mile $\quad A_C = 0°$
$D_s = 1$ n mile $\quad D = 3.8$ n mile $\quad A_C = 33.4°$
$D_s = 0.5$ n mile $\quad D = 2.7$ n mile $\quad A_C = 25.4°$

图 F1-25　转向避让等速船，$k_V = 1.0, B = 290°$

$V_0 = 10$ kn $\quad V_1 = 10$ kn $\quad V_{01} = 9.7$ kn $\quad D = 8$ n mile $\quad D_{cpa} = -0.1$ n mile
$C_0 = 0°$ $\quad C_1 = 58°$ $\quad C_{01} = 299°$ $\quad B = 300°$ $\quad T_{cpa} = 49.5$ min

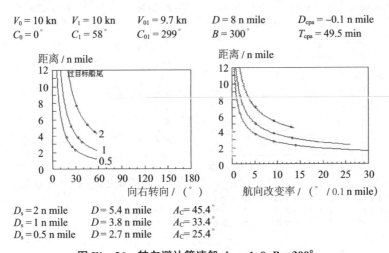

$D_s = 2$ n mile $\quad D = 5.4$ n mile $\quad A_C = 45.4°$
$D_s = 1$ n mile $\quad D = 3.8$ n mile $\quad A_C = 33.4°$
$D_s = 0.5$ n mile $\quad D = 2.7$ n mile $\quad A_C = 25.4°$

图 F1-26　转向避让等速船，$k_V = 1.0, B = 300°$

3. 转向避让慢速船

船速比 $k_V = V_1/V_0 = 0.5$

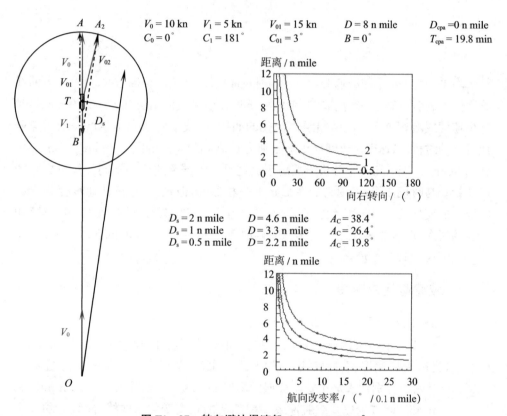

$V_0 = 10$ kn　　$V_1 = 5$ kn　　$V_{01} = 15$ kn　　$D = 8$ n mile　　$D_{cpa} = 0$ n mile

$C_0 = 0°$　　$C_1 = 181°$　　$C_{01} = 3°$　　$B = 0°$　　$T_{cpa} = 19.8$ min

$D_s = 2$ n mile　　$D = 4.6$ n mile　　$A_C = 38.4°$

$D_s = 1$ n mile　　$D = 3.3$ n mile　　$A_C = 26.4°$

$D_s = 0.5$ n mile　　$D = 2.2$ n mile　　$A_C = 19.8°$

图 F1-27　转向避让慢速船，$k_V = 0.5, B = 0°$

减速避让行动与时机曲线图

附录 2 为一组本船减速避让行动与时机曲线图，B 表示目标船的方位，三条曲线分别代表最小安全会遇距离取 $D_s=0.5$ n mile、$D_s=1.0$ n mile 和 $D_s=2.0$ n mile 时减少速度或航速改变率随两船距离变化的曲线，曲线上的 3 个小圆点表示减速避让行动的时机，减速避让速度变化率分别为 0.5(kn/0.1 n mile)、0.9(kn/0.1 n mile) 和 1.3(kn/0.1 n mile)。分析本船对于这些具有不同船速比和不同方位目标船的避让行动与时机曲线，发现它们在形状上是相似的，但是，变速避让速度变化率在曲线上的变化情况并不均匀。在采取避碰行动时，为体现《避碰规则》中"早"和"大"的概念，取减速避让速度变化率明显增大时 $S_R=0.5\sim0.9$(kn/0.1 n mile) 作为"最佳"避让时机比较合适。

1. 减速避让快速船

1) 船速比 $k_V=V_1/V_0=2.0$

图 F2-1 为本船减速避让行动与时机曲线图，本船的速度 $V_0=10$ kn，航向 $C_0=0°$，目标船的速度 $V_1=20$ kn，航向 $C_1=325°$，距离 $D=8$ n mile 方位 $B=120°$。三条曲线分别代表最小安全会遇距离取 $D_s=0.5$ n mile、$D_s=1.0$ n mile 和 $D_s=2.0$ n mile 时减少速度或航速改变率随两船距离变化的曲线，曲线上的 3 个圆点表示减速避让行动的时机，减速避让速度变化率分别为 0.5(kn/0.1 n mile)、0.9(kn/0.1 n mile) 和 1.3(kn/0.1 n mile)。本船相对于目标船的速度 $V_{01}=13.1$ kn，相对航向 $C_{01}=119.1°$，最近会遇距离 $D_{cpa}=-0.1$ n mile，到达最近会遇距离处的时间 $T_{cpa}=36.6$ min。

本船距离目标船 5.1 n mile 时，目标船方位 120.4°，本船减速 $A_s=-3.8$ kn 后，相对目标船的速度 $V_{03}=15.3$ kn，相对航向为 OH 方向，$C_{03}=132°$，$T_{cpa}=19.6$ min，将在最小安全会遇距离 $D_s=1.0$ n mile 通过目标船尾。

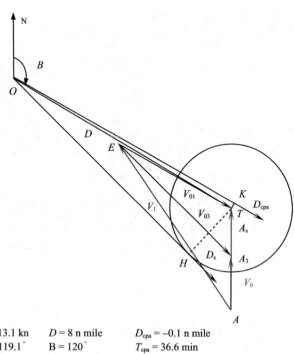

$V_0 = 10$ kn　　$V_1 = 20$ kn　　$V_{01} = 13.1$ kn　　$D = 8$ n mile　　$D_{cpa} = -0.1$ n mile
$C_0 = 0°$　　　$C_1 = 325°$　　$C_{01} = 119.1°$　　$B = 120°$　　　　$T_{cpa} = 36.6$ min

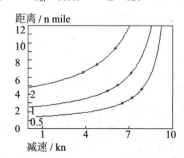

$D_s = 2$ n mile　　$D = 7.5$ n mile　　$A_s = -5.2$ kn
$D_s = 1$ n mile　　$D = 5.1$ n mile　　$A_s = -3.8$ kn
$D_s = 0.5$ n mile　　$D = 3.6$ n mile　　$A_s = -2.8$ kn

图 F2 – 1　减速避让快速船, $k_V = 2.0$, $B = 120°$

$V_0 = 10 \text{ kn}$ $V_1 = 20 \text{ kn}$ $V_{01} = 17.3 \text{ kn}$ $D = 8 \text{ n mile}$ $D_{cpa} = 0 \text{ n mile}$

$C_0 = 0°$ $C_1 = 60°$ $C_{01} = 270°$ $B = 270°$ $T_{cpa} = 27.7 \text{ min}$

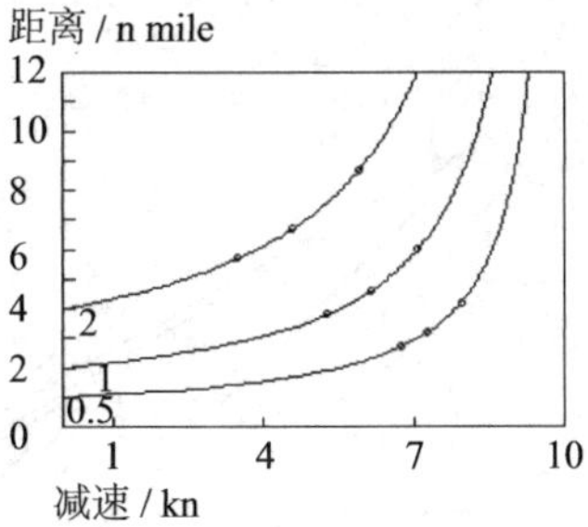

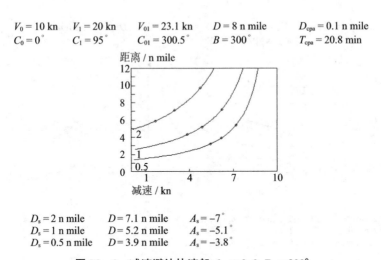

$D_s = 2 \text{ n mile}$ $D = 6.7 \text{ n mile}$ $A_s = -5.4 \text{ kn}$

$D_s = 1 \text{ n mile}$ $D = 4.6 \text{ n mile}$ $A_s = -3.9 \text{ kn}$

$D_s = 0.5 \text{ n mile}$ $D = 3.2 \text{ n mile}$ $A_s = -2.7 \text{ kn}$

图 F2 - 2   减速避让快速船, $k_V = 2.0, B = 270°$

$V_0 = 10 \text{ kn}$ $V_1 = 20 \text{ kn}$ $V_{01} = 23.1 \text{ kn}$ $D = 8 \text{ n mile}$ $D_{cpa} = 0.1 \text{ n mile}$

$C_0 = 0°$ $C_1 = 95°$ $C_{01} = 300.5°$ $B = 300°$ $T_{cpa} = 20.8 \text{ min}$

$D_s = 2 \text{ n mile}$ $D = 7.1 \text{ n mile}$ $A_s = -7°$

$D_s = 1 \text{ n mile}$ $D = 5.2 \text{ n mile}$ $A_s = -5.1°$

$D_s = 0.5 \text{ n mile}$ $D = 3.9 \text{ n mile}$ $A_s = -3.8°$

图 F2 - 3   减速避让快速船, $k_V = 2.0, B = 300°$

2) 船速比 $k_V = V_1/V_0 = 1.5$

$V_0 = 10 \text{ kn}$ $V_1 = 15 \text{ kn}$ $V_{01} = 17.3 \text{ kn}$ $D = 8 \text{ n mile}$ $D_{cpa} = 0 \text{ n mile}$
$C_0 = 0°$ $C_1 = 275°$ $C_{01} = 59.8°$ $B = 60°$ $T_{cpa} = 27.8 \text{ min}$

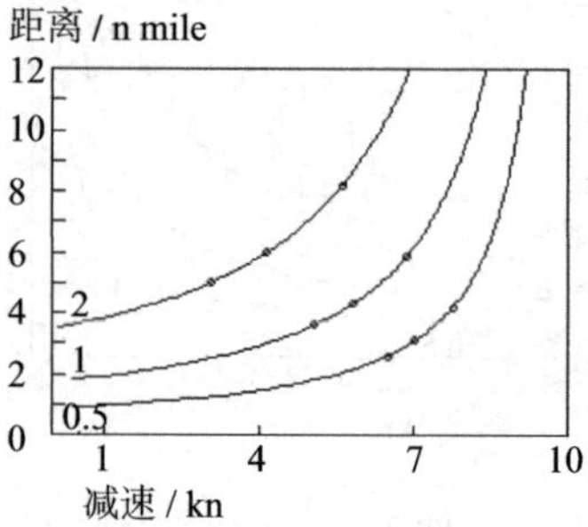

$D_s = 2 \text{ n mile}$ $D = 6 \text{ n mile}$ $A_s = -5.9 \text{ kn}$
$D_s = 1 \text{ n mile}$ $D = 4.3 \text{ n mile}$ $A_s = -4.2 \text{ kn}$
$D_s = 0.5 \text{ n mile}$ $D = 3.1 \text{ n mile}$ $A_s = -3 \text{ kn}$

图 F2-4 减速避让快速船，$k_V = 1.5$, $B = 60°$

$V_0 = 10 \text{ kn}$ $V_1 = 15 \text{ kn}$ $V_{01} = 11.5 \text{ kn}$ $D = 8 \text{ n mile}$ $D_{cpa} = -0.2 \text{ n mile}$
$C_0 = 0 \text{ deg}$ $C_1 = 310 \text{ deg}$ $C_{01} = 88.2 \text{ deg}$ $B = 90 \text{ deg}$ $T_{cpa} = 41.7 \text{ min}$

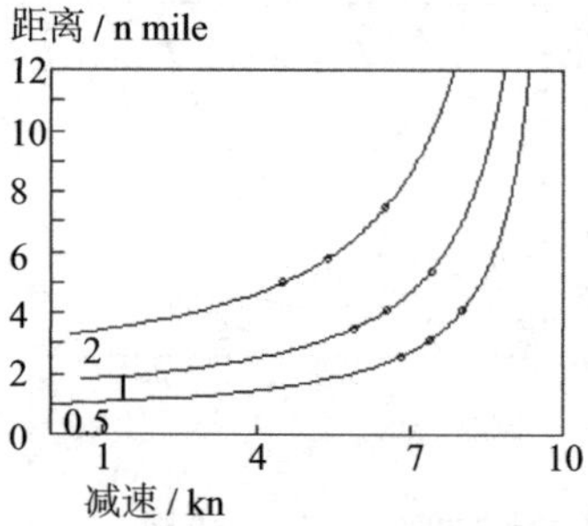

$D_s = 2 \text{ n mile}$ $D = 5.8 \text{ n mile}$ $A_s = -4.6 \text{ kn}$
$D_s = 1 \text{ n mile}$ $D = 4.1 \text{ n mile}$ $A_s = -3.5 \text{ kn}$
$D_s = 0.5 \text{ n mile}$ $D = 3.1 \text{ n mile}$ $A_s = -2.6 \text{ kn}$

图 F2-5 减速避让快速船，$k_V = 1.5$, $B = 90°$

$V_0 = 10$ kn　　$V_1 = 15$ kn　　$V_{01} = 7.3$ kn　　$D = 8$ n mile　　$D_{cpa} = -0.1$ n mile
$C_0 = 0°$　　　$C_1 = 335°$　　$C_{01} = 119.6°$　　$B = 120°$　　$T_{cpa} = 65.9$ min

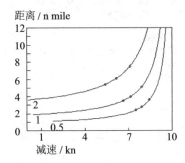

$D_s = 2$ n mile　　$D = 6.1$ n mile　　$A_s = -3.9$ kn
$D_s = 1$ n mile　　$D = 4$ n mile　　$A_s = -2.8$ kn
$D_s = 0.5$ n mile　　$D = 2.8$ n mile　　$A_s = -2.1$ kn

图 F2 - 6　减速避让快速船, $k_V = 1.5, B = 120°$

$V_0 = 10$ kn　　$V_1 = 15$ kn　　$V_{01} = 11.5$ kn　　$D = 8$ n mile　　$D_{cpa} = 0.2$ n mile
$C_0 = 0°$　　　$C_1 = 50°$　　$C_{01} = 271.8°$　　$B = 270°$　　$T_{cpa} = 41.7$ min

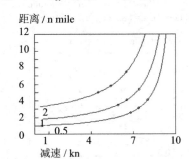

$D_s = 2$ n mile　　$D = 5.8$ n mile　　$A_s = -4.6$ kn
$D_s = 1$ n mile　　$D = 4.1$ n mile　　$A_s = -3.5$ kn
$D_s = 0.5$ n mile　　$D = 3.1$ n mile　　$A_s = -2.6$ kn

图 F2 - 7　减速避让快速船, $k_V = 1.5, B = 270°$

$V_0 = 10$ kn　　$V_1 = 15$ kn　　$V_{01} = 17.3$ kn　　$D = 8$ n mile　　$D_{cpa} = 0$ n mile
$C_0 = 0°$　　$C_1 = 85°$　　$C_{01} = 300.2°$　　$B = 300°$　　$T_{cpa} = 27.8$ min

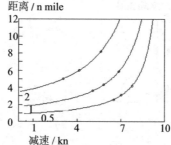

$D_s = 2$ n mile	$D = 6$ n mile	$A_s = -5.9$ kn
$D_s = 1$ n mile	$D = 4.3$ n mile	$A_s = -4.2$ kn
$D_s = 0.5$ n mile	$D = 3.1$ n mile	$A_s = -3$ kn

图 F2-8　减速避让快速船,$k_V = 1.5$,$B = 300°$

2. 减速避让等速度船

船速比 $k_V = V_1/V_0 = 1.0$

$V_0 = 10$ kn　　$V_1 = 10$ kn　　$V_{01} = 10.3$ kn　　$D = 8$ n mile　　$D_{cpa} = -0.1$ n mile
$C_0 = 0°$　　$C_1 = 298°$　　$C_{01} = 59°$　　$B = 60°$　　$T_{cpa} = 46.6$ min

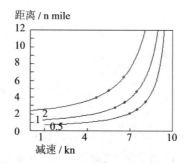

$D_s = 2$ n mile	$D = 4.8$ n mile	$A_s = -4.5$ kn
$D_s = 1$ n mile	$D = 3.4$ n mile	$A_s = -3.4$ kn
$D_s = 0.5$ n mile	$D = 2.6$ n mile	$A_s = -2.5$ kn

图 F2-9　减速避让等速船,$k_V = 1.0$,$B = 60°$

$V_0 = 10 \text{ kn}$ $V_1 = 10 \text{ kn}$ $V_{01} = 6.5 \text{ kn}$ $D = 8 \text{ n mile}$ $D_{cpa} = -0.1 \text{ n mile}$
$C_0 = 0°$ $C_1 = 38°$ $C_{01} = 289°$ $B = 290°$ $T_{cpa} = 73.7 \text{ min}$

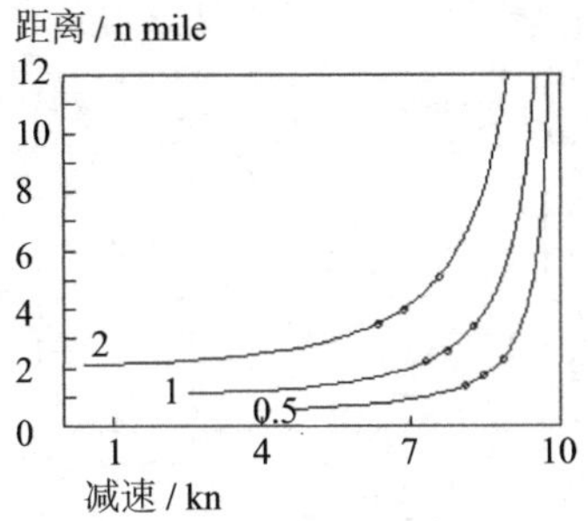

距离 / n mile

减速 / kn

$D_s = 2 \text{ n mile}$ $D = 4 \text{ n mile}$ $A_s = -3.2 \text{ kn}$
$D_s = 1 \text{ n mile}$ $D = 2.6 \text{ n mile}$ $A_s = -2.3 \text{ kn}$
$D_s = 0.5 \text{ n mile}$ $D = 1.7 \text{ n mile}$ $A_s = -1.6 \text{ kn}$

图 F2 - 10　减速避让等速船, $k_V = 1.0, B = 290°$

$V_0 = 10 \text{ kn}$ $V_1 = 10 \text{ kn}$ $V_{01} = 9.7 \text{ kn}$ $D = 8 \text{ n mile}$ $D_{cpa} = -0.1 \text{ n mile}$
$C_0 = 0°$ $C_1 = 58°$ $C_{01} = 299°$ $B = 300°$ $T_{cpa} = 49.5 \text{ min}$

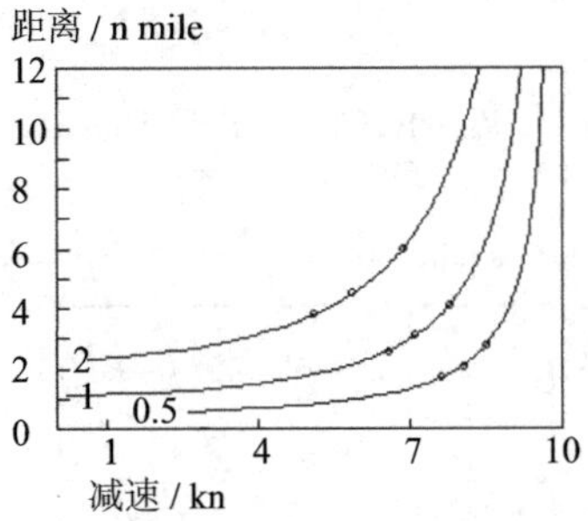

距离 / n mile

减速 / kn

$D_s = 2 \text{ n mile}$ $D = 4.5 \text{ n mile}$ $A_s = -4.1 \text{ kn}$
$D_s = 1 \text{ n mile}$ $D = 3.1 \text{ n mile}$ $A_s = -2.9 \text{ kn}$
$D_s = 0.5 \text{ n mile}$ $D = 2.1 \text{ n mile}$ $A_s = -2 \text{ kn}$

图 F2 - 11　减速避让等速船, $k_V = 1.0, B = 300°$

附录 3 船舶旋回特性曲线图

附录 3 为本书选取的特征船型"散货船 Bulk Carrier 20"在风流中的旋回特性。船长 L =189.99 m，船宽 B=32.38 m，满载排水量为 6.63 万 t，净载重吨为 5.68 万 t。船速 V_0=12.4 kn，航向 C_0=0°，风速为 5 级，流速为 0.5 kn，取不同的风向和流向，得到满载旋回特性曲线及要素，用滞距、初始旋回半圆的半径、旋回周期、转向角度 A_C 对应的时间 t 表示。

1. 风向 0°，流向 0°

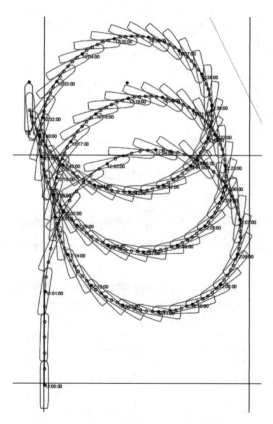

图 F3-1 风向 0°、流向 0°时，船舶旋回圈

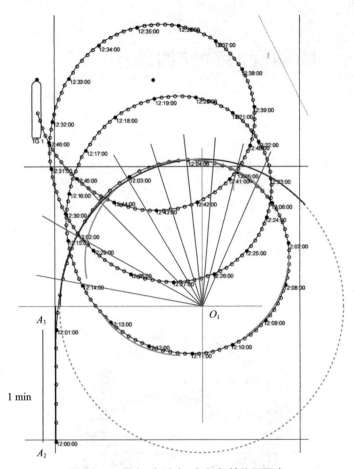

图 F3 - 2　风向 0°、流向 0°时,船舶旋回要素

求得船舶的滞距 $R_e = 0.251$ n mile,方向为 0°,初始旋回半圆的半径 $R = 0.269$ n mile,旋回周期为 15 min。船舶采取避碰行动后转向角度 A_C 对应的时间 t 见表 F3 - 1。

表 F3 - 1　风向 0°、流向 0°时,转向角度 A_C 对应的时间 t

序号	时间 t	角度 A_C
1	1.5	10
2	2	28.5
3	2.5	45
4	3	59
5	3.5	72
6	4	83
7	4.5	94.5
8	5	105
9	5.5	115

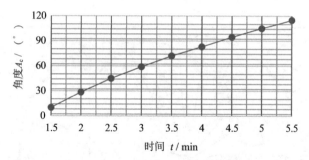

图 F3 - 3　风向 0°、流向 0°时,船舶转向角度 A_C 对应的时间 t

2. 风向 0°,流向 90°

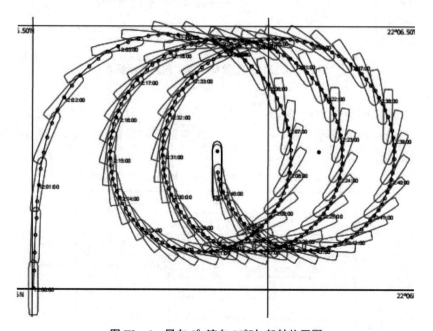

图 F3 - 4　风向 0°、流向 90°时,船舶旋回圈

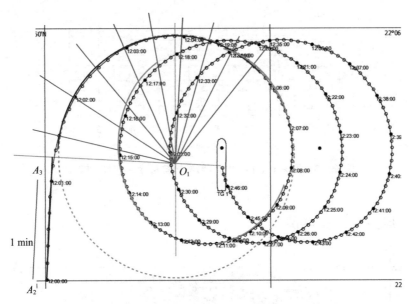

图 F3 - 5　风向 0°、流向 90°时,船舶旋回要素

求得船舶的滞距 $R_e = 0.28$ n mile,方向为 003°,初始旋回半圆的半径 $R = 0.252$ n mile,旋回周期为 15 min。船舶采取避碰行动后转向角度 A_C 对应的时间 t 见表 F3 - 2。

表 F3 - 2　风向 0°、流向 90°时,转向角度 A_C 对应的时间 t

序号	时间 t	角度 A_C
1	1.5	6
2	2	26
3	2.5	43
4	3	60
5	3.5	73.5
6	4	87
7	4.5	100
8	5	111
9	5.5	123

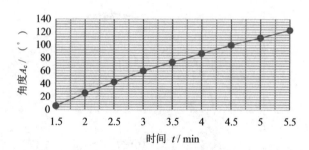

图 F3－6　风向 0°、流向 90°时，船舶转向角度 A_C 对应的时间 t

3. 风向 0°，流向 180°

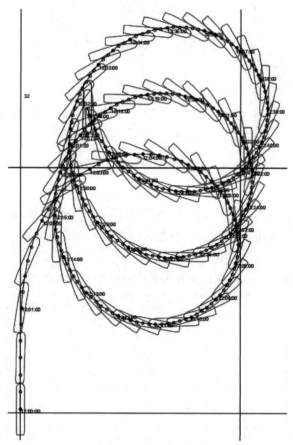

图 F3－7　风向 0°、流向 180°时，船舶旋回圈

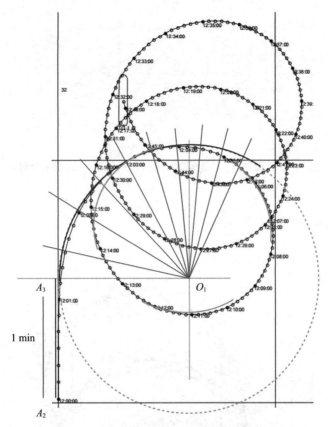

图F3-8 风向0°、流向180°时，船舶旋回要素

求得船舶的滞距 $R_e = 0.243$ n mile，方向为 $0°$，初始旋回半圆的半径 $R = 0.28$ n mile，旋回周期为15 min。船舶采取避碰行动后转向角度 A_C 对应的时间 t 见表F3-3。

表F3-3 风向0°、流向180°时，转向角度 A_C 对应的时间 t

序号	时间 t	角度 A_C
1	1.5	11.5
2	2	30
3	2.5	46
4	3	60
5	3.5	73
6	4	84
7	4.5	94.5
8	5	104.5
9	5.5	114

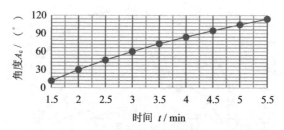

图 F3 - 9　风向 0°、流向 180°时,船舶转向角度 A_C 对应的时间 t

4. 风向 0°,流向 270°

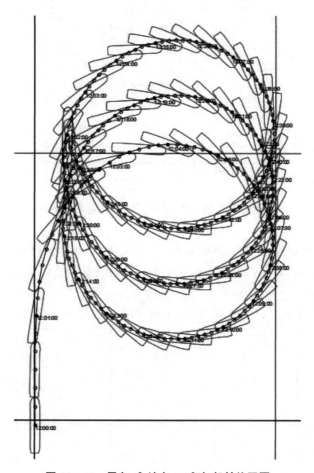

图 F3 - 10　风向 0°、流向 270°时,船舶旋回圈

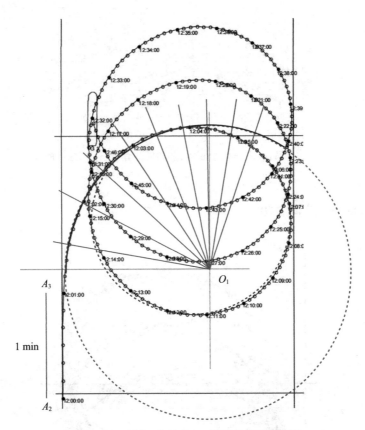

图 F3 - 11 风向 0°、流向 270°时,船舶旋回要素

求得船舶的滞距 $R_e = 0.255$ n mile,方向为 0°,初始旋回半圆的半径 $R = 0.288$ n mile,旋回周期为 15 min。船舶采取避碰行动后转向角度 A_C 对应的时间 t 见表 F3 - 4。

表 F3 - 4 风向 0°、流向 270°时,转向角度 A_C 对应的时间 t

序号	时间 t	角度 A_C
1	1.5	9.5
2	2	27
3	2.5	42
4	3	56
5	3.5	68
6	4	79
7	4.5	89
8	5	99
9	5.5	109

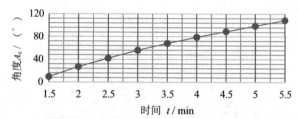

图 F3-12　风向 0°、流向 270°时,船舶转向角度 A_C 对应的时间 t

5. 风向 90°,流向 0°

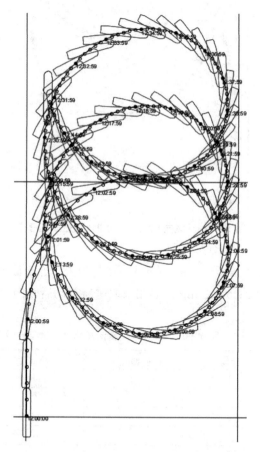

图 F3-13　风向 90°、流向 0°时,船舶旋回圈

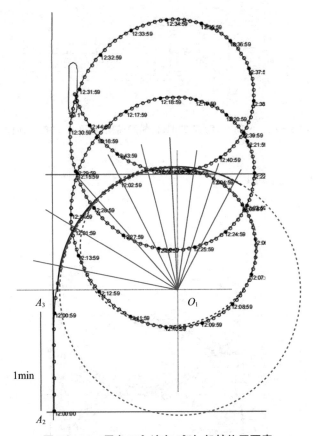

图 F3 - 14 风向 90°、流向 0°时,船舶旋回要素

求得船舶的滞距 $R_e = 0.249$ n mile,方向为 $0°$,初始旋回半圆的半径 $R = 0.266$ n mile,旋回周期为 15 min。船舶采取避碰行动后转向角度 A_C 对应的时间 t 见表 F3 - 5。

表 F3 - 5 风向 90°、流向 0°时,转向角度 A_C 对应的时间 t

序号	时间 t	角度 A_C
1	1.5	11
2	2	30
3	2.5	47
4	3	61
5	3.5	75
6	4	87
7	4.5	98
8	5	109
9	5.5	119

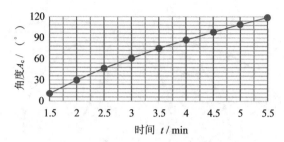

图 F3 - 15　风向 90°、流向 0°时,船舶转向角度 A_C 对应的时间 t

6. 风向 90°,流向 90°

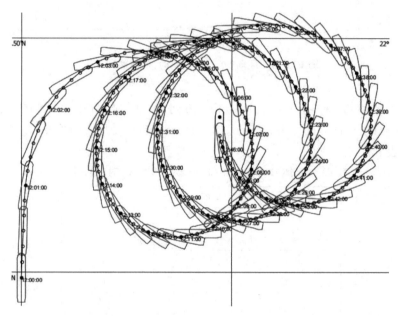

图 F3 - 16　风向 90°、流向 90°时,船舶旋回圈

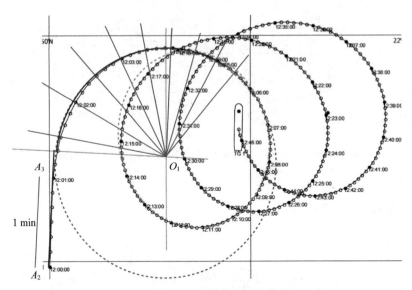

图 F3 - 17   风向 90°、流向 90°时,船舶旋回要素

　　求得船舶的滞距 $R_e = 0.267$ n mile,方向为 003°,初始旋回半圆的半径 $R = 0.260$ n mile,旋回周期为 14.8 min。船舶采取避碰行动后转向角度 A_C 对应的时间 t 见表 F3 - 6。

表 F3 - 6   风向 90°、流向 90°时,转向角度 A_C 对应的时间 t

序号	时间 t	角度 A_C
1	1.5	7
2	2	27
3	2.5	45
4	3	61
5	3.5	75.5
6	4	89
7	4.5	103
8	5	115
9	5.5	127

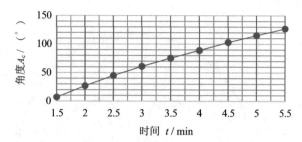

图 F3 - 18　风向 90°、流向 90°时，船舶转向角度 A_C 对应的时间 t

7. 风向 90°，流向 180°

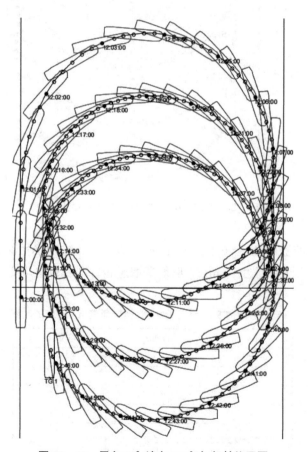

图 F3 - 19　风向 90°、流向 180°时，船舶旋回圈

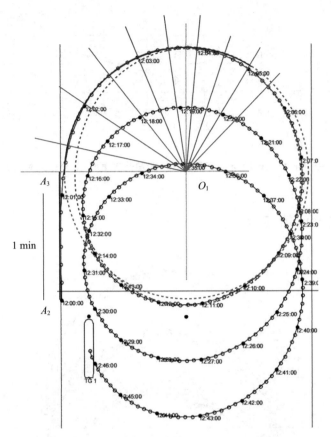

图 F3 - 20 风向 90°、流向 180°时，船舶旋回要素

求得船舶的滞距 $R_e=0.249$ n mile，方向为 0°，初始旋回半圆的半径 $R=0.245$ n mile，旋回周期为 15 min。船舶采取避碰行动后转向角度 A_C 对应的时间 t 见表 F3 - 7。

表 F3 - 7 风向 90°、流向 180°时，转向角度 A_C 对应的时间 t

序号	时间 t	角度 A_C
1	1.5	11.5
2	2	32.5
3	2.5	50.5
4	3	66
5	3.5	81
6	4	95
7	4.5	108
8	5	121
9	5.5	134

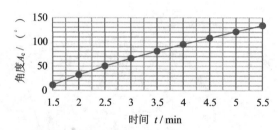

图 F3 - 21　风向 90°、流向 180°时,船舶转向角度 A_C 对应的时间 t

8. 风向 90°,流向 270°

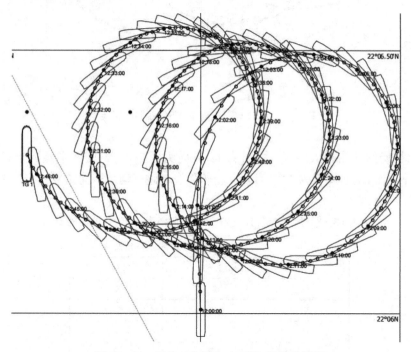

图 F3 - 22　风向 90°、流向 270°时,船舶旋回圈

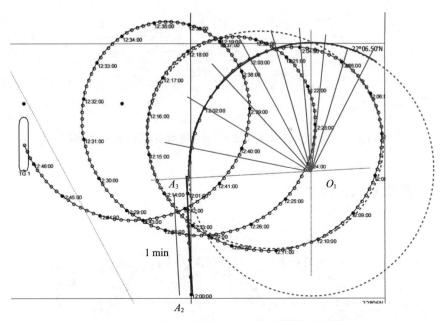

图 F3 - 23　风向 90°、流向 270°时,船舶旋回要素

求得船舶的滞距 R_e＝0.244 n mile,方向为 357°,初始旋回半圆的半径 R＝0.259 n mile,旋回周期为 14.5 min。船舶采取避碰行动后转向角度 A_C 对应的时间 t 见表 F3 - 8。

表 F3 - 8　风向 90°、流向 270°时,转向角度 A_C 对应的时间 t

序号	时间 t	角度 A_C
1	1.5	14
2	2	33
3	2.5	50
4	3	64
5	3.5	76
6	4	88
7	4.5	99
8	5	110
9	5.5	120

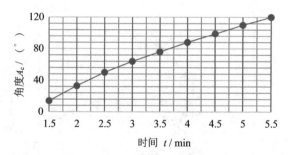

图 F3－24　风向 90°、流向 270°时,船舶转向角度 A_C 对应的时间 t

9. 风向 180°,流向 0°

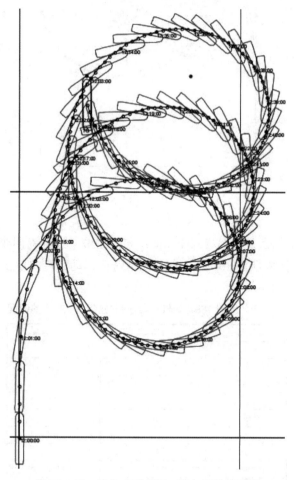

图 F3－25　风向 180°、流向 0°时,船舶旋回圈

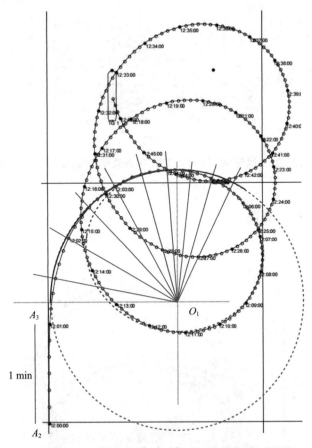

图 F3 - 26　风向 180°、流向 0°时,船舶旋回要素

求得船舶的滞距 $R_e = 0.252$ n mile,方向为 0°,初始旋回半圆的半径 $R = 0.280$ n mile,旋回周期为 15 min。船舶采取避碰行动后转向角度 A_C 对应的时间 t 见表 F3 - 9。

表 F3 - 9　风向 180°、流向 0°时,转向角度 A_C 对应的时间 t

序号	时间 t	角度 A_C
1	1.5	10
2	2	29
3	2.5	46
4	3	61
5	3.5	74
6	4	85
7	4.5	96
8	5	106
9	5.5	116

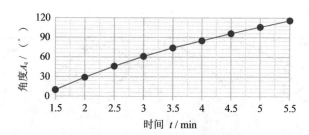

图 F3 - 27　风向 180°、流向 0°时，船舶转向角度 A_C 对应的时间 t

10. 风向 180°，流向 90°

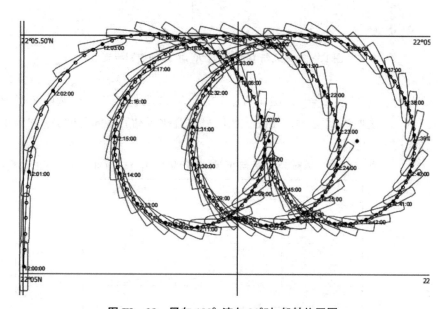

图 F3 - 28　风向 180°、流向 90°时，船舶旋回圈

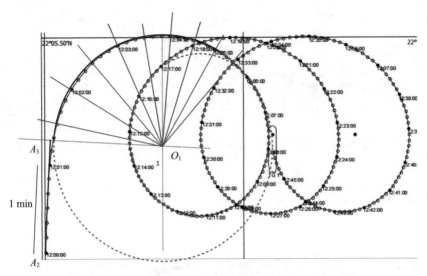

图 F3 - 29　风向 180°、流向 90°时,船舶旋回要素

求得船舶的滞距 $R_e = 0.267$ n mile,方向为 003°,初始旋回半圆的半径 $R = 0.263$ n mile,旋回周期为 14.7 min。船舶采取避碰行动后转向角度 A_C 对应的时间 t 见表 F3 - 10。

表 F3 - 10　风向 180°、流向 90°时,转向角度 A_C 对应的时间 t

序号	时间 t	角度 A_C
1	1.5	8
2	2	28
3	2.5	46
4	3	63
5	3.5	78
6	4	92
7	4.5	105
8	5	117
9	5.5	129

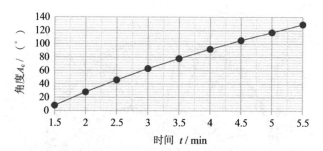

图 F3-30　风向 180°、流向 90°时，船舶转向角度 A_C 对应的时间 t

11. 风向 180°，流向 180°

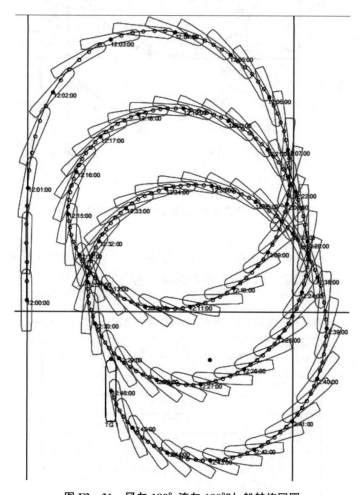

图 F3-31　风向 180°、流向 180°时，船舶旋回圈

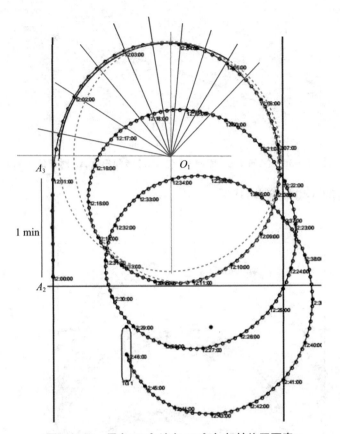

图 F3 - 32 风向 180°、流向 180°时,船舶旋回要素

求得船舶的滞距 $R_e = 0.252$ n mile,方向为 $0°$,初始旋回半圆的半径 $R = 0.239$ n mile,旋回周期为 15 min。船舶采取避碰行动后转向角度 A_C 对应的时间 t 见表 F3 - 11。

表 F3 - 11 风向 180°、流向 180°时,转向角度 A_C 对应的时间 t

序号	时间 t	角度 A_C
1	1.5	11
2	2	31
3	2.5	50
4	3	65
5	3.5	80
6	4	95
7	4.5	108
8	5	121
9	5.5	134

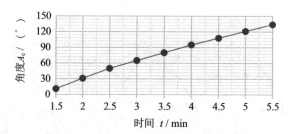

图 F3 - 33　风向 180°、流向 180°时,船舶转向角度 A_C 对应的时间 t

12. 风向 180°,流向 270°

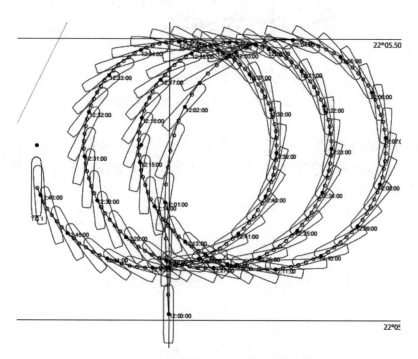

图 F3 - 34　风向 180°、流向 270°时,船舶旋回圈

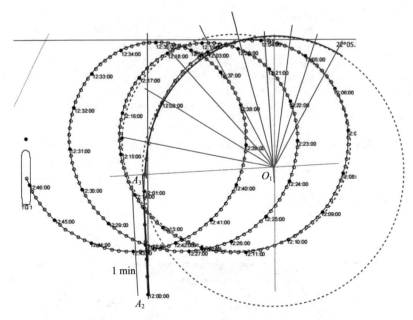

图 F3-35　风向 180°、流向 270°时,船舶旋回要素

　　求得船舶的滞距 $R_e=0.238$ n mile,方向为 357°,初始旋回半圆的半径 $R=0.265$ n mile,旋回周期为 14.5 min。船舶采取避碰行动后转向角度 A_C 对应的时间 t 见表 F3-12。

表 F3-12　风向 180°、流向 270°时,转向角度 A_C 对应的时间 t

序号	时间 t	角度 A_C
1	1.5	14
2	2	34
3	2.5	50
4	3	65
5	3.5	77
6	4	89
7	4.5	100
8	5	112
9	5.5	122

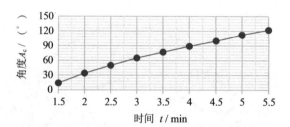

图 F3 - 36　风向 180°、流向 270°时，船舶转向角度 A_C 对应的时间 t

13. 风向 270°，流向 0°

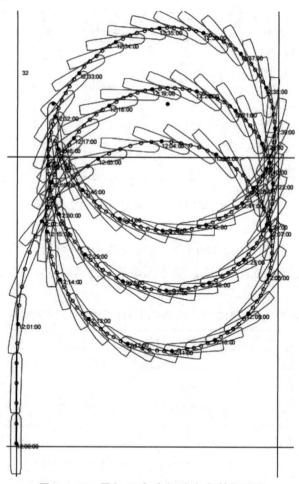

图 F3 - 37　风向 270°、流向 0°时，船舶旋回圈

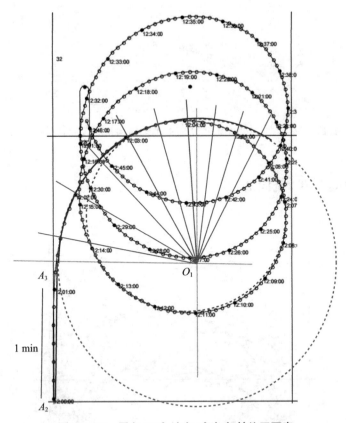

图 F3 - 38　风向 270°、流向 0°时,船舶旋回要素

　　求得船舶的滞距 R_e = 0.259 n mile,方向为 001°,初始旋回半圆的半径 R = 0.269 n mile,旋回周期为 15 min。船舶采取避碰行动后转向角度 A_C 对应的时间 t 见表 F3 - 13。

表 F3 - 13　风向 270°、流向 0°时,转向角度 A_C 对应的时间 t

序号	时间 t	角度 A_C
1	1.5	8
2	2	27
3	2.5	44
4	3	58
5	3.5	72
6	4	84
7	4.5	95
8	5	105
9	5.5	115

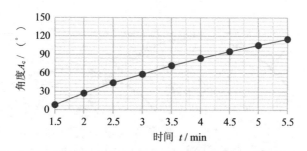

图 F3 - 39　风向 270°、流向 0°时,船舶转向角度 A_C 对应的时间 t

14. 风向 270°,流向 90°

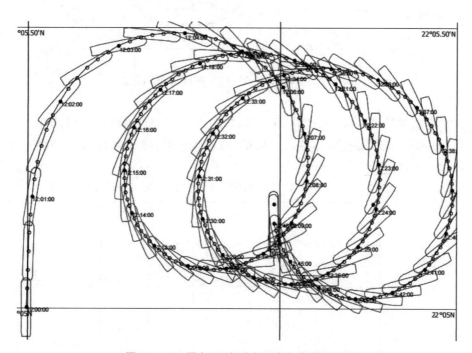

图 F3 - 40　风向 270°、流向 90°时,船舶旋回圈

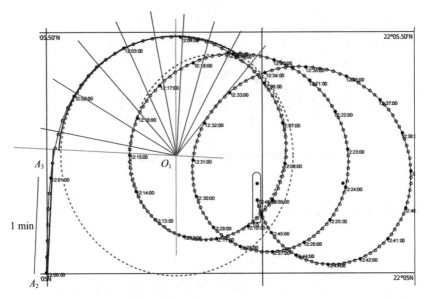

图 F3－41　风向 270°、流向 90°时,船舶旋回要素

　　求得船舶的滞距 R_e＝0.265 n mile,方向为 003°,初始旋回半圆的半径 R＝0.255 n mile,旋回周期为 15 min。船舶采取避碰行动后转向角度 A_C 对应的时间 t 见表 F3－14。

表 F3－14　风向 270°、流向 90°时,转向角度 A_C 对应的时间 t

序号	时间 t	角度 A_C
1	1.5	8
2	2	28
3	2.5	46
4	3	63
5	3.5	77
6	4	91
7	4.5	104
8	5	116
9	5.5	128

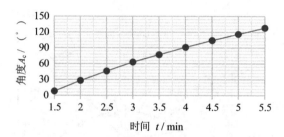

图 F3－42　风向 270°、流向 90°时，船舶转向角度 A_C 对应的时间 t

15. 风向 270°, 流向 180°

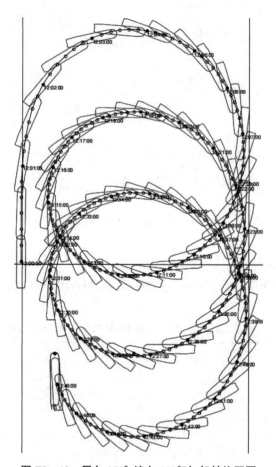

图 F3－43　风向 270°、流向 180°时，船舶旋回圈

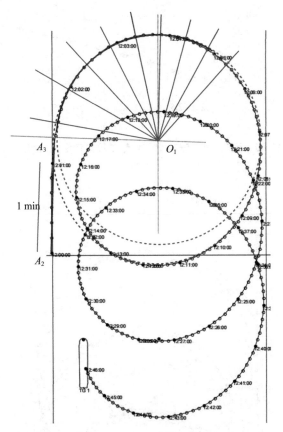

图 F3 - 44 风向 270°、流向 180°时，船舶旋回要素

求得船舶的滞距 R_e＝0.262 n mile，方向为 002°，初始旋回半圆的半径 R＝0.241 n mile，旋回周期为 15 min。船舶采取避碰行动后转向角度 A_C 对应的时间 t 见表 F3 - 15。

表 F3 - 15 风向 270°、流向 180°时，转向角度 A_C 对应的时间 t

序号	时间 t	角度 A_C
1	1.5	8
2	2	27
3	2.5	44
4	3	61
5	3.5	76
6	4	89
7	4.5	104
8	5	117
9	5.5	131

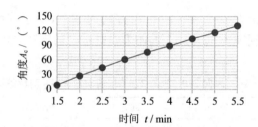

图 F3 - 45　风向 270°、流向 180°时，船舶转向角度 A_C 对应的时间 t

16. 风向 270°,流向 270°

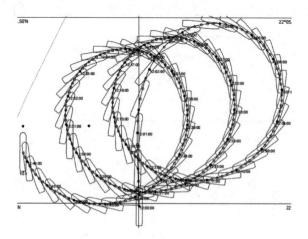

图 F3 - 46　风向 270°、流向 270°时，船舶旋回圈

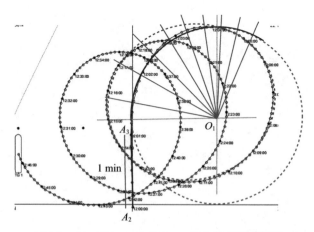

图 F3 - 47　风向 270°、流向 270°时，船舶旋回要素

求得船舶的滞距 $R_e = 0.245$ n mile，方向为 $359°$，初始旋回半圆的半径 $R = 0.248$ n mile，旋回周期为 15 min。船舶采取避碰行动后转向角度 A_C 对应的时间 t 见表 F3-16。

表 F3-16　风向 270°、流向 270°时，转向角度 A_C 对应的时间 t

序号	时间 t	角度 A_C
1	1.5	12
2	2	30
3	2.5	46
4	3	60
5	3.5	72
6	4	83.5
7	4.5	94
8	5	105
9	5.5	116

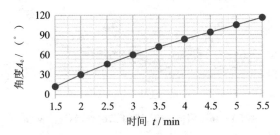

图 F3-48　风向 270°、流向 270°时，船舶转向角度 A_C 对应的时间 t

船舶最佳避碰时机曲线图

第 4 章给出的船舶避碰行动模式中，最佳避碰时机表现为两船之间距离变化中的某一段，是船舶驾驶员最关心的问题。如何确定最佳避碰时机的起始点 D_{act1} 和终止点 D_{act2}，本附录以曲线图的形式给出一些典型会遇局面下的估算结果。

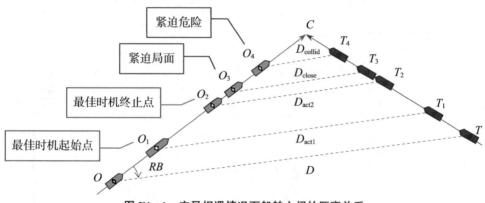

图 F4-1 交叉相遇情况下船舶之间的距离关系

1. 转向避让行动与时机曲线图

1）船速比 $k_V=2.0$ 的曲线图

图 F4-2 为本船转向避让行动与时机曲线图，O 为本船，速度和航向分别为 $V_0=10.0$ kn 和 $C_0=0°$，T 为目标船，速度 $V_1=20$ kn，航向 $C_1=225°$，距离为 $D=8.0$ n mile，方位 $B=30°$。本船相对于目标船的速度 $V_{01}=28$ kn，相对航向 $C_{01}=30.4°$，最近会遇距离 $D_{cpa}=0.1$ n mile，到达最近会遇距离处的时间 $T_{cpa}=17.2$ min。取最小安全会遇距离 $D_s=1.0$ n mile，做转向角度(A_C)随两船距离变化曲线和航向改变率(CR)随两船距离变化的曲线。CR 曲线上较大圆点表示转向避让角度变化率为 5、10、15、20、25(°/0.1 n mile)，较小圆点依次是 2、3、4、6、7、8、9、11、12、13、14、16、17、18、19、21、22、23、24(°/0.1 n mile)。这些圆点均表示本船的避让时机，最佳避让时机用临界转向避让角度变化率(C_{CR})表示。该值应该始于圆点开始变密的地方，终于圆点更密的地方。本例中 $C_{CR1}=5°/0.1$ n mile，最佳避让行动时机起始点为本船到目标船的距离 $D_{act1}=5.7$ n mile，向右转向角度为

$A_{C1}=28.3°$；$C_{CR2}=15°/0.1$ n mile，最佳避让行动时机终止点为本船到目标船的距离 $D_{act2}=3.3$ n mile，向右转向角度为 $A_{C2}=48.8°$。

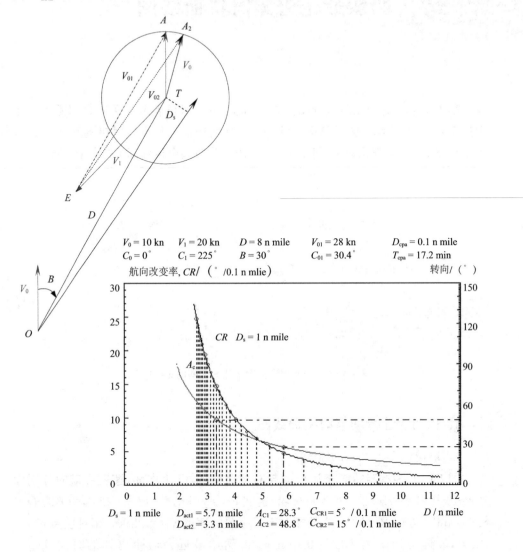

$V_0=10$ kn $V_1=20$ kn $D=8$ n mile $V_{01}=28$ kn $D_{cpa}=0.1$ n mile
$C_0=0°$ $C_1=225°$ $B=30°$ $C_{01}=30.4°$ $T_{cpa}=17.2$ min

图 F4－2　转向避让行动与时机曲线图 $k_V=2.0,B=30°$

图 F4－3 为本船转向避让行动与时机曲线图，目标船的速度 $V_1=20$ kn，航向 $C_1=325°$，方位 $B=120°$。本船相对于目标船的速度 $V_{01}=13.1$ kn，相对航向 $C_{01}=119.1°$，最近会遇距离 $D_{cpa}=-0.1$ n mile，到达最近会遇距离处的时间 $T_{cpa}=36.6$ min。取最小安全会遇距离 $D_s=1.0$ n mile，做转向角度（A_C）随两船距离变化曲线和航向改变率（CR）随两船距离变化的曲线。本例中 $C_{CR1}=5°/0.1$ n mile，最佳避让行动时机起始点为本船到目标船的距离 $D_{act1}=6.5$ n mile,向右转向角度为 $A_{C1}=94.7°$;$C_{CR2}=15°/0.1$ n mile,最佳避让行动时机终止点为本船到目标船的距离 $D_{act2}=3.6$ n mile,向右转向角度为 $A_{C2}=119.5°$。

图 F4-3 表示本船为慢速船时,目标船位于右舷正横后方位角为 120°可能出现的情况,O 表示本船位置,T 表示目标船位置。本船向右转向至 TA_{21} 或 TA_{22} 方向时,相对目标船的航向为 C_{02},本船将以最小安全会遇距离 D_s 过目标船首;本船向左转向至 TA_{31} 方向或向右转向至 TA_{32} 方向时,相对目标船的航向为 C_{03},以同样的最小安全会遇距离 D_s 过目标船尾。因此,目标船位于 T 位置处,本船转向避让可能有 4 个解。

图 F4-4 为本船转向避让行动与时机曲线图,目标船的速度 $V_1=20$ kn,航向 $C_1=95°$,方位 $B=300°$。本船相对于目标船的速度 $V_{01}=23.1$ kn,相对航向 $C_{01}=300.5°$,最近会遇距离 $D_{cpa}=0.1$ n mile,到达最近会遇距离处的时间 $T_{cpa}=20.8$ min。取最小安全会遇距离 $D_s=1.0$ n mile,做转向角度(A_c)随两船距离变化曲线和航向改变率(CR)随两船距离变化的曲线。本例中 $C_{CR1}=5°/0.1$ n mile,最佳避让行动时机起始点为本船到目标船的距离 $D_{act1}=3.5$ n mile,向右转向角度为 $A_{c1}=84.1°$;$C_{CR2}=15°/0.1$ n mile,最佳避让行动时机终止点为本船到目标船的距离 $D_{act2}=2$ n mile,向右转向角度为 $A_{C2}=96.6°$。

图 F4-4 表示本船为慢速船时,目标船位于左舷正横前,O 表示本船位置,T 表示目标船位置。本船向右转向至 TA_{31} 方向或 TA_{32} 方向时,相对目标船的航向为 C_{03},以最小安全会遇距离 D_s 过目标船首;本船向左转向至 TA_{21} 方向或向右转向至 TA_{22} 方向时,相对目标船的航向为 C_{02},以同样的最小安全会遇距离 D_s 过目标船尾。

2)船速比 $k_V=1.5$ 的曲线图

图 F4-5 为本船转向避让行动与时机曲线图,O 为本船,速度和航向分别为 $V_0=10.0$ kn 和 $C_0=0°$,T 为目标船,目标船的速度 $V_1=15$ kn,航向 $C_1=230°$,距离为 $D=8.0$ n mile,方位 $B=30°$。本船相对于目标船的速度 $V_{01}=22.8$ kn,相对航向 $C_{01}=30.3°$,最近会遇距离 $D_{cpa}=0$ n mile,到达最近会遇距离处的时间 $T_{cpa}=21.1$ min。取最小安全会遇距离 $D_s=1.0$ n mile,做转向角度(A_C)随两船距离变化曲线和航向改变率(CR)随两船距离变化的曲线,CR 曲线上较大圆点表示转向避让角度变化率为 5、10、15、20、25($°/0.1$ n mile),较小圆点依次是 2、3、4、6、7、8、9、11、12、13、14、16、17、18、19、21、22、23、24($°/0.1$ n mile)。这些圆点均表示本船的避让时机,最佳避让时机用临界转向避让角度变化率(C_{CR})表示,该值应该始于圆点开始变密的地方,终于圆点更密的地方。本例中 $C_{CR1}=5°/0.1$ n mile,最佳避让行动时机起始点为本船到目标船的距离 $D_{act1}=5.4$ n mile,向右转向角度为

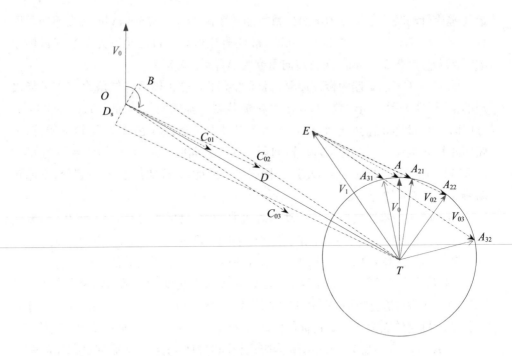

$$V_0 = 10 \text{ kn} \qquad V_1 = 20 \text{ kn} \qquad D = 8 \text{ n mile} \qquad V_{01} = 13.1 \text{ kn} \qquad D_{cpa} = -0.1 \text{ n mile}$$
$$C_0 = 0° \qquad C_1 = 325° \qquad B = 120° \qquad C_{01} = 119.1° \qquad T_{cpa} = 36.6 \text{ min}$$

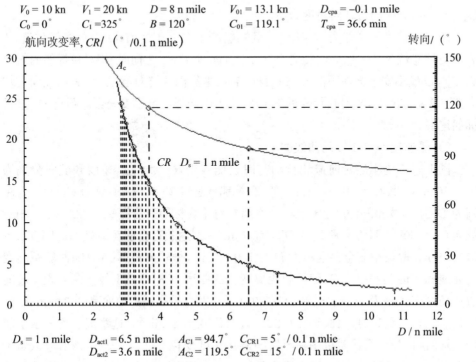

$$D_s = 1 \text{ n mile} \qquad D_{act1} = 6.5 \text{ n mile} \qquad A_{C1} = 94.7° \qquad C_{CR1} = 5°/0.1 \text{ n mlie}$$
$$D_{act2} = 3.6 \text{ n mile} \qquad A_{C2} = 119.5° \qquad C_{CR2} = 15°/0.1 \text{ n mlie}$$

图 F4-3 转向避让行动与时机曲线图 $k_V = 2.0, B = 120°$

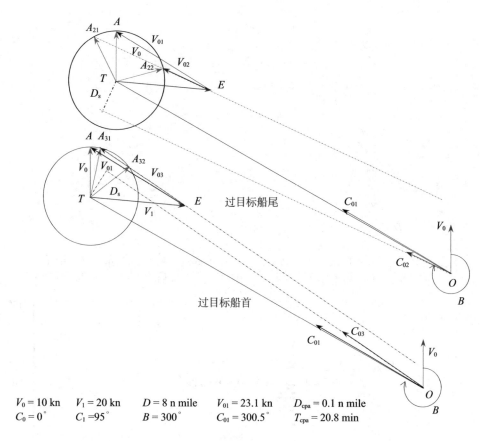

$V_0 = 10$ kn	$V_1 = 20$ kn	$D = 8$ n mile	$V_{01} = 23.1$ kn	$D_{cpa} = 0.1$ n mile
$C_0 = 0°$	$C_1 = 95°$	$B = 300°$	$C_{01} = 300.5°$	$T_{cpa} = 20.8$ min

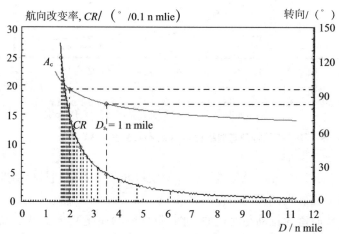

$D_s = 1$ n mile	$D_{act1} = 3.5$ n mile	$A_{C1} = 84.1°$	$C_{CR1} = 5°$ / 0.1 n mlie
	$D_{act2} = 2$ n mile	$A_{C2} = 96.6°$	$C_{CR2} = 15°$ / 0.1 n mlie

图 F4 - 4　转向避让行动与时机曲线图 $k_V = 2.0, B = 300°$

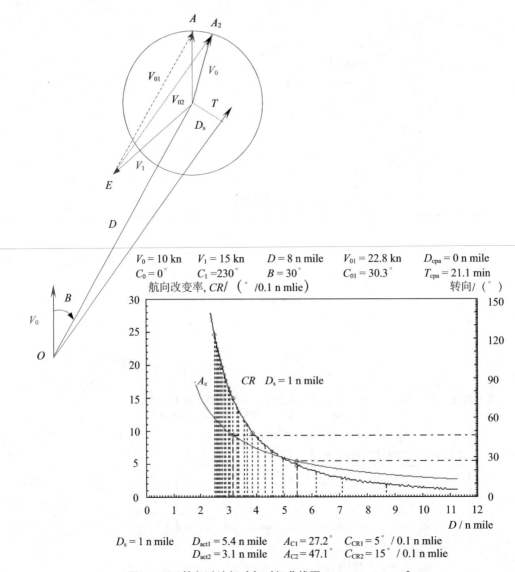

$V_0 = 10$ kn $V_1 = 15$ kn $D = 8$ n mile $V_{01} = 22.8$ kn $D_{cpa} = 0$ n mile
$C_0 = 0°$ $C_1 = 230°$ $B = 30°$ $C_{01} = 30.3°$ $T_{cpa} = 21.1$ min

$D_s = 1$ n mile $D_{act1} = 5.4$ n mile $A_{C1} = 27.2°$ $C_{CR1} = 5°/0.1$ n mile
$D_{act2} = 3.1$ n mile $A_{C2} = 47.1°$ $C_{CR2} = 15°/0.1$ n mile

图 F4-5 转向避让行动与时机曲线图 $k_v = 1.5, B = 30°$

$A_{C1} = 27.2°; C_{CR2} = 15°/0.1$ n mile，最佳避让行动时机终止点为本船到目标船的距离 $D_{act2} = 3.1$ n mile，向右转向角度为 $A_{C2} = 47.1°$。

图 F4-6 为本船转向避让行动与时机曲线图，目标船的速度 $V_1 = 15$ kn，航向 $C_1 = 128°$，方位 $B = 330°$。本船相对于目标船的速度 $V_{01} = 22.6$ kn，相对航向 $C_{01} = 328.4°$，最近会遇距离 $D_{cpa} = -0.2$ n mile，到达最近会遇距离处的时间 $T_{cpa} = 21.3$ min。取最小安全会遇距离 $D_s = 1.0$ n mile，做转向角度（A_C）随两船距离变化曲线和航向改变率（CR）随两船距离变化的曲线。本例中 $C_{CR1} = 5°/0.1$ n mile，最

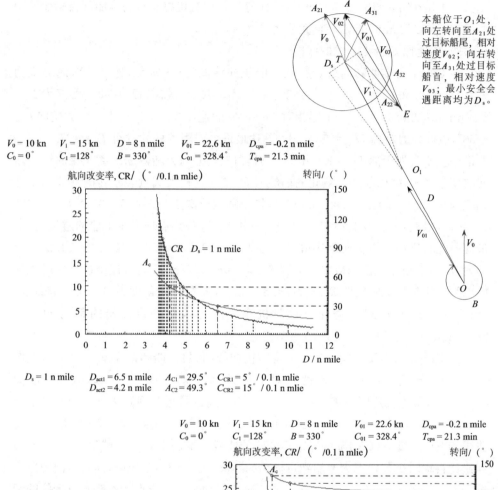

本船位于 O_1 处，向左转向至 A_{21} 处过目标船尾，相对速度 V_{02}；向右转向至 A_{31} 处过目标船首，相对速度 V_{03}；最小安全会遇距离均为 D_s。

$V_0 = 10$ kn $V_1 = 15$ kn $D = 8$ n mile $V_{01} = 22.6$ kn $D_{cpa} = -0.2$ n mile
$C_0 = 0°$ $C_1 = 128°$ $B = 330°$ $C_{01} = 328.4°$ $T_{cpa} = 21.3$ min

$D_s = 1$ n mile $D_{act1} = 6.5$ n mile $A_{C1} = 29.5°$ $C_{CR1} = 5°$ / 0.1 n mlie
$D_{act2} = 4.2$ n mile $A_{C2} = 49.3°$ $C_{CR2} = 15°$ / 0.1 n mlie

$V_0 = 10$ kn $V_1 = 15$ kn $D = 8$ n mile $V_{01} = 22.6$ kn $D_{cpa} = -0.2$ n mile
$C_0 = 0°$ $C_1 = 128°$ $B = 330°$ $C_{01} = 328.4°$ $T_{cpa} = 21.3$ min

$D_s = 1$ n mile $D_{act1} = 2.7$ n mile $A_{C1} = 130.8°$ $C_{CR1} = 5°$ / 0.1 n mlie
$D_{act2} = 1.8$ n mile $A_{C2} = 138.7°$ $C_{CR2} = 15°$ / 0.1 n mlie

图 F4‑6 转向避让行动与时机曲线图 $k_V = 1.5, B = 330°$

佳避让行动时机起始点为本船到目标船的距离 $D_{act1}=6.5$ n mile,向右转向角度为 $A_{C1}=29.5°$;$C_{CR2}=15°/0.1$ n mile,最佳避让行动时机终止点为本船到目标船的距离 $D_{act2}=4.2$ n mile,向右转向角度为 $A_{C2}=49.3°$。

3)船速比 $k_V=1.0$ 的曲线图

图 F4-7 为本船转向避让行动与时机曲线图,O 为本船,速度和航向分别为 $V_0=10.0$ kn 和 $C_0=0°$,T 为目标船,速度 $V_1=10$ kn,航向 $C_1=240°$,距离为 $D=8.0$ n mile,方位 $B=30°$。本船相对于目标船的速度 $V_{01}=17.3$ kn,相对航向 $C_{01}=30°$,最近会遇距离 $D_{cpa}=0$ n mile,到达最近会遇距离处的时间 $T_{cpa}=27.7$ min。取最小安全会遇距离 $D_s=1.0$ n mile,做转向角度(A_c)随两船距离变化曲线和航向改变率(CR)随两船距离变化的曲线,CR 曲线上较大圆点表示转向避让角度变化率为 5、10、15、20、25($°/0.1$ n mile),较小圆点依次是 2、3、4、6、7、8、9、11、12、13、14、16、17、18、19、21、22、23、24($°/0.1$ n mile)。这些圆点均表示本船的避让时机,最佳避让时机用临界转向避让角度变化率(C_{CR})表示,该值应该始于圆点开始变密的地方,终于圆点更密的地方。本例中 $C_{CR1}=5°/0.1$ n mile,最佳避让行动时机起始点为本船到目标船的距离 $D_{act1}=4.8$ n mile,向右转向角度为 $A_{c1}=23.8°$;$C_{CR2}=15°/0.1$ n mile,最佳避让行动时机终止点为本船到目标船的距离 $D_{act2}=2.8$ n mile,向右转向角度为 $A_{C2}=41.1°$。

图 F4-8 为本船转向避让行动与时机曲线图,目标船的速度 $V_1=10$ kn,航向 $C_1=118°$,方位 $B=330°$。本船相对于目标船的速度 $V_{01}=17.1$ kn,相对航向 $C_{01}=329°$,最近会遇距离 $D_{cpa}=-0.1$ n mile,到达最近会遇距离处的时间 $T_{cpa}=28$ min。取最小安全会遇距离 $D_s=1.0$ n mile,做转向角度(A_c)随两船距离变化曲线和航向改变率(CR)随两船距离变化的曲线。本例中 $C_{CR1}=5°/0.1$ n mile,最佳避让行动时机起始点为本船到目标船的距离 $D_{act1}=5.1$ n mile,向右转向角度为 $A_{C1}=24.6°$;$C_{CR2}=15°/0.1$ n mile,最佳避让行动时机终止点为本船到目标船的距离 $D_{act2}=2.9$ n mile,向右转向角度为 $A_{C2}=43.5°$。

4)船速比 $k_V=0.5$ 的曲线图

图 F4-9 为本船转向避让行动与时机曲线图,O 为本船,速度和航向分别为 $V_0=10$ kn 和 $C_0=0°$,T 为目标船,速度 $V_1=5$ kn,航向 $C_1=285°$,距离为 $D=8.0$ n mile,方位 $B=30°$。本船相对于目标船的速度 $V_{01}=10$ kn,相对航向 $C_{01}=29°$,最近会遇距离 $D_{cpa}=-0.1$ n mile,到达最近会遇距离处的时间 $T_{cpa}=48.2$ min。取最小安全会遇距离 $D_s=1.0$ n mile,做转向角度(A_c)随两船距离变化曲线和航向改变率(CR)随两船距离变化的曲线。CR 曲线上较大圆点表示转向避让角度变化率为 5、10、15、20、25($°/0.1$ n mile),较小圆点依次是 1、2、3、4、6、7、8、9、11、12、13、14、16、17、18、19、21、22、23、24($°/0.1$ n mile)。这些圆点均表示本

船的避让时机,最佳避让时机用临界转向避让角度变化率(C_{CR})表示,该值应该始于圆点开始变密的地方,终于圆点更密的地方。本例中 $C_{CR1}=5°/0.1$ n mile,最佳避让行动时机起始点为本船到目标船的距离 $D_{act1}=4.1$ n mile,向右转向角度为 $A_{C1}=18.7°$;$C_{CR2}=15°/0.1$ n mile,最佳避让行动时机终止点为本船到目标船的距离 $D_{act2}=2.4$ n mile,向右转向角度为 $A_{C2}=33.1°$。

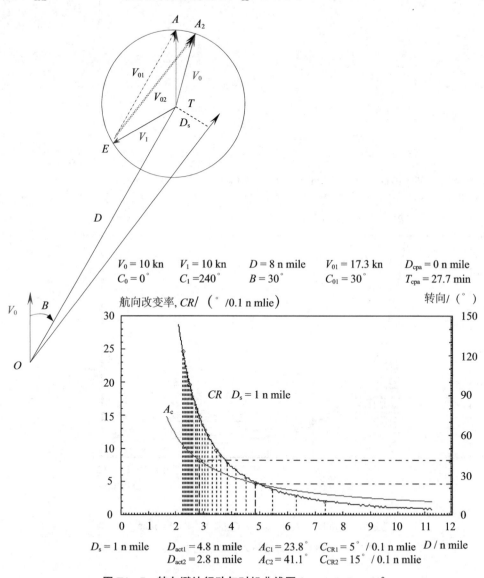

| $V_0=10$ kn | $V_1=10$ kn | $D=8$ n mile | $V_{01}=17.3$ kn | $D_{cpa}=0$ n mile |
| $C_0=0°$ | $C_1=240°$ | $B=30°$ | $C_{01}=30°$ | $T_{cpa}=27.7$ min |

| $D_s=1$ n mile | $D_{act1}=4.8$ n mile | $A_{C1}=23.8°$ | $C_{CR1}=5°/0.1$ n mlie |
| | $D_{act2}=2.8$ n mile | $A_{C2}=41.1°$ | $C_{CR2}=15°/0.1$ n mlie |

图 F4-7　转向避让行动与时机曲线图 $k_V=1.0,B=30°$

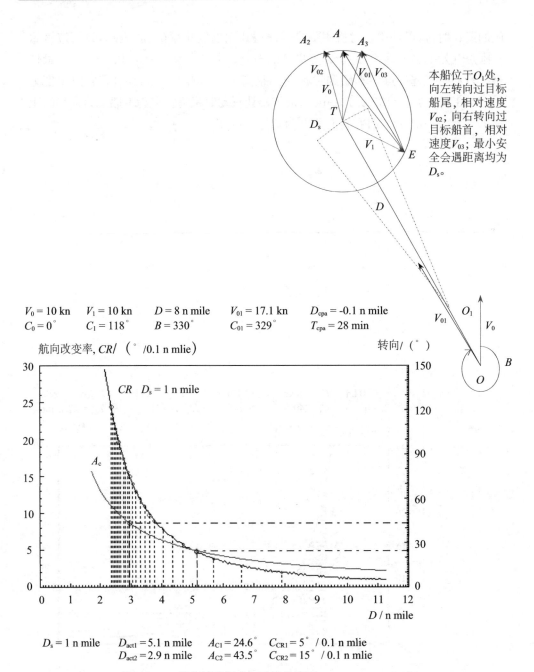

本船位于O_1处，向左转向过目标船尾，相对速度V_{02}；向右转向过目标船首，相对速度V_{03}；最小安全会遇距离均为D_s。

$V_0 = 10$ kn	$V_1 = 10$ kn	$D = 8$ n mile	$V_{01} = 17.1$ kn	$D_{cpa} = -0.1$ n mile
$C_0 = 0°$	$C_1 = 118°$	$B = 330°$	$C_{01} = 329°$	$T_{cpa} = 28$ min

$D_s = 1$ n mile	$D_{act1} = 5.1$ n mile	$A_{C1} = 24.6°$ $C_{CR1} = 5°/0.1$ n mlie
	$D_{act2} = 2.9$ n mile	$A_{C2} = 43.5°$ $C_{CR2} = 15°/0.1$ n mlie

图 F4-8 转向避让行动与时机曲线图 $k_V = 1.0, B = 330°$

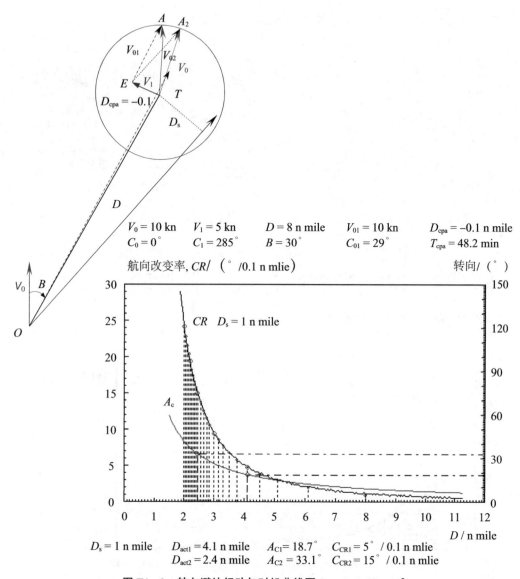

$V_0 = 10$ kn　　$V_1 = 5$ kn　　$D = 8$ n mile　　$V_{01} = 10$ kn　　$D_{cpa} = -0.1$ n mile
$C_0 = 0°$　　　$C_1 = 285°$　　$B = 30°$　　　　$C_{01} = 29°$　　$T_{cpa} = 48.2$ min

$D_s = 1$ n mile　　$D_{act1} = 4.1$ n mile　　$A_{C1} = 18.7°$　　$C_{CR1} = 5°$ / 0.1 n mlie
$D_{act2} = 2.4$ n mile　　$A_{C2} = 33.1°$　　$C_{CR2} = 15°$ / 0.1 n mlie

图 F4 - 9　转向避让行动与时机曲线图 $k_V = 0.5, B = 30°$

图 F4 - 10 为本船转向避让行动与时机曲线图，目标船的速度 $V_1 = 5$ kn，航向 $C_1 = 50°$，方位 $B = 330°$。本船相对于目标船的速度 $V_{01} = 7.8$ kn，相对航向 $C_{01} = 330.6°$，最近会遇距离 $D_{cpa} = 0.1$ n mile，到达最近会遇距离处的时间 $T_{cpa} = 61.6$ min。取最小安全会遇距离 $D_s = 1.0$ n mile，做转向角度（A_C）随两船距离变化曲线和航向改变率（CR）随两船距离变化的曲线。本例中 $C_{CR1} = 5°/0.1$ n mile，最佳避让行动时机起始点为本船到目标船的距离 $D_{act1} = 2.8$ n mile，向右转向角度为 $A_{C1} = 15°$；$C_{CR2} = 15°/0.1$ n mile，最佳避让行动时机终止点为本船到目标船的

255

距离 $D_{act2}=1.6$ n mile,向右转向角度为 $A_{C2}=25.3°$。

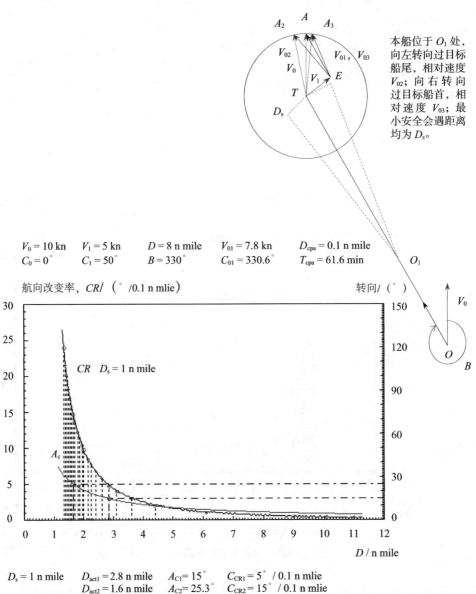

本船位于 O_1 处,向左转向过目标船尾,相对速度 V_{02};向右转向过目标船首,相对速度 V_{03};最小安全会遇距离均为 D_s。

$V_0 = 10$ kn $V_1 = 5$ kn $D = 8$ n mile $V_{01} = 7.8$ kn $D_{cpa} = 0.1$ n mile

$C_0 = 0°$ $C_1 = 50°$ $B = 330°$ $C_{01} = 330.6°$ $T_{cpa} = 61.6$ min

$D_s = 1$ n mile $D_{act1} = 2.8$ n mile $A_{C1} = 15°$ $C_{CR1} = 5°$ / 0.1 n mlie

$D_{act2} = 1.6$ n mile $A_{C2} = 25.3°$ $C_{CR2} = 15°$ / 0.1 n mlie

图 F4-10　转向避让行动与时机曲线图 $k_v = 0.5, B = 330°$

图 F4‑10 中，$C_1=50°$，$C_0=0°$，本船向右转向 50°后与目标船的航向平行，再向右转向，两船分开。因此，转向角度 A_C 曲线在 50°后断开。

2. 减速避让行动与时机曲线图

1）船速比 $k_V=2.0$ 的曲线图

图 F4‑11 为本船减速避让行动与时机曲线图，O 为本船，速度和航向分别为 $V_0=10.0$ kn 和 $C_0=0°$，T 为目标船，速度 $V_1=20$ kn，航向 $C_1=300°$，距离为 $D=8.0$ n mile，方位 $B=90°$。本船相对于目标船的速度 $V_{01}=17.3$ kn，相对航向 $C_{01}=90°$，最近会遇距离 $D_{cpa}=0$ n mile，到达最近会遇距离处的时间 $T_{cpa}=27.7$ min。取最小安全会遇距离 $D_s=1.0$ n mile，做减少速度（A_s）随两船距离变化曲线和航

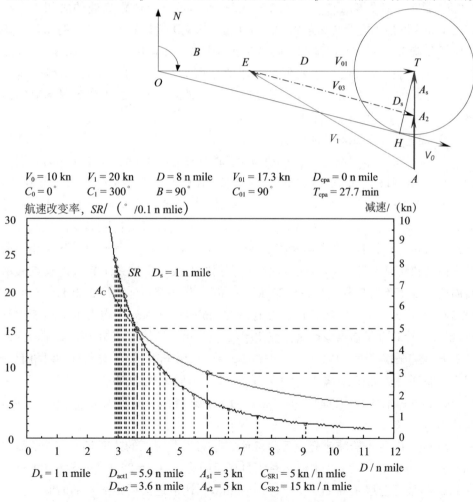

图 F4‑11 减速避让行动与时机曲线图 $k_V=2.0$，$B=90°$

速改变率(SR)随两船距离变化的曲线,SR曲线上较大的圆点表示转向避让角度变化率为5、10、15、20、25(kn/n mile),较小圆点依次是2、3、4、6、7、8、9、11、12、13、14、16、17、18、19、21、22、23、24(kn/n mile)。这些圆点均表示本船避让时机,最佳避让时机用临界减速避让变化率(C_{sr})表示。该值应该始于圆点开始变密的地方,终于圆点更密的地方。本例中$C_{sr1}=5$ kn/n mile,最佳避让行动时机起始点为本船到目标船的距离$D_{act1}=5.9$ n mile,本船减速为$A_{s1}=3$ kn;$C_{sr2}=15$ kn/n mile,最佳避让行动时机终止点为本船到目标船的距离$D_{act2}=3.6$ n mile,本船减速为$A_{s2}=5$ kn。

图F4-12为本船减速避让行动与时机曲线图,目标船的速度$V_1=20$ kn,航向$C_1=135°$,方位$B=330°$。本船相对于目标船的速度$V_{01}=28$ kn,相对航向$C_{01}=329.6°$,最近会遇距离$D_{cpa}=-0.1$ n mile,到达最近会遇距离处的时间$T_{cpa}=17.2$ min。取最小安全会遇距离$D_s=1.0$ n mile,做减少速度(A_s)随两船距离变化曲线和航速改变率(SR)随两船距离变化的曲线。本例中$C_{sr1}=7$ kn/n mile,最佳避让行动时机起始点为本船到目标船的距离$D_{act1}=7.6$ n mile,本船减速为$A_{s1}=6.5$ kn;$C_{sr2}=15$ kn/n mile,最佳避让行动时机终止点为本船到目标船的距离$D_{act2}=4.6$ n mile,减速为$A_{s2}=9.5$ kn。

2)船速比$k_V=1.5$的曲线图

图F4-13为本船减速避让行动与时机曲线图,O为本船,速度和航向分别为$V_0=10.0$ kn和$C_0=0°$,T为目标船,目标船的速度$V_1=15$ kn,航向$C_1=230°$,距离为$D=8.0$ n mile,方位$B=30°$。本船相对于目标船的速度$V_{01}=22.8$ kn,相对航向$C_{01}=30.3°$,最近会遇距离$D_{cpa}=0$ n mile,到达最近会遇距离处的时间$T_{cpa}=21.1$ min。取最小安全会遇距离$D_s=1.0$ n mile,做减少速度(A_s)随两船距离变化曲线和航速改变率(SR)随两船距离变化的曲线,SR曲线上较大的圆点表示转向避让角度变化率为5、10、15、20(kn/n mile),较小圆点依次是2、3、4、6、7、8、9、11、12、13、14、16、17、18、19、21、22、23(kn/n mile)。这些圆点均表示本船避让时机,最佳避让时机用临界减速避让变化率(C_{sr})表示。该值应该始于圆点开始变密的地方,终于圆点更密的地方。本例中$C_{sr1}=5$ kn/n mile,最佳避让行动时机起始点为本船到目标船的距离$D_{act1}=7.9$ n mile,本船减速为$A_{s1}=4.7$ kn;$C_{sr2}=15$ kn/n mile,最佳避让行动时机终止点为本船到目标船的距离$D_{act2}=4$ n mile,减速为$A_{s2}=8.1$ kn。

图F4-14为本船减速避让行动与时机曲线图,目标船的速度$V_1=15$ kn,航向$C_1=128°$,方位$B=330°$。本船相对于目标船的速度$V_{01}=22.6$ kn,相对航向$C_{01}=328.4°$,最近会遇距离$D_{cpa}=-0.2$ n mile,到达最近会遇距离处的时间$T_{cpa}=21.3$ min。取最小安全会遇距离$D_s=1.0$ n mile,做减少速度(A_s)随两船距离变化曲线和航速改变率（SR）随两船距离变化的曲线。本例中 $C_{SR1}=6$ kn/n mile,最佳避让行动时机起始点为本船到目标船的距离 $D_{act1}=7.5$ n mile,本船减速为 $A_{s1}=5.5$ kn;$C_{SR2}=15$ kn/n mile,最佳避让行动时机终止点为本船到目标船的距离 $D_{act2}=4.2$ n mile,减速为 $A_{s2}=8.6$ kn。

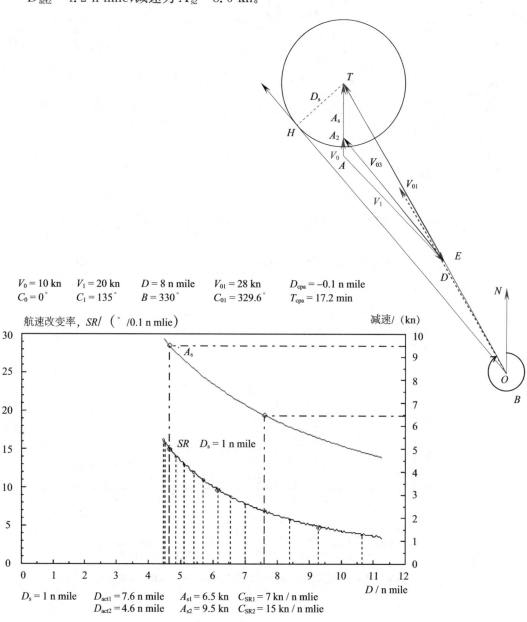

$V_0 = 10$ kn	$V_1 = 20$ kn	$D = 8$ n mile	$V_{01} = 28$ kn	$D_{cpa} = -0.1$ n mile
$C_0 = 0°$	$C_1 = 135°$	$B = 330°$	$C_{01} = 329.6°$	$T_{cpa} = 17.2$ min

$D_s = 1$ n mile	$D_{act1} = 7.6$ n mile	$A_{s1} = 6.5$ kn	$C_{SR1} = 7$ kn / n mlie
	$D_{act2} = 4.6$ n mile	$A_{s2} = 9.5$ kn	$C_{SR2} = 15$ kn / n mlie

图 F4‑12　减速避让行动与时机曲线图 $k_V = 2.0, B = 330°$

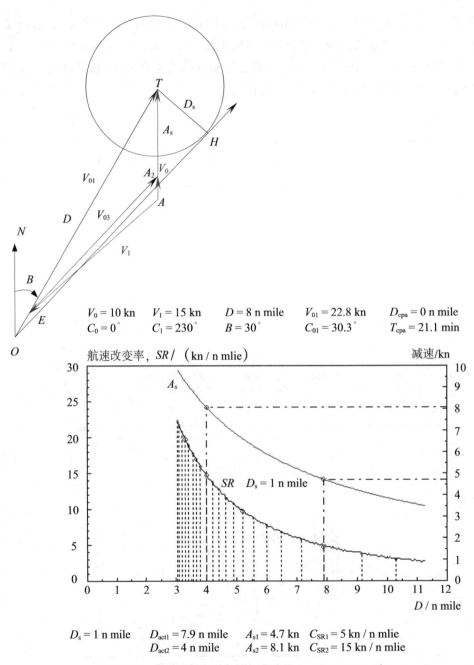

$V_0 = 10$ kn　　$V_1 = 15$ kn　　$D = 8$ n mile　　$V_{01} = 22.8$ kn　　$D_{cpa} = 0$ n mile

$C_0 = 0°$　　$C_1 = 230°$　　$B = 30°$　　$C_{01} = 30.3°$　　$T_{cpa} = 21.1$ min

$D_s = 1$ n mile　　$D_{act1} = 7.9$ n mile　　$A_{s1} = 4.7$ kn　　$C_{SR1} = 5$ kn / n mlie

$D_{act2} = 4$ n mile　　$A_{s2} = 8.1$ kn　　$C_{SR2} = 15$ kn / n mlie

图 F4-13　减速避让行动与时机曲线图 $k_V = 1.5, B = 30°$

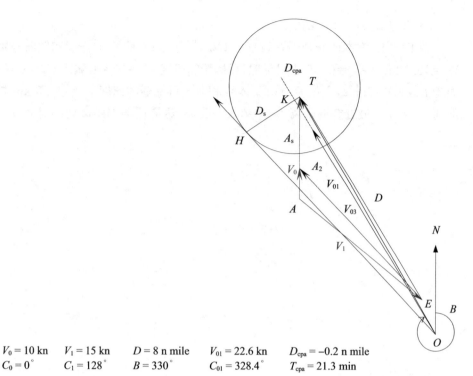

$V_0 = 10$ kn　　$V_1 = 15$ kn　　$D = 8$ n mile　　$V_{01} = 22.6$ kn　　$D_{cpa} = -0.2$ n mile
$C_0 = 0°$　　$C_1 = 128°$　　$B = 330°$　　$C_{01} = 328.4°$　　$T_{cpa} = 21.3$ min

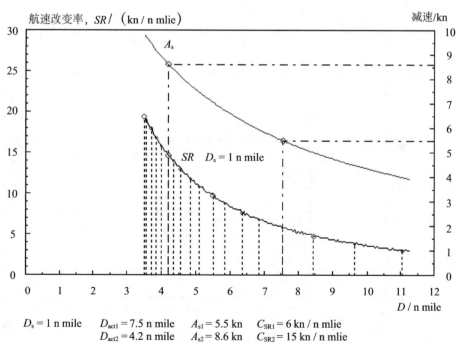

$D_s = 1$ n mile　　$D_{act1} = 7.5$ n mile　　$A_{s1} = 5.5$ kn　　$C_{SR1} = 6$ kn / n mlie
　　　　　　　　$D_{act2} = 4.2$ n mile　　$A_{s2} = 8.6$ kn　　$C_{SR2} = 15$ kn / n mlie

图 F4 - 14　减速避让行动与时机曲线图 $k_V = 1.5, B = 330°$

3）船速比 $k_V=1.0$ 的曲线图

图 F4-15 为本船减速避让行动与时机曲线图，O 为本船，速度和航向分别为 $V_0=10.0$ kn 和 $C_0=0°$，T 为目标船，目标船的速度 $V_1=10$ kn，航向 $C_1=240°$，距离为 $D=8.0$ n mile，方位 $B=30°$。本船相对于目标船的速度 $V_{01}=17.3$ kn，相对航向 $C_{01}=30°$，最近会遇距离 $D_{cpa}=0$ n mile，到达最近会遇距离处的时间 $T_{cpa}=$

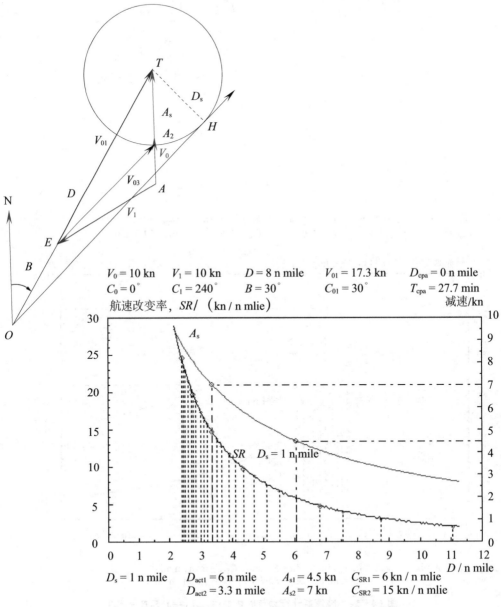

| $V_0=10$ kn | $V_1=10$ kn | $D=8$ n mile | $V_{01}=17.3$ kn | $D_{cpa}=0$ n mile |
| $C_0=0°$ | $C_1=240°$ | $B=30°$ | $C_{01}=30°$ | $T_{cpa}=27.7$ min |

$D_s=1$ n mile $\quad D_{act1}=6$ n mile $\quad A_{s1}=4.5$ kn $\quad C_{SR1}=6$ kn / n mlie

$D_{act2}=3.3$ n mile $\quad A_{s2}=7$ kn $\quad C_{SR2}=15$ kn / n mlie

图 F4-15　减速避让行动与时机曲线图 $k_V=1.0, B=30°$

27.7 min。取最小安全会遇距离 $D_s = 1.0$ n mile，做减少速度（A_s）随两船距离变化曲线和航速改变率（SR）随两船距离变化的曲线，SR 曲线上较大的圆点表示转向避让角度变化率为 5、10、15、20、25（kn/n mile），较小圆点依次是 2、3、4、6、7、8、9、11、12、13、14、16、17、18、19、21、22、23、24（kn/n mile）。这些圆点均表示本船避让时机，最佳避让时机用临界减速避让变化率（C_{sr}）表示。该值应该始于圆点开始变密的地方，终于圆点更密的地方。本例中 $C_{sr1} = 6$ kn/n mile，最佳避让行动时机起始点为本船到目标船的距离 $D_{act1} = 6$ n mile，本船减速为 $A_{s1} = 4.5$ kn；$C_{sr2} = 15$ kn/n mile，最佳避让行动时机终止点为本船到目标船的距离 $D_{act2} = 3.3$ n mile，本船减速为 $A_{s2} = 7$ kn。

图 F4－16 为本船减速避让行动与时机曲线图，目标船的速度 $V_1 = 10$ kn，航向 $C_1 = 118°$，方位 $B = 330°$。本船相对于目标船的速度 $V_{01} = 17.1$ kn，相对航向 $C_{01} = 329°$，最近会遇距离 $D_{cpa} = -0.1$ n mile，到达最近会遇距离处的时间 $T_{cpa} = 28$ min。取最小安全会遇距离 $D_s = 1.0$ n mile，做减少速度（A_s）随两船距离变化曲线和航速改变率（SR）随两船距离变化的曲线。本例中 $C_{sr1} = 5$ kn/n mile，最佳避让行动时机起始点为本船到目标船的距离 $D_{act1} = 6.9$ n mile，本船减速为 $A_{s1} = 4.2$ kn；$C_{sr2} = 15$ kn/n mile，最佳避让行动时机终止点为本船到目标船的距离 $D_{act2} = 3.4$ n mile，减速为 $A_{s2} = 7.2$ kn。

4）船速比 $k_V = 0.5$ 的曲线图

图 F4－17 为本船减速避让行动与时机曲线图，O 为本船，速度和航向分别为 $V_0 = 10.0$ kn 和 $C_0 = 0°$，T 为目标船，目标船的速度 $V_1 = 5$ kn，航向 $C_1 = 185°$，距离为 $D = 8.0$ n mile，方位 $B = 30°$。本船相对于目标船的速度 $V_{01} = 10$ kn，相对航向 $C_{01} = 29°$，最近会遇距离 $D_{cpa} = -0.1$ n mile，到达最近会遇距离处的时间 $T_{cpa} = 48.2$ min。取最小安全会遇距离 $D_s = 1.0$ n mile，做减少速度（A_s）随两船距离变化曲线和航速改变率（SR）随两船距离变化的曲线，SR 曲线上较大的圆点表示转向避让角度变化率为 5、10、15、20、25（kn/n mile），较小圆点依次是 2、3、4、6、7、8、9、11、12、13、14、16、17、18、19、21、22、23、24（kn/n mile）。这些圆点均表示本船避让时机，最佳避让时机用临界减速避让变化率（C_{sr}）表示。该值应该始于圆点开始变密的地方，终于圆点更密的地方。本例中 $C_{sr1} = 6$ kn/n mile，最佳避让行动时机起始点为本船到目标船的距离 $D_{act1} = 4.3$ n mile，本船减速为 $A_{s1} = 3.7$ kn；$C_{sr2} = 15$ kn/n mile，最佳避让行动时机终止点为本船到目标船的距离 $D_{act2} = 2.3$ n mile，本船减速为 $A_{s2} = 5.5$ kn。

图 F4－18 为本船减速避让行动与时机曲线图，目标船的速度 $V_1 = 5$ kn，航向 $C_1 = 50°$，方位 $B = 330°$。本船相对于目标船的速度 $V_{01} = 7.8$ kn，相对航向 $C_{01} = 330.6°$，最近会遇距离 $D_{cpa} = 0.1$ n mile，到达最近会遇距离处的时间 $T_{cpa} =$

61.6 min。取最小安全会遇距离 $D_s=1.0$ n mile,做减少速度(A_s)随两船距离变化曲线和航速改变率(SR)随两船距离变化的曲线。本例中 $C_{SR1}=5$ kn/n mile,最佳避让行动时机起始点为本船到目标船的距离 $D_{act1}=3.8$ n mile,本船减速为 $A_{s1}=2.7$ kn;$C_{SR2}=15$ kn/n mile,最佳避让行动时机终止点为本船到目标船的距离 $D_{act2}=1.9$ n mile,减速为 $A_{s2}=4.3$ kn。

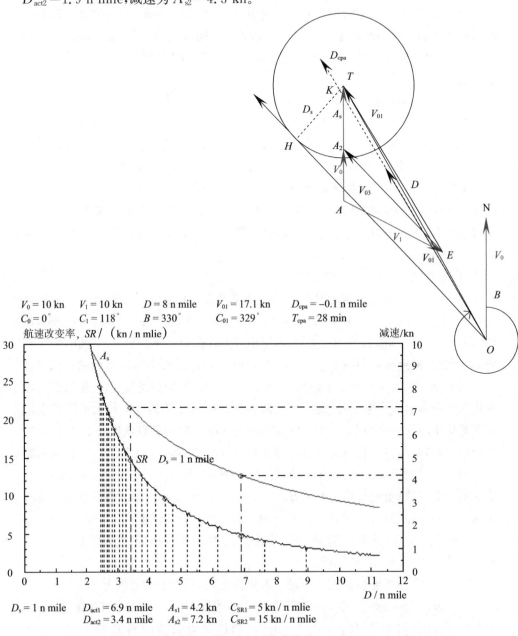

$V_0=10$ kn	$V_1=10$ kn	$D=8$ n mile	$V_{01}=17.1$ kn	$D_{cpa}=-0.1$ n mile	
$C_0=0°$	$C_1=118°$	$B=330°$	$C_{01}=329°$	$T_{cpa}=28$ min	

$D_s=1$ n mile	$D_{act1}=6.9$ n mile	$A_{s1}=4.2$ kn	$C_{SR1}=5$ kn/n mlie
	$D_{act2}=3.4$ n mile	$A_{s2}=7.2$ kn	$C_{SR2}=15$ kn/n mlie

图 F4-16　减速避让行动与时机曲线图 $k_V=1.0,B=330°$

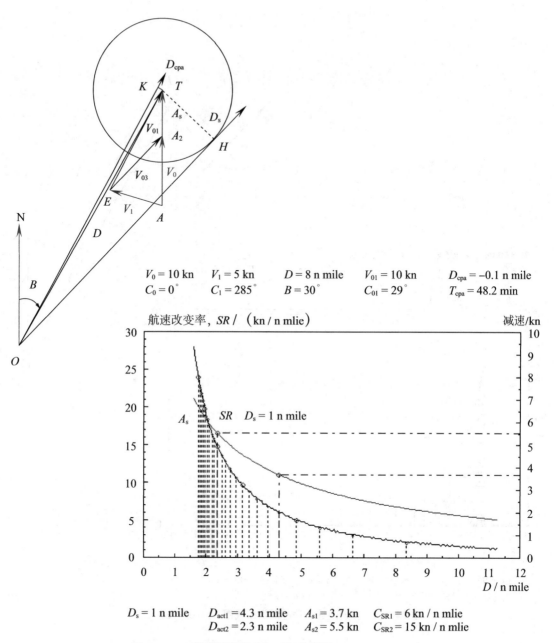

$V_0 = 10$ kn $V_1 = 5$ kn $D = 8$ n mile $V_{01} = 10$ kn $D_{cpa} = -0.1$ n mile
$C_0 = 0°$ $C_1 = 285°$ $B = 30°$ $C_{01} = 29°$ $T_{cpa} = 48.2$ min

$D_s = 1$ n mile $D_{act1} = 4.3$ n mile $A_{s1} = 3.7$ kn $C_{SR1} = 6$ kn / n mlie
$D_{act2} = 2.3$ n mile $A_{s2} = 5.5$ kn $C_{SR2} = 15$ kn / n mlie

图 F4 - 17   减速避让行动与时机曲线图 $k_V = 0.5, B = 30°$

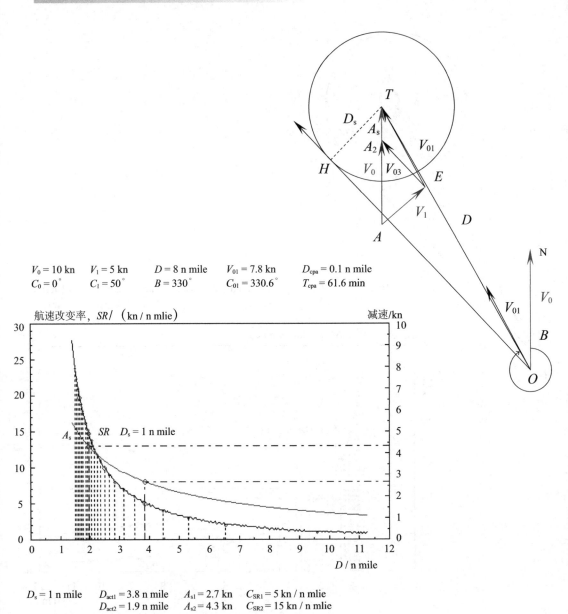

$V_0 = 10$ kn $V_1 = 5$ kn $D = 8$ n mile $V_{01} = 7.8$ kn $D_{cpa} = 0.1$ n mile
$C_0 = 0°$ $C_1 = 50°$ $B = 330°$ $C_{01} = 330.6°$ $T_{cpa} = 61.6$ min

$D_s = 1$ n mile $D_{act1} = 3.8$ n mile $A_{s1} = 2.7$ kn $C_{SR1} = 5$ kn / n mlie
$D_{act2} = 1.9$ n mile $A_{s2} = 4.3$ kn $C_{SR2} = 15$ kn / n mlie

图 **F4 - 18**   减速避让行动与时机曲线图 $k_V = 0.5, B = 330°$

3. 其他转向避让行动与时机曲线图

1）避让慢速船

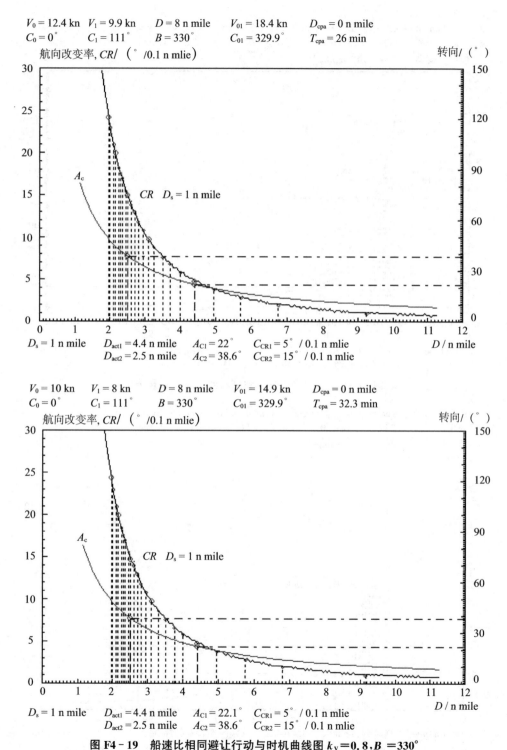

图 F4‑19　船速比相同避让行动与时机曲线图 $k_V = 0.8, B = 330°$

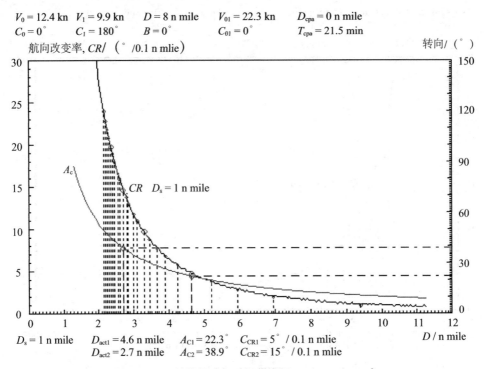

$V_0 = 12.4$ kn $V_1 = 9.9$ kn $D = 8$ n mile $V_{01} = 22.3$ kn $D_{cpa} = 0$ n mile
$C_0 = 0°$ $C_1 = 180°$ $B = 0°$ $C_{01} = 0°$ $T_{cpa} = 21.5$ min

航向改变率，$CR/$（°/0.1 n mlie）   转向/（°）

$D_s = 1$ n mile $D_{act1} = 4.6$ n mile $A_{C1} = 22.3°$ $C_{CR1} = 5°/0.1$ n mlie
    $D_{act2} = 2.7$ n mile $A_{C2} = 38.9°$ $C_{CR2} = 15°/0.1$ n mlie

图 F4-20   避让行动与时机曲线图 $k_v = 0.8, B = 0°$

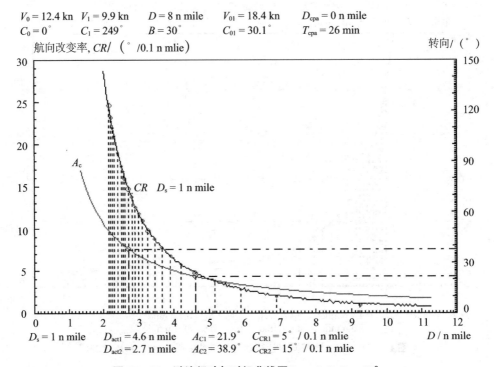

$V_0 = 12.4$ kn $V_1 = 9.9$ kn $D = 8$ n mile $V_{01} = 18.4$ kn $D_{cpa} = 0$ n mile
$C_0 = 0°$ $C_1 = 249°$ $B = 30°$ $C_{01} = 30.1°$ $T_{cpa} = 26$ min

航向改变率，$CR/$（°/0.1 n mlie）   转向/（°）

$D_s = 1$ n mile $D_{act1} = 4.6$ n mile $A_{C1} = 21.9°$ $C_{CR1} = 5°/0.1$ n mlie
    $D_{act2} = 2.7$ n mile $A_{C2} = 38.9°$ $C_{CR2} = 15°/0.1$ n mlie

图 F4-21   避让行动与时机曲线图 $k_v = 0.8, B = 30°$

2）避让等速船

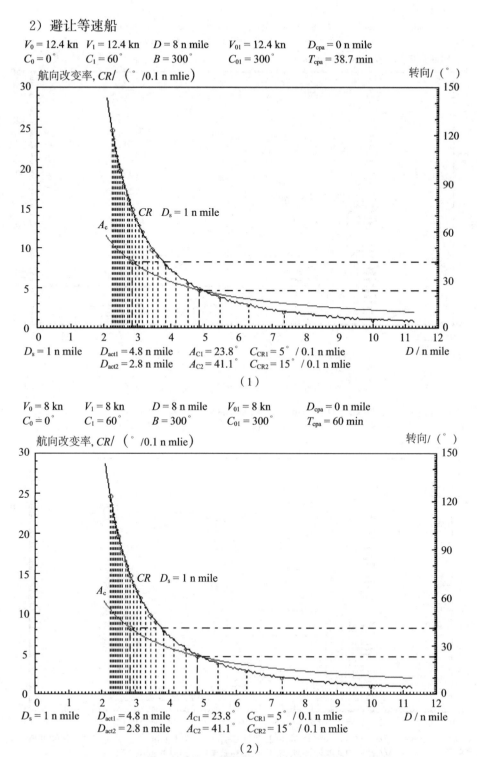

$V_0 = 12.4$ kn　$V_1 = 12.4$ kn　$D = 8$ n mile　$V_{01} = 12.4$ kn　$D_{cpa} = 0$ n mile
$C_0 = 0°$　　$C_1 = 60°$　　$B = 300°$　　$C_{01} = 300°$　　$T_{cpa} = 38.7$ min

航向改变率, CR/（°/0.1 n mlie）　　　　　　　　　　　　转向/（°）

$D_s = 1$ n mile　　$D_{act1} = 4.8$ n mile　　$A_{C1} = 23.8°$　　$C_{CR1} = 5°$ / 0.1 n mlie
　　　　　　　　$D_{act2} = 2.8$ n mile　　$A_{C2} = 41.1°$　　$C_{CR2} = 15°$ / 0.1 n mlie

（1）

$V_0 = 8$ kn　　$V_1 = 12.4$ kn　$D = 8$ n mile　$V_{01} = 8$ kn　　$D_{cpa} = 0$ n mile
$C_0 = 0°$　　$C_1 = 60°$　　$B = 300°$　　$C_{01} = 300°$　　$T_{cpa} = 60$ min

航向改变率, CR/（°/0.1 n mlie）　　　　　　　　　　　　转向/（°）

$D_s = 1$ n mile　　$D_{act1} = 4.8$ n mile　　$A_{C1} = 23.8°$　　$C_{CR1} = 5°$ / 0.1 n mlie
　　　　　　　　$D_{act2} = 2.8$ n mile　　$A_{C2} = 41.1°$　　$C_{CR2} = 15°$ / 0.1 n mlie

（2）

图 F4 - 22　船速比相同避让行动与时机曲线图 $k_V = 1, B = 300°$

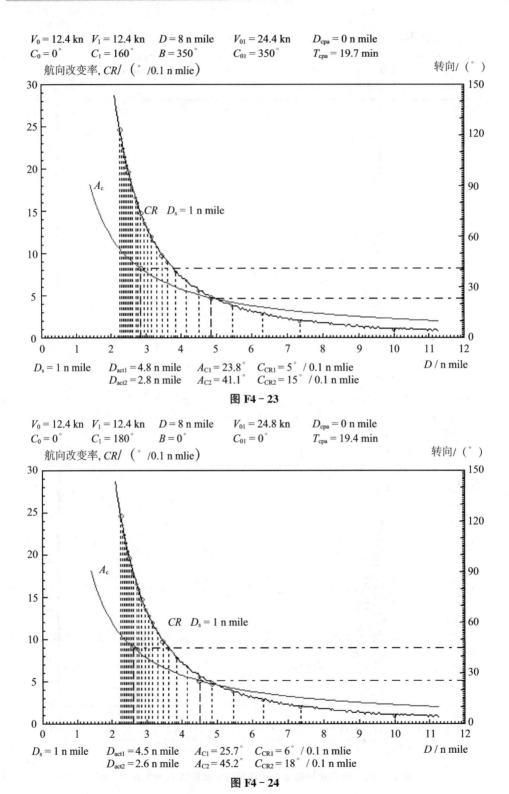

$V_0 = 12.4$ kn $V_1 = 12.4$ kn $D = 8$ n mile $V_{01} = 24.4$ kn $D_{cpa} = 0$ n mile
$C_0 = 0°$ $C_1 = 160°$ $B = 350°$ $C_{01} = 350°$ $T_{cpa} = 19.7$ min

航向改变率, CR/（°/0.1 n mlie） 转向/（°）

$D_s = 1$ n mile $D_{act1} = 4.8$ n mile $A_{C1} = 23.8°$ $C_{CR1} = 5°$/0.1 n mlie
  $D_{act2} = 2.8$ n mile $A_{C2} = 41.1°$ $C_{CR2} = 15°$/0.1 n mlie

图 F4 - 23

$V_0 = 12.4$ kn $V_1 = 12.4$ kn $D = 8$ n mile $V_{01} = 24.8$ kn $D_{cpa} = 0$ n mile
$C_0 = 0°$ $C_1 = 180°$ $B = 0°$ $C_{01} = 0°$ $T_{cpa} = 19.4$ min

航向改变率, CR/（°/0.1 n mlie） 转向/（°）

$D_s = 1$ n mile $D_{act1} = 4.5$ n mile $A_{C1} = 25.7°$ $C_{CR1} = 6°$/0.1 n mlie
  $D_{act2} = 2.6$ n mile $A_{C2} = 45.2°$ $C_{CR2} = 18°$/0.1 n mlie

图 F4 - 24

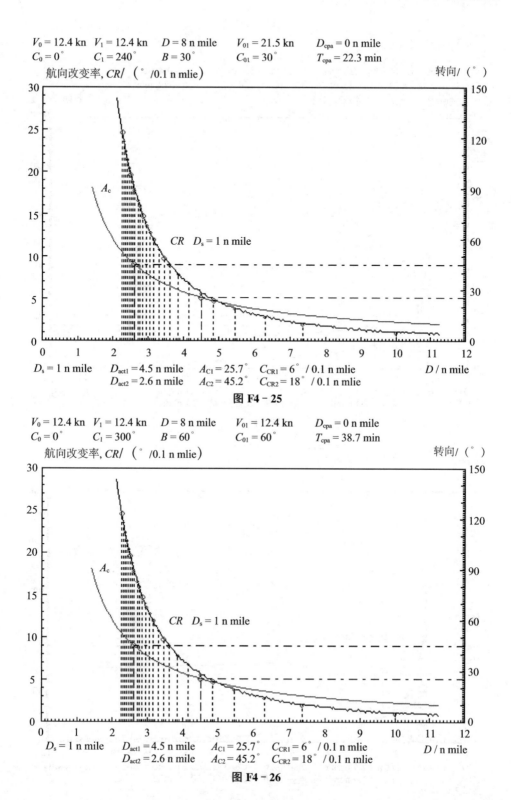

图 F4 - 25

图 F4 - 26

3）避让快速船

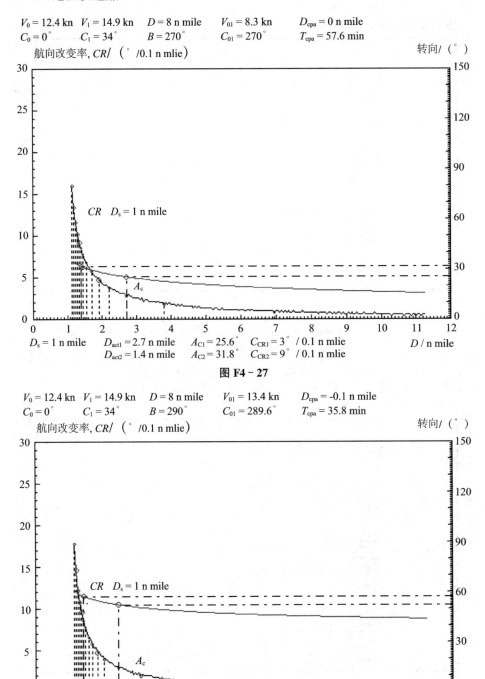

$V_0 = 12.4$ kn $V_1 = 14.9$ kn $D = 8$ n mile $V_{01} = 8.3$ kn $D_{cpa} = 0$ n mile
$C_0 = 0°$ $C_1 = 34°$ $B = 270°$ $C_{01} = 270°$ $T_{cpa} = 57.6$ min

航向改变率, $CR/$（°/0.1 n mlie） 转向/（°）

CR $D_s = 1$ n mile

A_c

$D_s = 1$ n mile $D_{act1} = 2.7$ n mile $A_{C1} = 25.6°$ $C_{CR1} = 3°$ / 0.1 n mlie
$D_{act2} = 1.4$ n mile $A_{C2} = 31.8°$ $C_{CR2} = 9°$ / 0.1 n mlie

D / n mile

图 F4 - 27

$V_0 = 12.4$ kn $V_1 = 14.9$ kn $D = 8$ n mile $V_{01} = 13.4$ kn $D_{cpa} = -0.1$ n mile
$C_0 = 0°$ $C_1 = 34°$ $B = 290°$ $C_{01} = 289.6°$ $T_{cpa} = 35.8$ min

航向改变率, $CR/$（°/0.1 n mlie） 转向/（°）

CR $D_s = 1$ n mile

A_c

$D_s = 1$ n mile $D_{act1} = 2.4$ n mile $A_{C1} = 52.6°$ $C_{CR1} = 3°$ / 0.1 n mlie
$D_{act2} = 1.4$ n mile $A_{C2} = 57.6°$ $C_{CR2} = 9°$ / 0.1 n mlie

D / n mile

图 F4 - 28

$V_0 = 12.4$ kn　$V_1 = 14.9$ kn　$D = 8$ n mile　　$V_{01} = 24.2$ kn　$D_{cpa} = 0$ n mile
$C_0 = 0°$　　$C_1 = 125°$　　$B = 330°$　　$C_{01} = 329.8°$　$T_{cpa} = 19.8$ min
航向改变率,CR/（°/0.1 n mlie）　　　　　　　　　　　　　转向/（°）

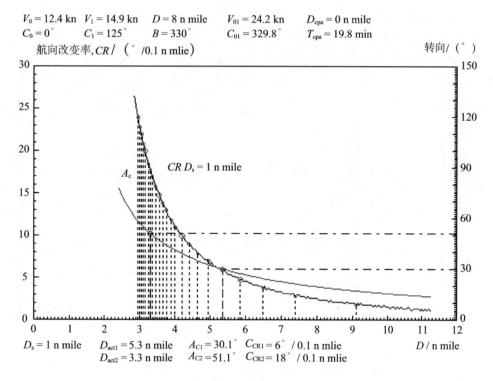

$D_s = 1$ n mile　　$D_{act1} = 5.3$ n mile　　$A_{C1} = 30.1°$　$C_{CR1} = 6°$/0.1 n mlie
　　　　　　　$D_{act2} = 3.3$ n mile　　$A_{C2} = 51.1°$　$C_{CR2} = 18°$/0.1 n mlie

图 F4－29

$V_0 = 12.4$ kn　$V_1 = 14.9$ kn　$D = 8$ n mile　　$V_{01} = 27$ kn　　$D_{cpa} = 0$ n mile
$C_0 = 0°$　　$C_1 = 162°$　　$B = 350°$　　$C_{01} = 350.2°$　$T_{cpa} = 17.8$ min
航向改变率,CR/（°/0.1 n mlie）　　　　　　　　　　　　　转向/（°）

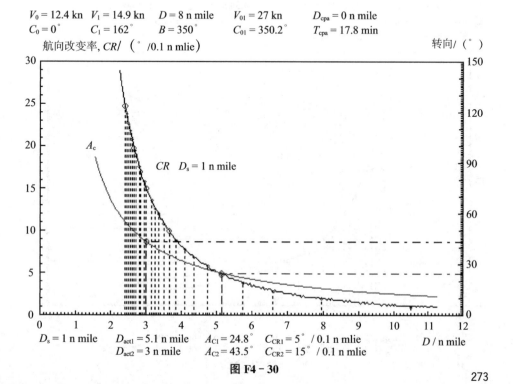

$D_s = 1$ n mile　　$D_{act1} = 5.1$ n mile　　$A_{C1} = 24.8°$　$C_{CR1} = 5°$/0.1 n mlie
　　　　　　　$D_{act2} = 3$ n mile　　　$A_{C2} = 43.5°$　$C_{CR2} = 15°$/0.1 n mlie

图 F4－30

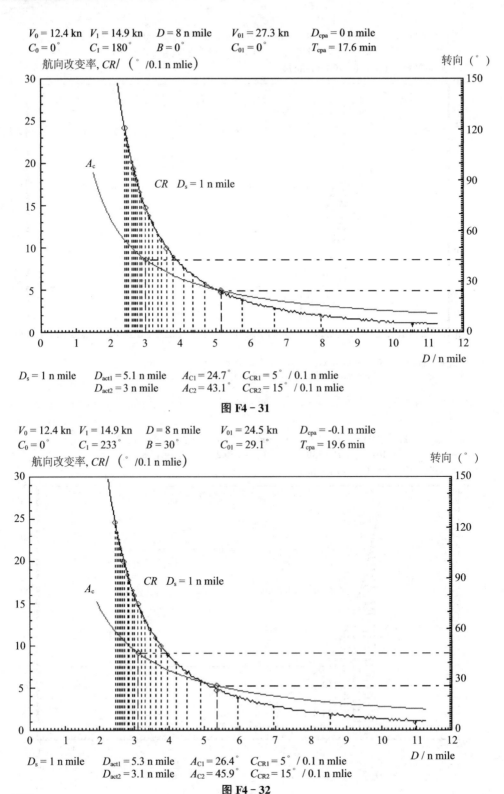

$V_0 = 12.4 \text{ kn}$ $V_1 = 14.9 \text{ kn}$ $D = 8 \text{ n mile}$ $V_{01} = 27.3 \text{ kn}$ $D_{cpa} = 0 \text{ n mile}$
$C_0 = 0^\circ$ $C_1 = 180^\circ$ $B = 0^\circ$ $C_{01} = 0^\circ$ $T_{cpa} = 17.6 \text{ min}$

航向改变率, $CR/$ （°/0.1 n mlie）

转向 （°）

A_c

CR $D_s = 1 \text{ n mile}$

$D /$ n mile

$D_s = 1 \text{ n mile}$ $D_{act1} = 5.1 \text{ n mile}$ $A_{C1} = 24.7^\circ$ $C_{CR1} = 5^\circ / 0.1 \text{ n mlie}$
$D_{act2} = 3 \text{ n mile}$ $A_{C2} = 43.1^\circ$ $C_{CR2} = 15^\circ / 0.1 \text{ n mlie}$

图 F4 - 31

$V_0 = 12.4 \text{ kn}$ $V_1 = 14.9 \text{ kn}$ $D = 8 \text{ n mile}$ $V_{01} = 24.5 \text{ kn}$ $D_{cpa} = -0.1 \text{ n mile}$
$C_0 = 0^\circ$ $C_1 = 233^\circ$ $B = 30^\circ$ $C_{01} = 29.1^\circ$ $T_{cpa} = 19.6 \text{ min}$

航向改变率, $CR/$ （°/0.1 n mlie）

转向 （°）

A_c

CR $D_s = 1 \text{ n mile}$

$D /$ n mile

$D_s = 1 \text{ n mile}$ $D_{act1} = 5.3 \text{ n mile}$ $A_{C1} = 26.4^\circ$ $C_{CR1} = 5^\circ / 0.1 \text{ n mlie}$
$D_{act2} = 3.1 \text{ n mile}$ $A_{C2} = 45.9^\circ$ $C_{CR2} = 15^\circ / 0.1 \text{ n mlie}$

图 F4 - 32

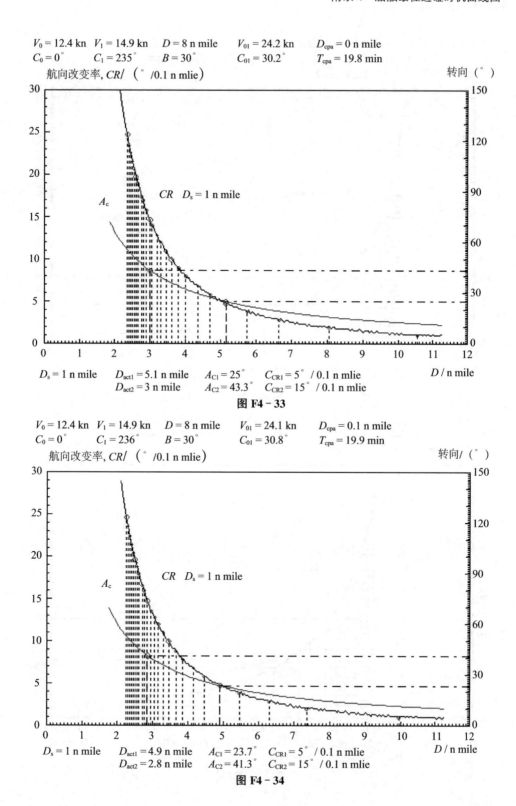

$V_0 = 12.4$ kn　$V_1 = 14.9$ kn　$D = 8$ n mile　$V_{01} = 24.2$ kn　$D_{cpa} = 0$ n mile
$C_0 = 0°$　　$C_1 = 235°$　$B = 30°$　　$C_{01} = 30.2°$　$T_{cpa} = 19.8$ min

航向改变率, CR/（°/0.1 n mlie）　　　　　　　　　　转向（°）

CR　$D_s = 1$ n mile

A_c

$D / $ n mile

$D_s = 1$ n mile　$D_{act1} = 5.1$ n mile　$A_{C1} = 25°$　$C_{CR1} = 5°$ / 0.1 n mlie
　　　　　$D_{act2} = 3$ n mile　$A_{C2} = 43.3°$　$C_{CR2} = 15°$ / 0.1 n mlie

图 F4 - 33

$V_0 = 12.4$ kn　$V_1 = 14.9$ kn　$D = 8$ n mile　$V_{01} = 24.1$ kn　$D_{cpa} = 0.1$ n mile
$C_0 = 0°$　　$C_1 = 236°$　$B = 30°$　　$C_{01} = 30.8°$　$T_{cpa} = 19.9$ min

航向改变率, CR/（°/0.1 n mlie）　　　　　　　　　　转向/（°）

CR　$D_s = 1$ n mile

A_c

$D / $ n mile

$D_s = 1$ n mile　$D_{act1} = 4.9$ n mile　$A_{C1} = 23.7°$　$C_{CR1} = 5°$ / 0.1 n mlie
　　　　　$D_{act2} = 2.8$ n mile　$A_{C2} = 41.3°$　$C_{CR2} = 15°$ / 0.1 n mlie

图 F4 - 34

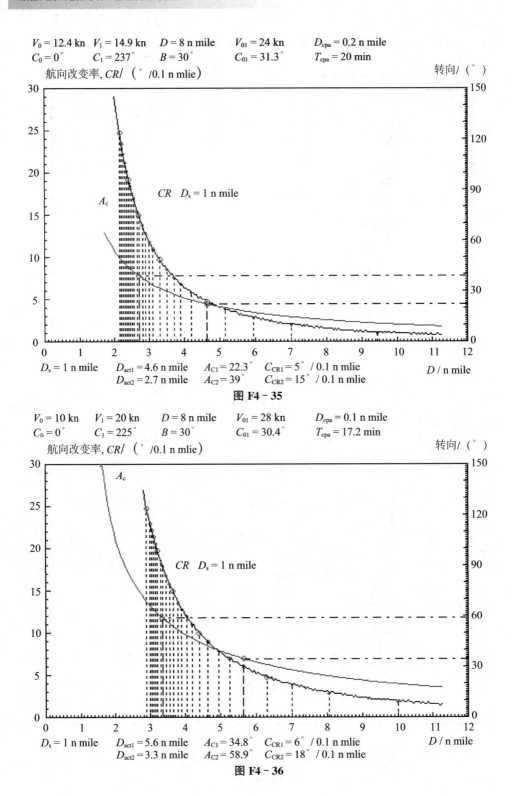

$V_0 = 12.4$ kn $V_1 = 14.9$ kn $D = 8$ n mile $V_{01} = 24$ kn $D_{cpa} = 0.2$ n mile
$C_0 = 0°$ $C_1 = 237°$ $B = 30°$ $C_{01} = 31.3°$ $T_{cpa} = 20$ min

$D_s = 1$ n mile $D_{act1} = 4.6$ n mile $A_{C1} = 22.3°$ $C_{CR1} = 5°$ / 0.1 n mlie
$D_{act2} = 2.7$ n mile $A_{C2} = 39°$ $C_{CR2} = 15°$ / 0.1 n mlie

图 F4 – 35

$V_0 = 10$ kn $V_1 = 20$ kn $D = 8$ n mile $V_{01} = 28$ kn $D_{cpa} = 0.1$ n mile
$C_0 = 0°$ $C_1 = 225°$ $B = 30°$ $C_{01} = 30.4°$ $T_{cpa} = 17.2$ min

$D_s = 1$ n mile $D_{act1} = 5.6$ n mile $A_{C1} = 34.8°$ $C_{CR1} = 6°$ / 0.1 n mlie
$D_{act2} = 3.3$ n mile $A_{C2} = 58.9°$ $C_{CR2} = 18°$ / 0.1 n mlie

图 F4 – 36

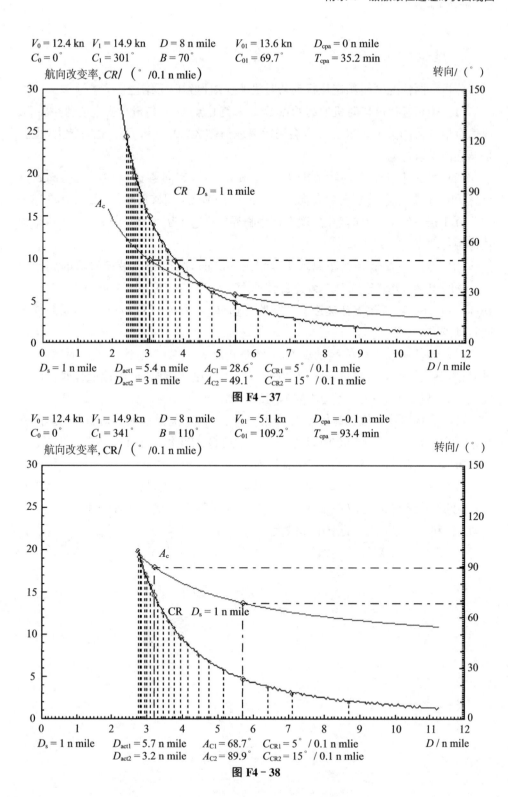

$V_0 = 12.4$ kn $V_1 = 14.9$ kn $D = 8$ n mile $V_{01} = 13.6$ kn $D_{cpa} = 0$ n mile
$C_0 = 0°$ $C_1 = 301°$ $B = 70°$ $C_{01} = 69.7°$ $T_{cpa} = 35.2$ min

航向改变率, $CR/$ (°/0.1 n mlie)   转向/(°)

CR $D_s = 1$ n mile

A_c

$D_s = 1$ n mile $D_{act1} = 5.4$ n mile $A_{C1} = 28.6°$ $C_{CR1} = 5°/0.1$ n mlie
$D_{act2} = 3$ n mile $A_{C2} = 49.1°$ $C_{CR2} = 15°/0.1$ n mlie

$D/$ n mile

图 F4 - 37

$V_0 = 12.4$ kn $V_1 = 14.9$ kn $D = 8$ n mile $V_{01} = 5.1$ kn $D_{cpa} = -0.1$ n mile
$C_0 = 0°$ $C_1 = 341°$ $B = 110°$ $C_{01} = 109.2°$ $T_{cpa} = 93.4$ min

航向改变率, $CR/$ (°/0.1 n mlie)   转向/(°)

A_c

CR $D_s = 1$ n mile

$D_s = 1$ n mile $D_{act1} = 5.7$ n mile $A_{C1} = 68.7°$ $C_{CR1} = 5°/0.1$ n mlie
$D_{act2} = 3.2$ n mile $A_{C2} = 89.9°$ $C_{CR2} = 15°/0.1$ n mlie

$D/$ n mile

图 F4 - 38

4. 结论

分析不同情况下船舶避让行动与时机曲线图得到以下结论:

(1) 船舶避让最佳时机的起始点 D_{act1} 和终止点 D_{act2} 与最小安全会遇距离 D_s 取值有最直接的关系。最小安全会遇距离取值越大,D_{act1} 和 D_{act2} 也就越大,也就是越提前采取行动。

(2) 当最小安全会遇距离取 $D_s = 1.0$ nm 时,转向避让最佳时机的起始点 D_{act1} 和终止点 D_{act2} 分别对应转向避让角度变化率(C_R)取 5~6(°/0.1 nm)和 15~16(°/0.1 nm)的点,转向避让角度变化率临界值(C_{CR})为 7~8(°/0.1 nm)时,是最佳避碰行动点。

(3) 当最小安全会遇距离取 $D_s = 1.0$ nm 时,减速避让最佳时机的起始点 D_{act1} 和终止点 D_{act2} 分别对应减速避让速度变化率(S_R)取 5~6(kn/nm)和 15~16(kn/nm)的点,减速避让速度变化率临界值(C_{SR})为 7~8(kn/nm)时,是最佳避碰行动点。

(4) 最佳避让时机的起始点 D_{act1} 和终止点 D_{act2} 随船速比的增大而增大,也就是说,避让快速船时将提前采取避碰行动;当船速比相同时,避让最佳时机的起始点 D_{act1} 和终止点 D_{act2} 不随本船速度的增加而变化。

(5) 最佳避让时机的起始点 D_{act1} 和终止点 D_{act2} 随目标船相对方位(Q)的变化情况是:当 $-10° \leqslant Q \leqslant 90°$ 时,D_{act1} 和 D_{act2} 随 Q 的变化几乎不变;当 $-80° \leqslant Q \leqslant -10°$ 时,D_{act1} 和 D_{act2} 随 Q 的变化有提前。

(6) 最佳避让时机的起始点 D_{act1} 和终止点 D_{act2} 随目标船的最近会遇距离(D_{cpa})的变化情况是:当 $D_{cpa} \geqslant 0$ 时,D_{act1} 和 D_{act2} 随 D_{cpa} 的增大而减小;当 $D_{cpa} \leqslant 0$ 时,D_{act1} 和 D_{act2} 随 D_{cpa} 的减小而增大。

参 考 文 献

［1］吴兆麟,赵月林. 船舶避碰与值班[M]. 大连:大连海事大学出版社,2023.

［2］蔡存强. 论"交叉相遇局面"[J]. 上海海运学院学报,1991,(4):1-12.

［3］毕修颖,史国友,贾传荧,等. 船舶转向避让碰撞距离模型的确定[J]. 湛江海洋大学学报,2004,(6):37-40.

［4］毕修颖. 船舶碰撞危险度及避碰决策模型的研究[D]. 大连:大连海事大学,2000.

［5］张英俊,翟鹏宇. 海运船舶自主避碰技术研究进展与趋势[J]. 大连海事大学学报,2022,48(3):1-11.

［6］谢鸿伟,张英俊,邢胜伟,等. 基于模型预测控制的船舶自主避碰方法[J]. 船舶工程,2021,43(8):23-28,95.

［7］谌兴良,李明,林莉. 基于避碰几何的本船安全航向区间的估算模型[J]. 舰船科学技术,2006,28(4):36-39.

［8］尚明栋,朱志宇,周涛. 水面无人艇动态避碰策略研究[J]. 舰船科学技术,2017,39(9):69-73.

［9］王程博,张新宇,张加伟,等. 未知环境中无人驾驶船舶智能避碰决策方法[J]. 中国舰船研究,2018,13(6):72-77.

［10］GUO S Y, ZHANG X G, DU Y Q, et al. Path planning of coastal ships based on optimized DQN reward function [J]. Journal of Marine Science and Engineering, 2021, 9:210.

［11］KANG Y T, CHEN W J, ZHU D Q, et al. Collision avoidance path planning in multi-ship encounter situations [J]. Journal of Marine Science and Technology, 2021, 26:1026-1037.

［12］TAN G G, ZOU J, ZHUANG J Y, et al. Fast marching square method based intelligent navigation of the unmanned surface vehicle swarm in restricted waters [J]. Applied Ocean Research, 2020, 95:102018.

［13］赵劲松,王逢辰,今津隼马. 船舶避碰学原理[M]. 大连:大连海事大学出版社,1999.

［14］李丽娜. 船舶自动避碰研究中安全会遇距离等要素的确定[J]. 大连海事大学学报,2002,(3):23-26.

［15］林华. 船舶避碰方法研究[D]. 西安:西北工业大学,2005.

［16］GOERLANDT F, MONTEWKA J, KUZMIN V, et al. A risk-informed ship collision alert system: Framework and application [J]. Safety Science, 2015, 77: 182-240.

［17］SZLAPCZYNSKI R, SZLAPCZYNSKA J. An analysis of domain-based ship collision risk parameters [J]. Ocean Engineering, 2016, 126: 47-56.

［18］刘洪丹. 船舶智能自动避碰策略研究［M］. 哈尔滨：哈尔滨工程大学出版社，2016.

［19］MEI J H，ARSHAD M R，TANG J R. Collision risk assessment based artificial potential field approach for multi－ships avoidance［J］. Indian Journal of GEO-Marine Sciences，2019，48(7SI)：1037－1047.

［20］徐言民，张云雷，沈杰，等. 基于模糊集合理论的船舶碰撞危险度模型［J］. 舰船科学技术，2021，43(7)：82－87.

［21］HUANG Y，CHEN L，CHEN P，et al. Ship collision avoidance methods：state－of－the－art［J］. Safety Science，2020，121：451－473.

［22］WANG T F，YAN X P，WANG Y，et al. Ship domain model for multi－ship collision avoidance decision－making with COLREGs based on Artificial Potential Field［J］. TransNav，the International Journal on Marine Navigation and Safety of Sea Transportation，2017，11(1)：85－92.

［23］HUANG Y，CHEN L，VAN GELDER P. Generalized velocity obstacle algorithm for preventing ship collisions at sea［J］. Ocean Engineering，2019，173：142－156.

［24］毕修颖. 船舶转向避让时机与行动的确定及估算误差的影响［J］. 广东海洋大学学报，2010，30(4)：39－42.

［25］毕修颖，李家骅. 紧迫局面和紧迫危险的定量研究［C］//2012海峡两岸"通信导航暨海洋科技"学术研讨会论文集. 高雄：高雄海洋科技大学，2012.

［26］HU L，NAEEM W，RAJABALLY E，et al. A multiobjective optimization approach for COLREGs － compliant path planning of autonomous surface vehicles verified on networked bridge simulators［J］. IEEE Transactions on Intelligent Transportation Systems，2020，21(3)：1167－1179.

［27］毕修颖，史国友，贾传荧，等. 船舶转向避让行动与时机曲线图的研究［J］. 中国航海学会2001航海技术现状与发展趋势论文集，2001，3：306－310.

［28］沈海青. 基于强化学习的无人船舶避碰导航及控制［D］. 大连：大连海事大学，2018.

［29］靳祥. 基于自动识别系统的船舶避碰专家决策系统应用研究与实现［D］. 成都：电子科技大学，2018.

［30］福田丰，ERZBERGER H. 航空機の戰略的接近迴避手法［J］. 電子航法研究所報告，1998，90：25－44.

［31］李丽娜，陈聪贵. "宽水域船舶避碰智能化方法的研究"技术报告，1996.

［32］三宅幸彦. 自動船舶識別ミステム(AIS)について［J］. Navigation，1998，9：12－17.

［33］毕修颖，贾传荧. 船舶避碰行动领域模型的研究［J］. 大连海事大学学报(自然科学版)，2003，29(1)：9－12.

［34］毕修颖. 船舶最佳避让时机与行动的确定方法［J］. 大连海事大学学报(自然科学版)，2000，26(3)：24－27.

［35］毕修颖. 船舶拥挤水域操船避碰与航行定位矛盾的解决［J］. 世界海运，1997，20(1)：21－23.

[36] 毕修颖. 近距离船舶避碰行动模式研究[J]. 中国海事,2023,10:24—28.

[37] 毕修颖,贾传荧,吴兆麟. 船舶变速避让行动与时机的确定[J]. 大连海事大学学报(自然科学版), 2004, 30(1):26—28.

[38] 科克罗夫特,拉梅杰. 海上避碰规则指南[M]. 赵劲松,译. 北京:人民交通出版社,1998.

[39] COCKCROFT A N, LAMEIJER J N F. A Guide to the collision avoidance rules [M]. 7th Edition. Great Britain: MPG Books Ltd. , Bodmin, Cornwall, 2012.

[40] ZHAO L, ROH M I. COLREGs—compliant multiship collision avoidance based on deep re-inforcement learning [J]. Ocean Engineering, 2019,191:106436.

[41] LAZAROWSKA A. Verification of ship's trajectory planning algorithms using real naviga-tional data [J]. TransNav, the International Journal on Marine Navigation and Safety of Sea Transportation, 2019, 13(3):559—564.

[42] CHEN P, HUANG Y. PAPADIMITRIOU E, et al. An improved time discretized non—linear velocity obstacle method for multi—ship encounter detection [J]. Ocean Engineering, 2020,196:106718.

[43] 洪碧光. 船舶操纵[M]. 大连:大连海事大学出版社,2016.

[44] 张铎. 从国际海上避碰规则的渊源看其存在的缺陷[J]. 世界海运,2018,41(1):1—4.

[45] 张铎. 避碰规则中"让路直航规则"的缺陷[J]. 世界海运,2018,41(8):1—4.

[46] 张国伟. 船舶转向避让效应及最佳转向避让时机的研究[D]. 大连:大连海事大学,2012:13—34.

[47] 今津隼馬. 衝突予測線と衝突危険[J]. 日本航海學會誌,2013, 186:41—44.

[48] 毕修颖,贾传荧,谷春国. 最小安全会遇距离和注意会遇距离的确定[J]. 大连海事大学学报(自然科学版),2001,27(1):24—28.

[49] 杨英超. 从碰撞事故中谈"直航船"的行动[J]. 中国海事,2020,(7):34—36,57.

[50] 杨万宇. 船舶航行事故统计与分析[J]. 中国水运,2021,(5):28—30.

[51] 倪生科. 基于规则的船舶智能避碰决策关键技术研究[D]. 大连:大连海事大学出版社,2020.

[52] TAM C K, BUCKNALL R, GREIG A. Review of collision avoidance and path planning methods for ships in close range encounters [J]. The Journal of Navigation, 2009, 62(3):455—476.

[53] 姚杰,吴兆麟,方祥麟. 船舶碰撞危险的自适应神经网络——模糊推理评价方法[J]. 中国航海,1999,(1):16—21.

[54] 刘宇宏,陈洪波,郝燕玲. 一种基于模糊原理的碰撞危险度模型[J]. 中国航海,1998,(2):25—31.

[55] 朱军. 论船舶几何碰撞会遇[J]. 大连海事大学学报,1996,22(2):1—4.

[56] 孙伟. 船舶领域及碰撞危险度评估模型优化研究[D]. 舟山:浙江海洋大学出版社,2020.

[57] TORKIL C. Cognitive aspects of the captain's work in a critical situation, Marine Simulation and Ship Maneuverability[M]. Chislett (ed.) Balkema, Rotterdam. 1996.

[58] 邹涛.《1972 年国际海上避碰规则》第 17 条解读[J]. 中国水运,2013,13(7):57—58.

[59] 刘宇宏,王辉,郝燕玲. 基于模糊决策表的舰船避让时机决策模型[J]. 哈尔滨工程大学学报,1998,19(6):42—48.

[60] 井上欣三,宇佐美茂. 港内における避航操船の困難度評価[J]. 日本航海學會論文集,1996,94:81—87.

[61] 中村紳也. 操船者が感じる負担の程度と避航操船空間閉塞度との對応[J]. 日本航海學會論文集,1998,99:181—187.

[62] 福地信義. 人的要因を考慮した安全ミステムのリスく解析手法について[J]. 西部造船會會報,1999,98:279—291.

[63] 朱凯歌,史国友,汪琪,等. 基于船舶领域的碰撞危险度评估模型[J]. 上海海事大学学报,2020,41(2):1—5.

[64] 胥文,胡江强,尹建川,等. 基于模糊理论的船舶复合碰撞危险度计算[J]. 舰船科学技术.2017,39(13):78—84.

[65] 郑中义,吴兆麟. 船舶对遇避碰决策的研究[J]. 大连海事大学学报,1998,24(3):29—32.

[66] GOOSSENS L H J, GLANSDORP C C. Operational benefits and risk reduction of marine accidents[J]. Journal of Navigation,1998,51(3):368—381.

[67] 井上欣三. 危険の迫切に對して操船者が感じる危険感の定量化モデル[J]. 日本航海學會論文集,1998,98:235—245.

[68] 中村紳也. 操船者が感じる負担の程度と避航操船空間閉塞度との對応[J]. 日本航海學會論文集,1998,99:181—187.

[69] GOODWIN E M. A statistical study of ship domain[J]. The Journal of Navigation,1975,28(3):328—344.

[70] 王士同. 模糊系统、模糊神经网络及应用程序设计[M]. 上海:上海科学技术出版社,1998.

[71] 何新贵. 模糊知识处理的理论与技术[M]. 北京:国防工业出版社,1998.

[72] 刘文霞,王荣杰,邰怀通,等. 基于模糊集合理论的船舶碰撞危险度评估[J]. 广州航海学院学报,2022,30(2):38—43,78.

[73] BI X Y, LIU X J Research on double collision avoidance mechanism of ships at sea[J]. TransNav, International Journal on Marine Navigation and Safety of Sea Transportation,2015,9:13—16.

[74] SHI Y H, EBERHART R, CHEN Y B. Implementation of evolutionary fuzzy systems[J]. IEEE Transactions on Fuzzy Systems,1999,7(2):109—119.

[75] 蔡自兴. 智能控制——基础与应用[M]. 北京:国防工业出版社,1998.

[76] 许海平,孙茂相,尹朝万. 基于模糊神经网络的多移动机器人自学习协调系统[J]. 机器人,1999,21(4):260—265.

[77] 王宏波,毕修颖,马文耀. 水上交通事故数据库建模研究[J]. 船海工程,2008,37(2):131—133.

[78] 马文耀,毕修颖,曾青山. 海上事故风险评估模型的新方法[J]. 船海工程,2009,38(2):

52—155.

[79] HAYAMA I. Study on the time required for collision avoidance[J]. The Journal of Japan Institute of Navigation,1992,87：123—129.

[80] 今津隼馬,浦環. 船舶運航時におけるニアミス事例について[J]. 日本航海學會論文集, 1999,100：67—73.

[81] 马文耀,吴兆麟,杨家轩,等. 人工鱼群算法的避碰路径规划决策支持[J]. 中国航海,2014, 37(3):63—67.

[82] 姜山,季业飞. 改进的人工鱼群混合算法在交通分配中的应用[J]. 计算机仿真,2011,28 (6):326—329.

[83] 毕修颖,李家骊. 关于"遵守规则条款的任何疏忽"的研究[C]//2013 海峡两岸海事风险评估与管理研讨会论文集,厦门:集美大学,2013,6:38—42.

[84] 李家骊,毕修颖. 关于直航船行动规则的某些解说的质疑[J]. 广州航海学院学报,2017, (2):1—3,11.

[85] 毕修颖,李家骊. 72 规则中 May 字含义探讨[J]. 广州航海学院学报,2014,22(57): 162—164.

[86] 毕修颖,李家骊. 船舶海上双让理念避碰机制的探讨[C]//第三届海峡两岸海洋工程和航海技术研讨会论文集. 高雄:高雄海洋科技大学,2011.

[87] 毕修颖,赵士涛,龚翔,等. 船舶避碰双让理念行动模式研究[J]. 广州航海学院学报,2023, 31(1):1—7.

[88] 阎涛,朱金善. 论无人驾驶船舶背景下《避碰规则》的修改[J]. 世界海运,2022,45(11): 1—5.

[89] 张铎. 新技术条件下避碰规则修正建议[J]. 世界海运,2020,43(9):1—4.

[90] 余力,肖冰,唐冲,等. 紧迫危险后最有助于避碰的行动探讨[C]//中国航海学会海洋船舶驾驶专业委员会 2005 海洋船舶避碰研讨会《船舶避碰与对策》论文集. 广州,2005,8:29—33.

[91] 王欣,刘正江,李铁山. 近距离会遇时船舶避碰动态辅助模型[J]. 哈尔滨工程大学学报, 2021,42(9):1256—1261.

[92] 吕红光,裴天琪,尹勇,等. 智能船舶背景下《1972 年国际海上避碰规则》的修正[J]. 上海海事大学学报,2020,41(4):117—124.

[93] 张笛,赵银祥,崔一帆,等. 智能船舶的研究现状可视化分析与发展趋势[J]. 交通信息与安全,2021,39(1):7—16,34.

[94] 李丽娜,陈国权,杨凌波,等. 船舶拟人智能避碰决策算法测试及应用[J]. 中国航海,2022, 45(1):1—7.

[95] 毕修颖,刘先杰. 船舶避碰行动领域模型的研究[C]//2015 年海峡两岸第三届"海事风险评估与管理"研讨会论文集. 2015,7:284—291.

[96] 李士雷. 船舶避碰的最晚施舵点研究[D]. 大连:大连海事大学,2022.

[97] 闫成勇. 基于速度障碍法的船舶避碰决策研究[D]. 大连:大连海事大学,2021.

[98] 管致莹. 基于组合模糊推理的船舶碰撞危险预警研究[D]. 长春:吉林大学,2021.